职业活动导向一体化培训教材

汽车美容与装饰

主　编　杨　英　陈莹莹
副主编　李穗平　何学容
主　审　郑志中

中国物资出版社

图书在版编目（CIP）数据

汽车美容与装饰/杨英，陈莹莹主编．—北京：中国物资出版社，2011.8
（职业活动导向一体化培训教材）
ISBN 978-7-5047-3910-0

Ⅰ.①汽…　Ⅱ.①杨…②陈…　Ⅲ.①汽车—车辆保养—高等职业教育—教材
Ⅳ.①U472

中国版本图书馆CIP数据核字（2011）第149220号

策划编辑	涂　晟	**责任印制**	何崇杭
责任编辑	涂　晟	**责任校对**	孙会香　梁　凡

出版发行	中国物资出版社		
社　　址	北京市丰台区南四环西路188号5区20楼	**邮政编码**	100070
电　　话	010-52227568（发行部）		010-52227588转307（总编室）
	010-68589540（读者服务部）		010-52227588转305（质检部）
网　　址	http://www.clph.cn		
经　　销	新华书店		
印　　刷	中国农业出版社印刷厂		
书　　号	ISBN 978-7-5047-3910-0/U·0074		
开　　本	787mm×1092mm　1/16		
印　　张	15.75	**版　　次**	2011年8月第1版
字　　数	240千字	**印　　次**	2011年8月第1次印刷
印　　数	0001—3000册	**定　　价**	28.00元

内容提要

结合“以工作任务”为导向的职业教育系列课程改革，将汽车美容与装饰工作中的技能点设置为不同模块，每个模块分为若干工作任务。全书共分7个模块34个工作任务，内容包括认识汽车美容与装饰、安全防护与劳动保护、汽车清洗美容、汽车漆面美容、汽车外部装饰、汽车内部装饰、汽车防护模块；每个工作任务从任务描述、任务分析与实施两个层面展开并进行详细阐述。各模块各项工作任务结合起来可构成一部完整的美容与装饰工作指导书；同时，单个工作任务又自成体系，每个模块配有相关练习题。

本书内容详尽、图文并茂、可作为职业院校汽车整形美容装饰专业的专业课程教材；也可作为汽车服务行业从业人员的参考读物；还可作为汽车发烧友的参考读物。

出版说明

《国家中长期教育改革和发展规划纲要》从现代化建设的全局出发，确定了到2020年我国教育发展的战略目标，提出“优先发展、育人为本、改革创新、促进公平、提高质量”的工作方针，并将职业教育作为六大发展任务之一。为更好地完成这一任务，必须进一步深化职业教育教学改革，提高教育教学质量。

高质量的职业教育离不开高质量的职业教育教材。如何真正使得职业教育教材符合现代职业教育特点，达到企业对用工的“学以致用”的要求，是我们一直以来对教材改革、探索的目的。

本着以上精神，我们组织开发了本套“职业活动导向一体化培训教材”。本套教材具有以下特点。

1. 对传统教材固有结构的改变。本套教材强调基于职业活动能力的教学模块分析与整合，每个专向教学模块的内容、知识和技能不是简单的拼凑，而是真正能够体现出实际职业活动的特色。

2. 内容与工作任务的有效融合，注重解决问题和学习能力的培养。工作标准、相关知识、相关技能都是从典型化的工作任务出发，分解而成。每一个学习单元或学习任务都是一个完整的工作过程，注重学生职业能力的提高和持续学习能力的获取。

3. 展现以企业工作场景为平台，校企合作的成果。在编写过程中，组织了多个著名企业人员参与论证，修订内容。从而保证了教材为校企共同研发，而非“传统编写”，体现教材的职业教育价值。

一套好的职业教材，需要不断地在实践中运用、论证、修改才能日益完善，我们组织的这套教材也不例外，存在失误、不足在所难免，恳请各位读者提出指正，以便修订时改进。

前　言

中国民族汽车工业的快速发展及人们消费水平的不断提高，使汽车的消费呈不断上升趋势。据国家信息中心的数据显示：我国从1996年开始汽车总销量每年以15%的速度递增，截至2010年年底汽车年产销量突破1800万辆，实际民用汽车保有量已超过7000万辆。中国作为一个新兴汽车大国，2010年已经成为世界最大的汽车生产国和第一大新车市场，汽车保有量近年来迅速扩大。

根据国际汽车发展的规律，车价只占用汽车费用的25%，汽车后市场占到70%，其中美容装饰就占30%以上，市场增长空间较大。根据欧美国家统计，在一个完全成熟的国际化汽车市场中，汽车的销售利润在整个汽车业的利润构成中仅占20%，零部件供应的利润占20%，其他50%～60%的利润是从汽车服务业中产生的。我国的汽车美容装饰行业面临前所未有的良好局面和发展势头。

本书以工作任务为导向，将汽车美容与装饰工作中的技能点设置为不同模块，每个模块又设置了若干工作任务，介绍了汽车美容与装饰相关工作任务的基本知识、工具与设备选用、用品选用、工艺流程等内容，重点讲解实际操作，促进技术交流，力求内容系统、新颖，突出实用性。

本书由杨英、陈莹莹担任主编，李穗平、何学容担任副主编。杨英、李穗平、吴卫、唐娇完成了汽车美容与防护部分的编写，陈莹莹、何学容、匡磊完成了汽车装饰部分的编写。广州白云工商高级技工学校郑志中对稿件进行了审定。

限于编者水平有限，加之时间仓促，书中难免有不当之处，敬请广大读者批评指正。同时，对为本书编写提供资料和技术支持的相关人员表示感谢。

编　者

2011年7月

目　录

模块一　认识汽车美容与装饰

本模块主要介绍汽车美容的定义、分类及作业任务；汽车装饰的定义、分类及作业任务。本模块的学习目标、能力目标要求如下。

学习目标

1. 掌握汽车美容的定义及主要作业任务。
2. 掌握汽车装饰的定义及主要作业任务。
3. 了解汽车美容装饰业的前景和开店条件。

能力目标

1. 能比较全面地叙述汽车美容的主要作业任务。
2. 能比较全面地叙述汽车装饰的主要作业任务。
3. 能叙述汽车美容装饰业的基本开店条件。

任务一　认识汽车美容

任务描述

参观某汽车美容中心，了解该汽车美容中心的人员配备、设备、用品，考察主要作业任务，理解专业汽车美容的内涵。

任务分析与实施

一、汽车美容的定义

汽车美容，顾名思义，就是使汽车的容貌更加美观的所有行为。汽车美容源于西方发达国家，英文名称为Car Beauty或Car Care，即汽车保养护理，是指对汽车进行的保养护理，不仅停留在表面，而且深入到内部。如今，汽车美容已成为普及的、专业化很强的服务行业；它是一种全新的汽车维护概念，与一般的洗车打蜡有着本质区别。

汽车美容是指由受过专业培训的技术工人，根据汽车车身（含内饰）各部位的不同材质，使用具有针对性的养护产品和专业工具及设备，按照一定的工艺，由表及里地进行细致、全面的维护，使汽车外观亮洁如新，漆面光亮长久，并能有效延长汽车使用寿命的养护作业，具有系统性、规范性和专业性等特点。

二、进行汽车美容的原因

汽车在长期的停驶过程中，车身表面、底盘、内室会受到以下多方面的侵害。

（1）紫外线对汽车漆面的侵害。阳光中含有强烈的紫外线，汽车油漆经过长期的阳光照射，漆层内部的油脂部分会大量损失，漆面变得干燥，会出现失光、异色斑点，甚至龟裂等现象。

（2）有害气体对漆面的侵害。随着全球大气污染的日益严重，大气中有害气体，如二氧化硫、二氧化氮等含量逐步增加。汽车在高速行驶中车体与空气摩擦使车身表面形成一层强烈的静电，由于静电的作用大大增加了车身表面有害气体的附着（导致更多的有害气体黏附在车身上）。

（3）雨水、雪水对漆面、底盘的侵害。由于工业污染，使雨水中二氧化硫、二氧化碳、盐分及其他物质含量增多而形成的酸雨，也会造成对漆面的持续侵害。

（4）其他因素对车漆的损害。汽车在运行过程中也会受到外界的伤害，如车漆被硬物划伤、擦伤，鸟粪或飞漆等黏附于漆面而形成的侵害。

以上种种原因造成的车体伤害，如果不进行定期的专业汽车美容护理，日积月累，不仅会影响汽车的美观，更会危及汽车的行驶安全。

三、汽车美容的分类及作业项目

（一）根据汽车的实际美容程度分类

汽车美容可分为一般美容、修复美容和专业美容三类。

1. 一般美容

一般美容是指保持车身漆面和内室件表面亮丽而进行的美容作业，主要包括新车开蜡、汽车清洗、漆面研磨、抛光、还原、上蜡及内室件护理等美容作业。

2. 修复美容

修复美容是在车身漆面或内室件表面出现某种缺陷后所进行的恢复性美容作业。其针对的缺陷主要有漆膜病态、漆面划痕、斑点及内室件表面破损，根据缺陷的范围和程度不同分别进行表面处理、局部修补、整车翻修及内室件修补更换等美容作业。

3. 专业美容

专业美容，不仅仅包括对汽车的清洁、打蜡，更主要的是根据汽车实际需要进行维护。专业美容包括对汽车护理用品的正确选择与使用、汽车漆膜的护理、汽车装饰的美容等内容，是一个非常复杂的系统工程。

一般而言，专业汽车美容是通过使用先进的设备和专用优质的养护产品，针对汽车各部位的材质，经过几十道工序，从车身、内室、发动机、钢围、轮胎、底盘、保险杠到油路、电路、空调系统、冷却系统、进排气系统等各部位进行有针对性的保养、维护和翻

新，使整车焕然一新，使旧车更为美观并保持长久。

(1) 专业汽车美容包含的主要项目。

①整车外部全面彻底地清洗。

②整车的除锈、防锈、防腐蚀处理。

③玻璃的彻底保养护理。

④发动机系统的保养护理。

⑤漆面的美容护理（包括漆面抛光、车身漆面缺陷处理、汽车漆面失光与翻新处理、漆面划痕修复等）。

⑥保险杠、车裙、挡泥板、车灯、后视镜、轮胎、轮毂、底盘等保养护理。

⑦车内各部位及主要配置的保养护理。

⑧全车电光、镀铬件表面去除氧化层抛光翻新。

⑨整车美容护理后的全面检查。

(2) 专业汽车美容应达到的效果。

①车身漆膜应达到艳丽的新车效果，并能保持长久；应具有防静电、防酸雨、防紫外线的“三防”功能。

②发动机系统经过免拆卸清洗后，应能提高整个系统的性能，并延长使用寿命；发动机的清洗翻新，应能使发动机表面形成光亮的保护膜并能保持长久。

③风窗玻璃的修复抛光，应能使轻微开裂发乌的玻璃变得清晰明亮、完好如初。

④轮毂、轮胎经美容护理后，应更加坚固耐用并能延长使用寿命。

⑤室内、后备厢内经美容处理后，应更显洁净、光鲜。

⑥金属裸露部分经除锈、防锈处理后，应具有金属光泽，不易生锈，能延长其使用寿命。

(二) 根据美容作业的部位分类

可将汽车美容分为车身美容、内室美容、漆面美容、发动机美容、汽车防护等。

1. 车身美容

车身美容的服务项目主要包括高压洗车，去除沥青、焦油等污物，打蜡抛光，新车开蜡，钢圈、轮胎、保险杠翻新及底盘防腐涂胶处理等。

2. 内室美容

内室美容包括仪表台、顶棚、地毯、脚垫、座椅、座套、车门内饰、后备厢等部位的吸尘清洁保护，以及蒸汽杀菌、冷暖风口除臭、室内空气净化等项目。

3. 漆面美容

漆面美容的作业任务主要有漆面缺陷处理、漆面深浅划痕处理、漆面部分板面破损处理及整车喷漆等。

4. 发动机美容

发动机美容包括发动机冲洗清洁、喷上光保护剂、作翻新处理及水箱、蓄电池等清洁、检查、维护等项目。

5. 汽车防护

汽车防护的服务项目包括粘贴防爆太阳膜，安装防盗器、静电放电器、汽车语音报警装置等。

四、汽车美容企业的基本条件

一个汽车美容企业是否可以进行专业汽车美容，必须达到以下基本条件。

(1) 应有美容操作工作室，工作室应与外界隔离，设有漆膜维修处理工作室、干燥室、清洗室、美容护理室，且不相互干扰，但又有一定的联系。露天操作是不能进行专业汽车美容的。

(2) 各工作室应有相应的设备、工具及能源，可供维护、美容使用。

(3) 所有的操作人员，必须是经过专业技术培训，取得上岗证书者，才能进行上岗操作。

(4) 汽车美容用品及有关材料必须是正规厂家生产的合格品，而且还应有配套使用的相关产品。

(5) 有必要的售后服务，售后服务是对专业美容的补充，在出现一些质量问题时可进行补救处理，既可保持汽车美容企业的良好服务形象，也是对消费者权益的必要保证。

五、汽车美容的依据与原则

(一) 汽车美容的依据

汽车美容应根据车型、车况、使用环境及使用条件等因素，有针对性地、合理地安排美容作业的时机与项目。

1. 因车型而异

汽车美容的项目、内容及使用的用品不同，其价位也不一样。对汽车进行美容养护不仅要考虑到效果，同时也要考虑费用问题。因此，不同档次的汽车所采取的美容作业及其使用的美容用品应有所不同。对于高档轿车应主要考虑美容效果，而对于一般汽车可根据车主的需求进行专业合理的美容作业。

2. 因车况而异

汽车美容作业应根据汽车漆膜及其他物面状况有针对性地进行。车主或驾驶员应经常对汽车表面进行检查，发现异常现象要及时处理。如车漆表面出现划痕，尤其是较深的划痕，必须及时处理，否则，会导致金属锈蚀，这就大大增加了处理的难度。

3. 因环境而异

汽车行驶的地域和道路不同，对汽车进行美容作业的时机和项目也不同。如汽车经常在污染较重的工业区使用，应缩短汽车清洗周期，经常检查漆面有无污染、色素沉积，并采取积极预防措施；如汽车在沿海地区使用，由于当地空气潮湿，且大气中含盐分较多，一旦漆面出现划痕应立即采取处理措施，否则极易造成内部金属锈蚀；如汽车在西北地区使用，由于当地风沙较大，漆面易失去光泽，应缩短抛光、打蜡的周期。

4. 因季节而异

不同的季节、气温和气候的变化，对汽车表面及内室部件具有不同的影响。如汽车在夏季使用时，由于高温漆膜易老化；在冬季使用时，由于严寒漆膜易冻裂。因此，在冬夏两季，应进行必要的预防护理作业。另外，冬夏两季车内经常使用空调，车窗紧闭，车内易出现异味，应定期进行杀菌和除臭作业。

(二) 汽车美容的原则

1. 预防与治理相结合的原则

汽车美容要以预防为主，即在汽车漆膜及其他物面出现损伤之前进行必要的维护作业，预防损伤的发生；一旦出现损伤应及时进行处理，恢复原来状态。

2. 车主护理与专业护理相结合的原则

汽车美容如除尘、清洗、擦车、检查等经常性的维护作业，应由车主或驾驶员定期进行，只要车主或驾驶员掌握一定的汽车美容知识，完全可以自己完成；汽车如出现漆面划痕、内室物面刮伤等问题，由于车主无法进行处理，必须到专业汽车美容场所进行美容。为此，车主或驾驶员护理一定要与专业护理相结合，这样才能将汽车护理得更好。

3. 单项护理与全套护理相结合的原则

汽车美容作业的内容很多，在作业中应根据汽车自身状况有针对性地选择美容项目和内容，进行某些单项护理就能解决问题的不必进行全套护理，必须对汽车进行全面护理时才进行全套护理。例如，汽车漆膜的厚度是一定的，如果每次美容都进行全套护理，即每次都要研磨、抛光，这样漆膜厚度会很快变薄，当车漆被磨透时，就必须重新进行喷漆。

4. 局部护理与全车护理相结合的原则

汽车漆膜局部出现损伤时，只要对局部进行处理即可，只有在全车漆膜大部分出现损伤时，才需进行全车漆膜处理。在实际美容作业时，应根据需要决定护理的面积：只需局部护理的，不要扩大到整块面板；只需整块面板护理的，不要扩大到全车。

任务二　认识汽车装饰

参观某汽车装饰店，熟悉该汽车装饰店的人员配置、产品，考察主要作业任务，理解汽车装饰的内涵。

任务分析与实施

一、汽车装饰的定义

汽车装饰通常指在原厂车的基础上通过加装、改装或更新车上装备和附件，以提高汽车的美观性、装饰性、安全性，满足车主的个性化需求。它是由汽车后市场高速发展衍生出来的新兴行业。所增加的装备和附件通常称为汽车饰品或汽车装饰件。

二、汽车装饰的分类及其作业任务

根据汽车的装饰部位不同，汽车装饰可分为汽车外部装饰、汽车内部装饰及其他装饰。

(一) 汽车外部装饰

汽车的外部装饰主要是指对汽车顶盖、车窗、车身周围及车轮等部位进行装饰。主要作业任务有如下几项。

(1) 汽车漆面的特种喷涂装饰。

(2) 汽车彩条及保护膜装饰。

(3) 前挡风板及后翼板装饰。

(4) 车顶开天窗装饰。

(5) 汽车风窗装饰。

(6) 车身大包围装饰。

(7) 车身局部装饰。

(8) 车轮装饰。

(9) 底盘喷塑保护装饰。

(二) 汽车内部装饰

汽车内部装饰主要是对汽车驾驶室进行装饰，也称为内饰。汽车内部装饰的主要作业任务如下。

(1) 汽车顶棚内衬装饰。

(2) 侧围内护板和门内护板的装饰。

(3) 仪表板的装饰。

(4) 座椅的装饰。

(5) 地板的装饰。

(6) 内室精品的装饰。

(三) 其他装饰

包括车载电子电器设备、通信设备、智能设备、防盗防护设备的装饰。

三、汽车装饰用品

汽车装饰用品种类繁多，大体包括以下几类。

(1) 美观类：包括个性贴花、贴纸、车身大包围、空气扰流组件、车身彩条、轮眉、牌照架、油盖、轮毂盖等。

(2) 舒适类：包括天窗、座椅装饰、桃木装饰、方向盘套、窗帘、座垫、靠垫、靠枕、座套、手机架、眼镜架、烟灰缸、钥匙扣、纸巾盒等。

(3) 娱乐类：包括各种视听设备、娱乐设备等，如车载电视、车载 DVD、车载 CD、车载 VCD、车载 MP3、汽车音响、显示器、解码器、汽车功放卡、放大器、音响线材接

收器、扬声器、低音炮、均衡器等。

(4) 防盗类：包括排挡锁、方向盘锁等各种防盗设备和用具。

(5) 保护类：包括保险杠、防撞胶条、防滚架、防爆膜、汽车保护罩、备胎罩等。

(6) 便利类：包括电动门窗、集控门锁、车载电话、电子导航装置等。

(7) 实用类：包括车载冰箱、氧吧、车载货架、车用吸尘器、电源转换器等。

(8) 安全类：包括倒车雷达、可视倒车装置、安全带、安全气囊、摄像头、车锁、中控锁、后视系统、雨刮器、晴雨挡等。

(9) 香品类：有气雾型、液体型、固体型三类。香型与颜色密切相关，如黄色为柠檬香、草绿色为青苹果香、粉红色为草莓香、嫩绿色为松木香、紫色为葡萄香、乳白色为茉莉香、淡蓝或淡绿色为薄荷香、橘红色为樱桃香。

四、汽车装饰的原则及注意事项

汽车装饰必须遵循的基本原则和注意事项包括以下几项。

(1) 必须严格按照国家法规执行，2001 年 10 月颁布的《中华人民共和国机动车管理办法》明确规定，机动车不得擅自改装；要进行机动车变更，必须在交管部门规定的范围内进行，即可以对车身颜色、发动机、燃料种类、车架号码进行改装，但司机在提交申请后，必须经过交管部门批准，才可以进行改装。

(2) 针对涉及安全设备或装置的装饰，必须征得车主的同意，不得擅自对汽车安全部件进行改换，防止影响到汽车的基本性能从而带来安全隐患。如尽量不要在驻车制动器、仪表板前、仪表台放置其他不固定的物品。

(3) 遵循协调、实用、整洁和舒适性原则。内饰件的色调、款式要协调，尽量不要使用对比色，多使用邻近色或协调色；对于部分饰件的使用应遵循适度原则，如坐垫选择一两款即可。

(4) 注意装饰工作的先后顺序。汽车装饰的一般步骤是由表及里，先主后辅。具体而言，先装饰车窗玻璃，后装饰顶棚、门衬里、隔音降噪、音响改装、座椅、座垫、脚垫及其他饰物。

(5) 注意禁用“三色”。在车身颜色方面，有三种颜色不能被批准使用。即红色（消防专用）、黄色（工程抢险专用）、上白下蓝（国家行政执法专用）。

任务三　汽车美容装饰业的发展前景及利润分析

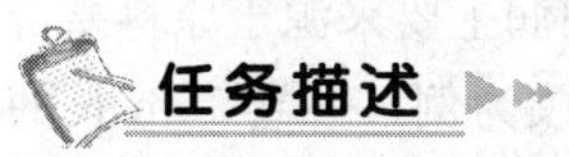

任务描述

走访多家汽车美容装饰店，了解其地理位置、经营模式、利润等相关信息，了解汽车美容装饰业的发展前景。

任务分析与实施

一、汽车美容装饰业的现状及问题

“三分修，七分养”。根据欧美国家统计，在一个完全成熟的国际化汽车市场中，汽车的销售利润在整个汽车业的利润构成中仅占20%，零部件供应的利润占20%，而50%～60%的利润是从汽车服务业中产生的，而美容装饰则占30%以上，市场增长空间较大。据中国国家信息中心的数据显示：我国从1996年开始汽车产销量每年以15%的速度递增，其中轿车的年需求量将跨越200万辆台阶，截至2010年，汽车年产销量达到1800多万辆，实际汽车保有量已超过7000多万辆。市场急需数量多、分布广、零配件质量有保障、技术水平高、诊断准确、设备先进、维修快速的具有专业服务水平的新型汽车美容装饰企业，来适应日益发展的汽车后市场。汽车美容装饰业每年超亿元的商机在吸引着竞争者不断加入，产业链也正在细化延长。同时，随着近年来汽车市场的持续升温，私家车不断增多，加上车主在美容装饰上的个性化需求不断发展，汽车美容装饰业也呈现“井喷式”发展的势头。

汽车美容装饰业迅速发展的同时，也暴露出不少突出问题，主要有以下几点。

(1) 缺乏行业自律，商家随意定价的现象非常普遍。

(2) 缺乏统一的服务标准，不同商家之间汽车装饰用品和相关服务报价悬殊。

(3) 缺乏行业“领头羊”。目前在汽车美容装饰行业中，凭借充分的品牌影响力在行业中占据优势市场份额、占据主导地位的企业尚未形成。各汽车美容装饰店规模大小不一，各种汽车装饰用品质量和服务水平良莠不齐，商家在个性化服务和产品创意方面，很少有自己独到的见解。

(4) 消费者不够成熟，相关知识的欠缺使消费者无法辨别琳琅满目、良莠不齐的产品与服务。

(5) 汽车美容装饰店受利益驱使，常出现以次充好的情况。

(6) 从业人员的素质较低，导致汽车的养护质量差。

(7) 技术层次低，信息不灵通，先进的养护美容技术由于各种原因得不到掌握推广。

(8) 店面综合管理水平差。包括店面形象设计、客户管理、人力资源管理、产品供销、售后服务等都缺乏完整有效的管理系统。

二、汽车养护美容行业的利润构成分析

据市场调查，汽车美容装饰业有着鲜为人知的高额利润，其利润主要来源于原料差价及工时费用上，一般利润率达到40%，甚至更高。以普通玻璃贴膜为例，一卷15m长的玻璃贴膜需要6600元，一辆车一般需要2m左右，成本核算下来每套950元左右，而报价则高达1500元左右。按这个价格来计算，经营者能拿到相当于原材料40%～50%的利润。另外，一套真皮座椅卖到近3000元，但成本只有1000多元；成本还不到100元的布座套，加工后却卖到了700元左右。难怪一位汽车销售商深有感触地说，卖汽车不如卖美

容，他的公司每销售一辆汽车，厂家给的利润才2000元，而一辆汽车美容所赚的钱要远远多于卖汽车的利润。

另外，改装音响又成为汽车美容装饰业利润最大的项目。音响的规格越高利润空间越大，加上进货渠道不同，利润可达50%。绝大多数私家车都会进行二次装修，也就是美容，花3000～5000元是平常事，花1万元以上的也不在少数。整车改造的利润还要大，包括更换保险杠、添加尾翼等个性化设置，一辆车装饰费用少说也需要几万元。凡是跟汽车有关的装饰品价格会随之上涨，比如普通的靠垫一旦加上“车用”两个字，30多元的能卖到70多元。即使是汽车美容最初级的业务——洗车也获利颇丰，洗车价格从5元、10元、15元到25元不等。实际上，洗车的成本只占到其中的20%～30%，利润率非常高。汽车维修美容等售后服务的利润之高、市场之大，已经使其成为“众矢之的”。

三、汽车美容装饰行业的选址类型

选址对店铺经营的成败有很大的影响。为此，对目前多家生意较好的汽车美容装饰店的地址进行比较，得出以下三类位置是开店比较理想的地址。

(1) 大型住宅区。车主可就近进行专业汽车美容，方便、省时，与超市进驻楼盘同理。

(2) 加油站和汽修店附近。车主在加油和“大修”时，通常已行驶了很长的路程，也正是给汽车进行保养之时。

(3) 车流量比较大、便于停车的公路附近。一是位置明显车主容易找到；二是地段容易吸引“眼球”，形成影响力。

四、汽车美容装饰行业的运营模式

连锁经营由于具有雄厚的资金、成熟的管理技术，它是未来汽车服务行业发展的最佳运营模式。从世界经济发展来看，连锁经营的模式正越来越受到关注，其在服务业、零售业和餐饮业的巨大成功有目共睹，汽车服务业也不例外。

连锁经营是指经营同类产品或服务的若干店铺，以一定的形式组成联合体，在整体规划下进行专业化分工，并在分工基础上实施集中化管理，使复杂的商业活动简单化，实现服务标准化、经营专业化、管理规范化，以获取规模效益。

连锁经营包括直营连锁、特许经营连锁和自由连锁三种形式。

连锁经营具有规模大、速度快、地域广、价格廉、成本低、形象独特等优点。

连锁经营的汽车售后服务业必须做到专业化、标准化、规范化，只有技术含量高的服务才能适应市场发展，而做出自己的特色和建立完善的售后服务网络是汽车服务后市场发展的方向和必然趋势。

五、汽车美容装饰业的发展前景

根据调查，目前市场上许多汽车美容装饰店都处于“无专业正规培训”、“无专业名牌产品”、“无专业机械设备”、“无服务质量保证”的四无状况。这说明汽车美容装饰市场仍然存在较大的利润空间，顾客的消费意识和消费观念将会进一步提高。

随着城市管理的日趋完善和车主对汽车美容装饰知识的普遍提高，以及汽车美容装饰市场的逐渐成熟，上述“四无”现象将会得到极大改善。目前，国家正逐步加大对汽车美容业的关注，加强宏观管理、健全规章制度，目的是要逐步对汽车服务业进行规范化管理。随着汽车美容装饰市场的不断规范和人们消费意识的不断提高，伪劣产品将无处立足，无专业服务的汽车美容店如不改变现状也将会被淘汰。汽车美容装饰业将逐步向着系统化、正规化、专业化、品牌化的方向发展。

练习题

一、填空题

1. 根据美容的部位不同，汽车美容分为________、________、________、汽车防护等。

2. 根据汽车的装饰部位不同，汽车装饰可分为________、________及其他装饰。

3. 汽车美容装饰业将向着________、________、________、正规化的方向发展。

4. 保护类的汽车装饰包括________、防撞胶条、________等。

二、选择题

1. 专业汽车美容具有的特性有（　　）。

A. 专业性　　B. 系统性　　C. 普及性　　D. 规范性

2. 车身美容包括（　　）。

A. 洗车　　B. 新车开蜡　　C. 底盘防腐

D. GPS　　E. 室内空气净化

3. 属于漆面美容的项目有（　　）。

A. 漆面深浅划痕处理　　B. 氧化膜处理

C. 整车喷漆　　D. 上蜡增色

4. 属于汽车外部装饰的项目有（　　）。

A. 汽车风窗装饰　　B. 车身大包围装饰

C. 仪表板的装饰　　D. 车顶开天窗装饰

5. 安全类的汽车装饰包括（　　）。

A. 倒车雷达　　B. GPS　　C. 可视倒车装置　　D. 电动门窗

三、简答题

1. 什么是汽车美容？汽车为什么要进行美容？

2. 什么是汽车装饰？汽车装饰的作业项目有哪些？

3. 专业汽车美容店的基本条件有哪些？

模块二　安全防护与劳动保护

汽车美容安全防护与劳动保护是指在美容操作中防止发生火灾、防止发生伤亡事故、防止职业病、保护国家财产、保障职工身体健康的一项重要措施。本模块主要介绍安全防护、汽车美容安全操作规程、劳动保护等。本模块的学习目标和能力目标要求如下。

学习目标

1. 了解汽车安全防护知识。
2. 熟悉汽车美容安全操作规程。
3. 了解劳动保护知识。

能力目标

1. 能为汽车美容与装饰店制定防火防爆安全防护措施。
2. 能为美容装饰店编写安全操作规程。

任务一　安全防护

任务描述

参观某汽车美容中心，了解该汽车美容中心的美容用品性能，学习操作过程中的安全防护知识。

任务分析与实施

在汽车美容操作中，清洗剂、涂料、溶剂等大部分都具有毒性，特别是涂料和溶剂均属易燃易爆物品，且在操作中易出现静电，形成很多安全隐患。因此，在美容操作过程中一定要做好防火、防爆、防毒、防静电、避雷等安全防护工作。

一、防火

涂料和溶剂均属易燃易爆的物品，涂料本身遇明火会发生火灾；涂装操作中挥发的溶剂蒸汽与空气混合，达到一定浓度后，一旦遇到明火会立即发生爆炸。因此，防火防爆是安全防护的基础性工作。

(一) 涂料的爆炸危险性和易燃性的性能指标

衡量涂料的爆炸危险性和易燃性可用闪点、着火点、自燃点、爆炸范围、蒸汽密度等溶剂特性来评价。

1. 闪点和着火点

闪点是指可燃液体的一种最低闪燃温度。闪燃是指可燃性液体挥发出的蒸汽和空气混合形成可燃混合气，与明火接触发生闪电式燃烧。

着火点也称燃点，指火源接近可燃物质能使其发生不少于 5s 的持续燃烧的最低温度。

可燃性液体的闪点和着火点表明了其发生爆炸或火灾可能性的大小，常用闪点来划分涂料和溶剂的火灾危险等级，易燃、可燃液体的易燃性分级标准如表 2-1 所示。

表 2-1　易燃、可燃液体的易燃性分级标准

类别		闪点	举例
易燃液体	一级	低于 28℃	汽油、苯、酒精
	二级	28℃～45℃	煤油、松节油
可燃液体	三级	45℃～120℃	柴油、硝基苯
	四级	高于 120℃	润滑油、甘油

2. 自燃点

自燃点是指可燃物质与空气混合后，共同均匀加热到不需要明火而自行着火的最低温度。自燃点的温度比闪点的温度高很多。

3. 爆炸范围

溶剂蒸汽与空气混合达到一定的浓度，遇到火源（不一定是明火）即可发生爆炸。产生爆炸的最低浓度（一般用体积百分数表示）称为爆炸下限，最高浓度称为爆炸上限。爆炸下限和上限之间都能产生爆炸，称为爆炸范围。常用爆炸界限（上限和下限）来衡量溶剂的危险等级，一般而言，爆炸下限越低或爆炸范围越宽，爆炸的危险性就越大。

4. 蒸汽密度

蒸汽密度用同容积的溶剂蒸汽与空气质量比表示。易燃性溶剂的蒸汽一般都比空气重，所以容易聚集在地面或者低处，因此，换气口必须设置在接近地面处。

除上述四项指标外，还需要考虑其挥发性、沸点和扩散性等特性。

(二) 火灾和爆炸的主要原因

根据统计资料，涂装操作场地发生火灾和爆炸事故的主要原因有以下几个。

(1) 操作场所不具备安全防火条件。没有通风排气设备，挥发的溶剂不能及时排出。溶剂蒸汽达到一定浓度后，遇明火即发生起火爆炸。

(2) 电气设备达不到防爆等级。照明灯、电动机、电气开关没有安装防爆装置，电气

设备选用不当或损坏未及时维修，照明器具、电动机、电气开关及配线等在危险场合使用，在结构上防爆考虑不充分，有产生火花的危险。

(3) 浸有油性涂料或溶剂的棉纱、碎布等物，没有及时清理而长期堆积，由于化学反应会逐渐发热以致达到燃点而自燃。

(4) 施工人员不遵守防火规定，在涂装现场使用明火或吸烟。

(5) 施工场所没有足够数量的灭火器、黄沙及其他防火工具。

(三) 防火措施

为消除火灾隐患，安全操作，应做好以下几点防火工作。

(1) 完善防火设施。涂装车间所有结构件均应采用耐火材料制成，并通风良好，每立方米厂房空间体积对应的窗户或易打开的顶盖面积不小于 $0.05m^2$。

(2) 按防爆等级规定安装电器。凡能产生电火花的电器和仪表不得在操作场所使用。操作场所的电线、电缆、电动启动装置、配电设备、照明灯等都应符合防爆要求，不得超负荷运转，电动工具和电器部分应接地良好。在使用溶剂的直接场所，应将闸刀开关、配电盘、熔断器、普通电动机及照明开关安装在室外。

(3) 严禁烟火。施工场所严禁吸烟，不得携带火种入内；若必须动用明火，只能在规定的安全区域内进行。车间及仓库内都要设立“严禁烟火”的醒目标志。

(4) 防止冲击火花。涂装过程中应尽量避免敲打、碰撞、冲击、摩擦等操作。用铁器开启金属桶、敲击铁制件，甚至鞋底的掌钉与水泥地面摩擦都易产生火花，引起火灾。对于燃点低的涂料或溶剂开桶时，应使用非铁工具（如铜、铝制工具）开启，以免产生火花引起燃爆事故。

(5) 严防静电产生。在涂装操作中，静电往往是火种来源之一。施工中由于摩擦而产生静电火花，常常是被忽视的隐患。为防止静电事故，操作场所的设备、管道、容器都应安装地线。

(6) 谨防自燃。浸有油性涂料或溶剂的棉纱、碎布等物，必须放在指定地点，定期销毁，不许与涂料及熔剂混堆在同一场所。

(7) 避免积存过多的涂料。施工现场尽量避免积存过多的涂料与稀释剂，不可将盛装涂料的容器开口放置。

(8) 严禁随意排放废料。作废易燃的溶剂和涂料要集中管理，并在安全场所内销毁，严禁直接倒入下水道。

(9) 备足灭火器材。施工场所必须备有足够的灭火器、黄沙及其他灭火工具，并定期检查更换。

(10) 及时灭火。当易燃物遇明火发生燃烧时，应使用扑盖物罩上或使用灭火器扑灭。若发生较大火灾，应立即报警，并切断电源、关闭运转的设备和邻近车间门窗，防止漫延并及时组织扑救。

(四) 灭火方法及火灾类型

1. 灭火的基本原则

(1) 隔离火源原则。即发生火灾时，将火源与易燃物迅速隔离，使之熄灭。

（2）隔绝空气原则。即在燃烧物周围切断助燃的氧气供给，使其自动熄灭。例如，漆桶着火，用盖子将桶盖住或用非可燃性气体（二氧化碳等）喷射到燃烧物上，稀释空气中的氧气使其降到16%以下，就能熄灭火势。

（3）冷却降温原则。用冷却液（如水）使燃烧物的温度降低到着火点以下，即可灭火。

2. 常用灭火器简介

常用灭火器类型及适用范围如表2－2所示。

表2－2　常用灭火器类型、化学成分及适用灭火类型

类型	化学成分	适用灭火类型
酸碱式	H_2SO_4、$NaHCO_3$	非油类及电器灭火的一般类型
泡沫式	$NaHCO_3$、$Al_2(SO_4)_3$	液体溶剂、涂料类灭火
高倍泡沫式	脂肪醇、硫酸钠加稳定剂、抗燃烧剂	火源集中、泡沫容易堆积等场合，如大型油池、室内仓库、涂料类
二氧化碳	液体CO_2	电器失火
干粉式	$NaHCO_3$等盐类，并加入适量润滑剂和防潮剂	用于扑救涂料类、可燃气体或遇水燃烧等物品的初期起火
四氯化碳	液体CCl_4	电器失火
1221	CF_2ClBr	灭火效率高，用于油类、有机溶剂、高压电气、精密仪器等

3. 灭火方法简介

火灾类型及灭火方法如表2－3所示。

表2－3　火灾类型及灭火方法

燃烧物	火灾初起时的灭火方法	原理
有机纤维普通燃烧材料（擦漆用的破布、废纱头等）	①黄沙扑灭 ②水或酸碱泡沫灭火器	冷却降温、隔离空气
有机溶剂、涂料类不溶于水的燃烧性液体（稀释剂、清油、清漆等）	①二氧化碳灭火器 ②泡沫灭火器 ③盖上湿棉毯	隔离空气
有机溶剂（溶于水的醇和醚类可燃性液体，酒精、乙醚等）	①水 ②将容器盖盖严	冲淡可燃性液体灭火，隔绝空气
在电气设备、仪器上或附近燃烧（如空压机、输漆泵等）	四氯化碳、二氧化碳灭火器	隔绝空气（但由于本身有毒性，只能用于通风良好处）

二、防毒

清洗剂、护理用品、涂料及溶剂大部分都具有毒性。在喷涂时所形成的喷雾、涂膜，在干燥过程中所挥发出来的溶剂气体通过人体的呼吸道或皮肤进入人体，对人体神经系统和血液系统产生刺激和破坏，会产生头昏、头痛、失眠、乏力和记忆力减退等症状，它还能造成人体血液系统的损害，引起白血球减少，出现血小板和红血球降低，以及皮肤干燥、瘙痒等症状。为防止发生中毒事故，应采取相应地防护措施。

1. 控制空气中有毒物质浓度

为确保操作人员身体健康，必须采取有效措施控制空气中有毒物质的浓度，使空气中的溶剂蒸汽浓度降低到最高许可浓度以下，即长期不损害人身安全的浓度。一般最高许可浓度是毒性下限值的1/2～1/10。

控制空气中有毒物质浓度的具体措施有以下几项。

(1) 施工场所应有良好的通风和排风换气设施。使空气流通，加速有害气体的散发，使空气中有害气体含量不超过卫生许可浓度；吸新鲜空气点和排废气点之间的距离在水平方向不小于10m；排气管应超出屋顶1m以上。

(2) 在采用暖风的情况下，一般不采用循环风。在有害气体浓度不超标的场所才允许部分采用循环风。

(3) 限制使用有毒涂料和溶剂，尽量使用无毒或毒性低的涂料和溶剂；对于毒性大、有害物质含量高的涂料严禁用喷涂法涂装，如红丹底漆不用喷涂法而用刷涂法。

2. 操作人员的防毒措施

(1) 操作前，应穿戴好各种防护用具，如专用工作服、手套、面具、口罩和鞋帽等。使用有空气净化器的头罩或面罩；为保护皮肤，也可涂以防护油膏。

(2) 操作时，为防止有毒气体通过肺部吸入人体，在喷涂时要佩戴附有活性炭的防毒面具；如感头痛、眩晕、心悸、恶心时，应立即离开现场到通风处呼吸新鲜空气，严重的应及时治疗。

(3) 操作完毕后，先用肥皂洗脸和手；再淋浴，换好干净衣物到室外呼吸新鲜空气。还应多饮开水，以湿润气管，从而加速和提高排毒能力。

(4) 要随时注意个人卫生和保健，不能在施工场所进食、饮水或吸烟，工作衣物要隔离存放并定期清洗。应对操作人员进行定期体检，发现有中毒迹象，应调离工作环境，脱离与有毒物质的接触。

三、防静电和避雷

1. 防静电

除水性涂料、含导电颜料的涂料或用大量醇或酯类作为稀释剂的涂料外，其他溶剂型涂料和粉末涂料都具有较大的绝缘性，当它们流动、搅拌、过滤、分散、喷射时，涂料与器壁以及涂料中的颜料和液体、液体分子（或粉末粒子）相互之间产生剧烈摩擦、分裂。由于细分后均产生静电电荷，当释放不完全时，电荷就慢慢蓄积，最终可能引起电火花和电击事故。

静电放电是引起火灾的主要原因之一。静电还可能产生电击，使操作者受到惊吓，从而引起二次伤害。为防止人体带电作业，不仅要考虑鞋的导电性，作业衣物的纤维编织条件、设备、地面等物品、环境的导电性，还应防止由于静电现象在被涂物面吸附尘埃的现象。

2. 避雷

雷击能击毁房屋、引起火灾，甚至引发人体伤亡的事故。为此必须在喷涂场所、仓库等地设置避雷装置，将雷云的电流引入地下，使雷击时产生的电流能安全分散。目前，采用的避雷装置有散电式、天线式和网式三种。

任务二　汽车美容安全操作规程

新开的一家汽车美容店，为保证美容操作过程能安全有序进行，需要制定一套系统的安全操作规程。

任务分析与实施

汽车美容施工涉及多种美容设备、美容用品、多种工作任务，为保证美容工作安全有序进行，必须遵循相应的安全操作规程，完成美容操作。

一、工作人员安全操作规程

（一）清洗、护理作业安全操作规程

汽车表面清洗、护理中所使用的清洗剂多数都带有一定的毒性和腐蚀性，而操作现场的水、电、燃气等都有一定的危险性。为确保操作安全，人员和设备无损伤，操作人员必须遵守以下安全操作规程。

（1）操作人员必须从思想上重视安全工作，以高度的责任感和严肃的态度认真操作。操作中要树立安全第一、客户至上、精心服务的理念，严格遵守操作规程，杜绝事故的发生。

（2）操作人员必须熟悉操作现场及周围环境，了解水、电、燃气等开关的位置及救护器材的位置，以备应急之需。

（3）操作人员必须熟悉安全操作技术，清洗剂的使用方法和急救方法。

（4）注意用电安全。地线必须接地，防止漏电，使用电器时要严防触电，不要用湿手和湿物接触开关。操作结束后，要及时把电源切断。

（5）现场操作人员直接接触酸、碱溶液时，应穿工作服、胶靴、戴防腐蚀手套，必要时应戴防毒口罩。

(6) 清洗、护理作业现场必须整洁有序，严禁烟火。

(7) 清洗、护理现场应有消防设备、管路，要有充足的水源和电源，确保操作安全。

(8) 清洗、护理设备在使用前应进行试运转；使用后应用清水冲净，按要求维护保养，如有故障应及时排除并妥善保管。

(9) 操作中排尘的清洗废液应符合排放要求，不能随地乱倒。

(10) 操作安全工作要有专人负责，定期检查，并不断总结安全操作的经验，确保操作安全。

(二) 修补涂装作业安全操作规程

修补涂装操作条件较差，操作者大多在充满溶剂气体的环境中作业，不安全因素较多，操作者应熟知本工种作业特点和所使用的工具设备的操作方法，保证安全施工。

(1) 操作环境必须有良好的通风条件，若在室内操作（特别是喷涂时），要有良好的通风设备。

(2) 操作前根据作业要求，穿好工作服和鞋，戴好工作帽、口罩、手套、鞋罩和防毒面具。

(3) 操作人员应熟悉所使用的设备，使用前应进行检查。

(4) 打磨操作中应注意物面有无凸出毛刺，以防划伤手指。

(5) 在用钢丝刷、挫刀、气动和电动工具作金属表面处理时，需配戴防护镜，以免眼睛被沾污和受伤；如遇粉尘较多，应戴防护口罩，防止呼吸道感染。

(6) 酸碱溶液要严格保管，小心使用。搬运酸、碱溶液应使用专门工具，严禁肩扛、手抱。用氢氧化钠清除旧漆膜时，必须配戴乳胶手套和防护眼镜，穿戴涂胶（或塑料）围裙和鞋罩。

(7) 登高作业时，凳子要牢固，放置要平稳、不得晃动，热天严禁穿拖鞋登高操作。

(8) 操作场地的易燃品、棉纱等应随时清除，并严禁烟火。涂料库房要隔绝火源，并有消防用品，要有严禁烟火的标志。

(9) 操作完毕后将设备、工具清理干净，摆放整齐。剩余涂料及溶剂要妥善保管以防溶剂挥发。

(10) 工作结束时打扫操作场地。用过的残漆、废纸、线头、废砂纸等要随时清理，放置在垃圾箱内。

二、设备安全操作规程

(一) 电动、气动工具安全操作规程

(1) 操作人员应熟悉所使用的工具，使用前应检查各零部件是否安装牢固，各紧固件连接是否牢靠，电缆及插头有无损坏、开关是否灵活，并观察内部有无杂物。

(2) 使用前应检查所用电压是否符合规定，电源电压应尽量使用 220V，如电源电压为 380V 时，应检查接地是否良好，并注意地线标记。

(3) 使用电动工具操作时，应检查是否接地，电线要有胶管保护。

(4) 经检查后可接通电源空运转，检查声音是否正常。

（5）使用中如发现有大火花、异响、过热、冒烟或转速不足等现象，应立即停止使用，修复后再继续使用。

（6）各电气元件应保持清洁，接触良好，轴承及变速箱内的润滑油每半年更换一次。

（7）工具不用时对应存放在干燥处，以防受潮与锈蚀。

（8）使用风动工具时，必须防止由于连接不牢而造成空气损失和人身事故。

（9）工具在转动中不得随处放置，需要放置时应关机，停稳后再放下。

（10）使用砂轮机时，开机后砂轮应轻轻接触工件。

（二）空气压缩机安全操作规程

（1）空气压缩机应设专人开动和管理。

（2）开动前认真检查空气压缩机、电机和电气控制部分是否良好，一切正常无误后，开动试运转后，再正式使用。

（3）气泵要按规定顺序启动，设备运转时随时注意其运转状况，观察气压表读数，发现异常现象要及时排除，并报告有关部门。

（4）在工作中禁止工作人员与他人闲谈、随意离开机房、必要时应停机后再走，以防事故发生。

（5）任何人未经操作者同意，不得开动机器。

（三）涂装车间通风机安全操作规程

（1）通风机设备必须由专人负责开动和管理，其他人不得随意开动。

（2）操作人员在启动通风机前必须检查并确认电器设备正常后再启动。

（3）操作人员必须每天清除电机及输气管道内的灰尘污垢以防通道堵塞。

（4）通风机在运转过程中，如发现不正常现象应立即停机，将故障排除后再启动。

（四）照明装置安全操作规程

（1）施工场地的照明设备应有防爆装置。

（2）涂料仓库照明开关应设在仓库外。

（3）各种电气开关均应为密封式，并方便操作。

（4）工作灯必须使用 36V 安全电压。

（五）喷漆、烤漆房安全操作规程

（1）喷漆、烤漆房内一般不得进行涂装以外的作业。

（2）按使用说明书规定使用和保养喷漆烤漆房，并有专人管理。

（3）定期更换过滤材料。

（4）定期清除各处风道内的灰尘及脏物。

（5）进行喷漆时应先开动通风机。

（6）工作灯必须使用 36V 安全电压。

任务三　劳动保护

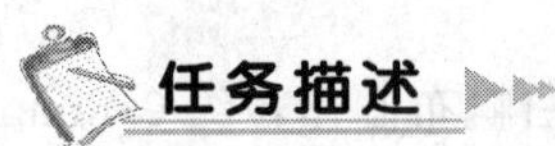

任务描述

一家新开的汽车美容店，为了给劳动者创造安全、卫生、舒适的劳动工作条件，为保证工作人员的人身健康，做到减少伤亡，预防职业病和急性职业中毒事件发生，需要制定一套劳动保护制度，并配置相应的劳动保护用品。

任务分析与实施

劳动保护是国家和单位为保护劳动者在生产过程中的安全和健康所采取的立法、组织和技术措施的总称。

一、劳动保护的基本内容

劳动保护的基本内容有以下几项。

（1）劳动保护的立法和监察。主要包括两方面的内容。一是属于生产行政管理的制度，如安全生产责任制度、加班加点审批制度、卫生保健制度，劳动用品发放制度及特殊保护制度；二是属于生产技术管理的制度，如设备维修制度及安全操作规程等。

（2）劳动保护的管理和宣传。企业的劳动保护工作由安全技术部门负责组织、实施。

（3）安全技术。为了消除生产中引起伤亡事故的潜在因素，保证职工在生产中的安全，在技术上采取各种措施，主要防止和消除突然事故对于职工安全的威胁。

（4）工业卫生。为了改善劳动条件，避免有毒有害物质危害职工健康，防止职业中毒和职业病，在生产中所采取的技术组织措施的总称。它主要解决威胁职工健康的问题，实现文明生产。

（5）工作时间和休假制度。

（6）女职工与未成年职工的特殊保护。但劳动保护不包括劳动权利和劳动报酬等方面的内容。

二、人身安全保护用具

美容操作中，操作场所各处均有飞扬的灰尘和碎屑等，可能伤害眼睛，眼睛需要保护。在操作磨床、砂轮机、钻床、气动凿等设备时，在清除碎玻璃或在汽车底部工作时，在进行除锈、打磨、喷涂等工作时，应戴上清晰的安全防尘镜、护目镜或防护面具等保护用品。现在不少工厂要求全体雇员在工厂的金属加工和喷漆场地，即使已戴有一般眼镜，也还要求戴上防尘镜或安全镜。眼睛是不可能更换的，因此人人都应养成在工作场地戴安全镜、防尘镜或防护面具的习惯。

除了安全镜、防尘镜或防护面具对眼睛的保护外，还有以下保护用具可以在现场操作中起到保护作用。

1. 防护服

防护服分特殊作业防护服和一般作业防护服，应能有效地保护作业人员，并不给工作场所、操作对象带来工作障碍。具体分类如下。

(1) 棉布工作服。用天然植物纤维织物如纯棉白帆布、纯麻白帆布制作，约0.6mm厚，具有隔热、易弹掉飞溅火星及熔融物、耐磨、拉伸强度大、透气等特点。

(2) 胶布雨衣。防雨，适用于雨天露天作业。

(3) 防机械外伤和脏污工作服。这类防护服适用于工作量大，易于在运送材料及使用工具时可能发生机械伤害的场所，或防止脏物污染。衣服面料要求耐磨并具有一定的强度。

2. 工作帽

工作帽是指用于保护劳动者头部，以消除或减缓坠落物、硬质物件的撞击、挤压伤害，防止劳动者头发过长对操作产生影响，是生产中广泛使用的个人安全用品。

3. 眼部、面部防护用品

用于防止辐射、烟雾、化学物质、金属火花、飞屑和尘粒等伤害眼部、面部、颈部的可观察外界的防护用具。

(1) 防护眼镜。用来保护眼部，防止飞屑、尘粒、化学物质等伤害眼部。其质量一定要好，否则眼镜受到冲击损坏，会对眼镜造成更为严重的二次伤害。

(2) 防护口罩。防止将烟雾、化学物质、有毒气体等吸入肺部。有防尘口罩和防毒面具两种，烟尘严重的环境佩戴防尘口罩，有溶剂挥发的环境佩戴防毒面具。

(3) 防护面罩。保护面部，防止辐射、火花等对面部和颈部的伤害。如焊接时必须佩戴防护面罩。

4. 手、足部的防护用品

手、足部的防护是指劳动者根据作业环境中的有害因素，为防止各种手、足部的伤害事故，需要穿戴特制的手套和鞋。

(1) 防护手套（防止手部伤害）。有皮手套、线手套、防水手套、耐溶剂手套等，但是，使用台钻、卷扬机等设备工作时，严禁带手套操作。

(2) 安全鞋（保护脚部）。有防滑、绝缘、防砸、耐溶剂、防水、抗高压等功能，但同一双安全鞋并不具有所有的功能，选择时一定要根据环境不同仔细选择。

5. 耳部的保护

耳塞和耳罩，在噪声较大的环境中使用，可以保护耳膜不受噪声的伤害，保护听力。

练习题

一、填空题

1. 衡量涂料的爆炸危险性和易燃性可用________、________、________、________、蒸汽密度等指标来评价。

2. 灭火的基本原则有__________、__________、__________。

3. 眼部、面部防护用品主要有__________、__________、__________。

二、判断题（正确的打“√”，错误的打“×”）

1. 涂装人员操作前，应穿戴好各种防护用具，如专用工作服、手套、面具、口罩和鞋帽等。（　）

2. 施工场所应有良好的通风和排风换气设施。吸新鲜空气点和排废气点之间的距离在水平方向不小于1m；排气管应超出屋顶10m以上。（　）

3. 对于毒性大、有害物质含量高的涂料宜用喷涂法涂装，如红丹底漆。（　）

三、简述题

1. 汽车美容涂装车间防火的措施有哪些？

2. 简述操作人员的防毒措施有哪些？

3. 简述人身安全保护用具主要有哪些？

模块三　汽车清洗美容

汽车清洗是采用专用设备和清洗剂，对汽车车身及其附属部件进行清洁处理，使它保持或再现原有风采的最基础的美容作业。它既是日常美容的作业项目，也是开展其他美容工作的前提和基础。汽车清洗通常包括汽车车身清洗、内室清洗以及发动机底盘各部件的清洗。本模块的学习目标、能力目标要求如下。

学习目标

1. 了解汽车清洗美容用品的种类和性能。
2. 了解汽车清洗设备的种类及使用方法。
3. 掌握汽车车身清洗的工艺流程和注意事项。
4. 掌握汽车内室清洗的工艺流程和注意事项。
5. 了解汽车发动机、底盘各总成部件的清洗方法。

能力目标

1. 能正确选择、使用汽车清洗美容用品和设备。
2. 能独立或协作完成汽车车身清洗工作。
3. 能独立完成汽车内室清洗工作。

任务一　汽车车身清洗

任务描述

汽车经过长途旅行，大量的尘土和泥水黏附在车身上，车身很脏，此时就需要根据污渍的类型、采用正确的方法、按照规范操作对车辆进行彻底的清洗。

任务分析与实施

汽车车身若不进行专业清洗，很容易在漆面上形成划痕，必须进行整车的打蜡抛光才能去除这些划痕。因此，现代汽车清洗，必须使用专用工具与设备、选用适合的美容清洁用品才能够达到专业清洗的效果，而且要根据不同的污渍，采用不同的清洗方法、不同的

工具、清洗时间，进行规范操作。

另外，汽车轮胎作为唯一直接接触地面的部件，关系到行车安全、汽车使用寿命、汽车维护费用等各方面问题，对轮胎进行正确的清洗和养护美容也是不可忽视的。

一、汽车车身清洗的工具和设备

（一）汽车车身清洗的工具

在清洗汽车时，由于汽车表面各部位的材料质地、形状的不同，选用用品也有所差异。常用的清洗工具包括海绵、毛巾、鹿皮、板刷、车巾等，如图 3－1 所示。

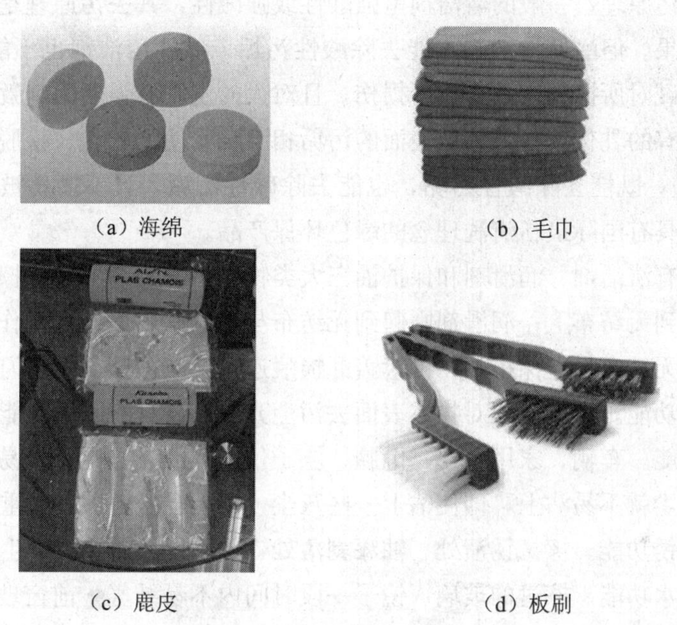

（a）海绵　（b）毛巾　（c）鹿皮　（d）板刷

图 3－1　汽车常用清洗工具

1. 海绵

海绵在清洗作业中用于擦拭车身。洗车作业中使用的海绵不仅具有一般海棉良好的弹性及吸水能力，还具有一定的韧性、抗拉强度和耐磨性，以保护漆面及提高作业效率。

2. 毛巾

毛巾是洗车作业中的易耗用品，主要用于擦拭车身。洗车作业中应用的毛巾最好选用无纺布制品，以保证在擦拭过程中无细小纤维脱落，达到良好的清洗效果。专业美容中心通常准备有湿毛巾、半湿毛巾（大小两种）、干毛巾（大小两种）等。

3. 鹿皮

鹿皮在洗车作业中使用广泛，主要用于擦净车身表面的水痕。它不仅具有质地柔软、吸水性强、有利于保护漆面的特点，而且对车身表面及玻璃水膜的清除效果极佳。在洗车作业中，宜先用毛巾对车身表面擦干，再用鹿皮进一步擦干，以延长鹿皮的使用寿命。选用鹿皮时，尽可能选择皮质韧性强、耐磨性好、质地较厚的鹿皮。

4. 板刷

板刷主要用于清除轮胎、挡泥板等处附着的泥土污垢。由于这些部位泥土附着较厚，不易冲洗干净，所以要在洗车时有针对性地进行刷洗。板刷选用鬃毛板最佳，鬃毛板刷不但具有较好的韧性和耐磨性，还可以减轻刷洗作业对橡胶、塑料部件产生的磨损。但不提倡使用塑料纤维板刷。

5. 车巾

车巾是用蜡、树脂和去离子水乳化混合而成的溶液浸润于无纺布上制成的，是最新研制的汽车专用清洁产品。

（1）车巾去污原理。一般的清洁剂呈强酸性或强碱性，其去污原理是和污垢进行中和反应达到清洁效果。但酸性清洁剂不能去除酸性污垢，碱性清洁剂也不能去除碱性污垢；同时，强酸或强碱对所擦拭表面会有所损伤，且对人的皮肤有强烈的刺激作用。

车巾以其特有的乳化液与被擦拭表面的污垢相溶合，使之软化、松脱后除去。乳化液呈中性（pH=7），既能去除酸性污垢，也能去除碱性污垢，且不损伤被擦拭表面、不刺激人的皮肤，是具有国际最新清洗理念的绿色环保产品。

乳化液中含有清洁剂、润滑剂和保护油三大类物质。清洁剂可使被擦物体表面的污垢软化，进而吸附到无纺布上；润滑剂则起到无纺布与被擦拭表面的润滑作用，这样就保护了被擦拭表面；无纺布涂上保护油，可遮盖磨损痕迹，使被擦拭表面闪闪发亮。

（2）车巾的功能。车巾除能对物体表面去污上光外，还具有以下功能。

①抗静电功能。车辆、家用电器、电脑、电子仪器等因有静电，极易黏附灰尘，使用车巾擦拭后，灰尘就不易沾上，即使沾上一些灰尘，也能轻松地擦去，重现光亮。

②除锈、防锈功能。擦拭锈渍处、油漆剥落处，可除锈并防止继续生锈。

③防雾、防水功能。擦过的玻璃、镜子一段时间内不易结雾，前窗玻璃擦过后，雨水不易留存，中小雨则不用开雨刮器。

④吸污功能。当车巾擦拭物体表面后，其污垢便被吸附于无纺布上，只要无纺布还有湿度，就仍可继续使用，不会使污垢在被擦拭表面重复污染。

⑤保洁功能。被车巾擦过的物体在较长时间内不易脏污，从而既保持了物体的清洁光亮，又延长了清洗的周期，减轻了劳动强度。

（二）汽车车身清洗设备

汽车外部清洗设备按控制方式，可分为机械式和电脑控制式，机械式按设备安置方式又可分为移动式和固定式两种。

1. 移动式清洗设备

移动式清洗设备属于小型清洗设备，可对清洗工位上的汽车进行清洗。其特点是使用方便、灵活机动，但一般是单喷水枪，出水量小，清洗效率低。移动式清洗设备分为高压清洗机和泡沫清洗机。高压清洗机又包括冷水高压清洗机和冷热水高压清洗机两种，如图3-2、图3-3所示。

图 3-2　冷水高压清洗机

图 3-3　冷热水高压清洗机

（1）冷水高压清洗机。

①结构组成。冷水高压清洗机主要由电动机、水泵、管路、喷水枪等组成。水泵由壳体、叶轮及进、出水口组成。喷水枪由枪体、手柄、扳机及喷头组成。

②使用方法。首先将水泵的进水口置于水源中；其次接通电动机电源，电动机带动水泵中的叶轮旋转；然后将水泵出水口，经胶管、喷枪、喷头射向汽车车身表面。经水泵增压后的水压可达 1MPa，如果用 80℃左右的清洗液，出水压力可高达 1.5～2MPa。

（2）冷热水高压清洗机。冷热水高压清洗机是一种小型轻便的清洗设备，操作灵活，使用效果好。

①结构组成。冷热水高压清洗机由水泵、加热装置和传动机构等组成，这些装置均安装在一个轻便的小车上；它还配置有进水软管和出水软管、各种规格的喷枪、刷洗用的毛刷、洗涤剂供给装置、防腐剂供给装置等；并且装备有获得各种不同形式液流的全套喷嘴。这些装置可完成冷水或热水、加洗涤剂或不加洗涤剂、低压或高压等不同需要的清洗作业。高压水流的压力、流量及温度均可根据清洗的要求进行调节。

②水源。水源一般采用自来水，通过柱塞式水泵获得高压水流。如果采用其他水源（如水池、水塘的水）时，需要经过清洁过滤处理，以免影响清洗质量。

③特点。第一，冷热水高压清洗机结构紧凑，操作灵活方便；第二，用热水冲洗比用蒸汽清洗效率高，成本低；第三，用热水冲洗可避免使用化学药品和试剂，环保性高；第四，用热水冲洗，有利于将油污、泥土去除，同时不会对涂膜表面造成损伤，清洗质量高。

④用途。适用于各种车辆和零部件的清洗，如大、中、小型车辆的车外、车内清洗，部件和零件清洗，除尘、去污清洗。此外，还可用于新车开蜡、车辆的护理美容等操作。

⑤使用方法。首先，检查汽车车身表面情况，制定必要的清洗措施。若车身表面污物不多，且以泥土、浮尘为主，可选用冷水冲洗；若污物较多，且有油污，可采用高压热水冲洗。其次，接通水源、电源，启动清洗加热设备，使喷枪能喷出 70℃～80℃的热水。再次，将高压喷枪的压力控制在 7MPa 左右，使用 75℃左右的热水冲洗车身外表、清洗底盘

时，可将喷枪的压力调到 10MPa 左右。清洗的顺序依次是车顶、前后风窗玻璃、车门。然后，用半湿毛巾将热水冲洗后的车身按顺序擦拭一遍。最后，用柔软的干毛巾擦拭，达到干净、整洁的效果。

(3) 泡沫清洗机。

①结构组成。泡沫清洗机的结构如图 3-4 所示，一般由气动装置、泡沫发生器、喷射阀等组成。

②工作原理。利用压缩空气在设备内部产生一定压力，通过设备配置系统，将设备内调配好的清洗液以泡沫状喷射到需要清洗的汽车或物体上。该设备采用气动控制，压力稳定，具有流量大、操作简单、使用方便等优点。

图 3-4　泡沫清洗机

③使用方法。首先，打开泡沫清洗机的球阀，按比例加适量的清水，待水加满后再加入适量的清洗剂，然后关好球阀。其次，打开气阀，把气压表的压力调到 0.2～0.4MPa。最后，打开泡沫清洗机的喷射阀，将清洗液均匀喷射到待清洗物面上，然后用干净的海绵擦净即可。

注意：本机器外部的清洁，只能用柔软的抹布和中性清洁剂来清洁。切勿用硬物抹擦或用带腐蚀性的液体接触机器的外表面。

2. 固定式清洗设备

常见的固定式汽车外部清洗设备有喷头式清洗设备和滚刷式清洗设备两种。喷头式和滚刷式的基本组成大致相同，只是滚刷式在喷水的同时，滚刷可自动贴近汽车外表，刷和洗同步。固定式清洗设备具有清洗效率高、劳动强度低等优点。

(1) 喷头式低压清洗设备。喷头式低压清洗设备由电动机、离心水泵、直头喷管、旋转喷头及清洗台等组成。在汽车专用的外部清洗台上，底部设有旋转式的喷水头，用以清洗汽车底盘。在清洗台的两侧有直头喷管，用以清洗汽车两侧。在清洗台的一侧设有离心水泵，将水增压至 0.2～0.4MPa，送至各喷水口。汽车喷头式低压清洗设备如图 3-5 所示。

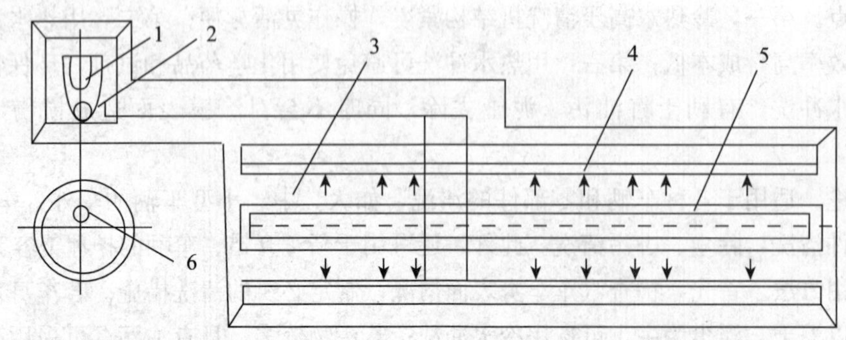

图 3-5　汽车喷头式低压清洗设备

1—电动机；2—离心水泵；3—清洗台；4—直头喷管；5—旋转喷头；6—水井

汽车外部喷头式清洗设备的喷水管布置种类有固定式门形管架、移动式门形管架等，其管架通过滚轮在地面的导轨上移动。为了清洗汽车底盘部位的油污，通常在清洗设备上装有能冲洗底盘的喷水管。

（2）滚刷式低压清洗设备。滚刷式低压清洗设备是目前较为实用和先进的方法，它是用专门的滚刷式清洗机来清洗汽车外表面的。

①结构组成。滚刷式低压清洗设备由电动机、低压水泵、管路、喷嘴、滚刷、清洗台等组成。

②清洗过程。如图 3-6 所示是滚刷式低压清洗设备的工作原理示意图，Ⅰ、Ⅱ滚刷的作用是清洗车辆两侧和车尾；Ⅲ、Ⅳ滚刷的作用是从车头清洗到车两侧。其清洗过程如下。

a. 当汽车驶入自动化清洗台时，打开门形架上的喷嘴，开始喷水淋湿车身如图 3-6（a）所示。

b. 汽车车头驶近Ⅰ、Ⅱ滚刷时，Ⅰ、Ⅱ滚刷转动出水。

c. 车头通过Ⅰ、Ⅱ滚刷后，滚刷在气动机构的推动下，向车身靠拢，洗刷车身两侧，如图 3-6（b）所示。

d. 当车辆驶过Ⅰ、Ⅱ滚刷，则Ⅰ、Ⅱ滚刷自动合拢，清洗车尾，如图 3-6（c）所示。

e. 车辆离开Ⅰ、Ⅱ滚刷后，滚刷自动复位。

f. 当车头接近Ⅲ、Ⅳ滚刷时，Ⅲ、Ⅳ滚刷已出水，并刷洗车头，接着由车头慢慢顶开滚刷清洗车侧，如图 3-6（b）、（c）所示，直到车辆通过Ⅲ、Ⅳ滚刷复位到关闭位置。

g. 当整车洗刷完毕后，让汽车向前移动，在专门设置的清水门型淋架处淋洗，使车身表面干燥后不产生水迹斑点。淋洗后可自然干燥。

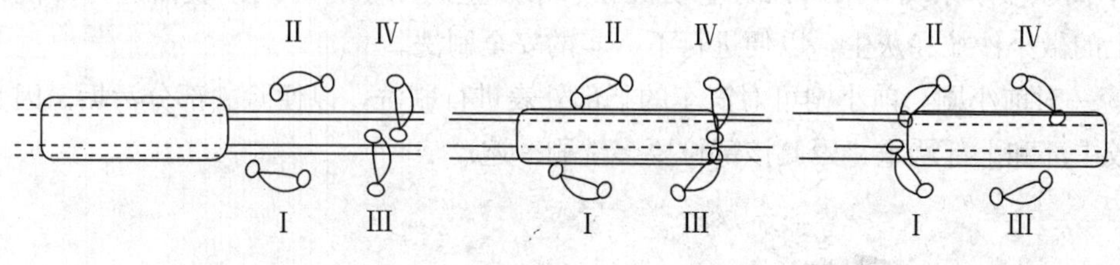

（a）原始位置　（b）Ⅰ、Ⅱ滚刷洗刷车侧，Ⅲ、Ⅳ滚刷洗刷车头　（c）Ⅲ、Ⅵ滚刷洗刷车侧，Ⅰ、Ⅱ滚刷洗刷车尾

图 3-6　洗车时的滚刷动作

3. 电脑控制外部清洗设备

电脑控制外部清洗设备主要有全电脑整车无刷清洗机、隧道式电脑洗车机多种。

（1）全电脑整车无刷清洗机。

①结构组成。全电脑整车无刷清洗机能一次性对汽车进行整车外部清洗，主要由高压喷洗系统和电脑控制系统组成。其结构如图 3-7 所示。

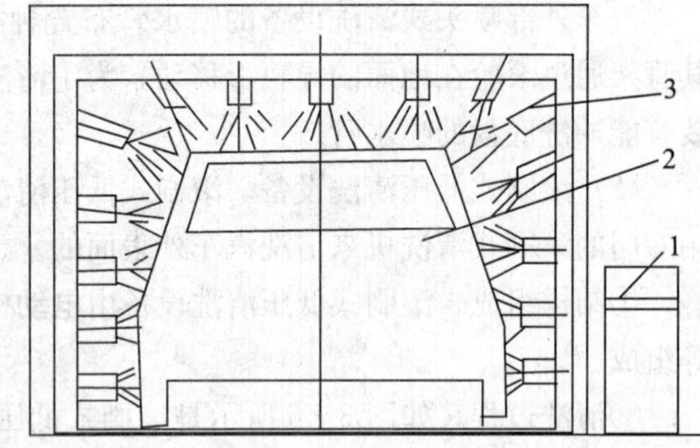

图 3-7　全电脑整车无刷清洗机

1—电脑控制系统；2—被清洗的轿车；3—高压喷水清洗系统

②清洗过程。首先，将需要清洗的汽车开到清洗停放位置，停稳，关好车门，然后关好清洗机门。其次，启动控制系统，调好高压水压，打开喷头控制阀，设置好清洗工艺要求所需要的参数，对汽车进行喷淋清洗。最后，清洗完后停机，打开清洗机门，用干净的抹布把车身外表擦干净。

（2）隧道式电脑洗车机。

①结构组成。隧道式电脑洗车机主要由输送机系统、高压喷水系统、高泡沫喷洒系统、滚刷系统、亮光蜡喷洒系统、强力吹风系统、擦干系统、控制操作箱等组成。其结构如图 3-8、图 3-9 所示。

a. 输送机系统。输送待清洗的汽车通过隧道而完成清洗。待清洗的汽车进入隧道时，轮胎导正器可使汽车停在输送机的停车轨道上，收好天线，挂空挡，勿动雨刮器。

b. 高压喷水系统。采用强力电动机和水泵产生高压水，对汽车表面进行冲洗，除去车身上的微小沙粒和灰尘，以便进行下一步的安全刷洗。

c. 一对前小刷。前小刷可对汽车的下部外表进行刷洗，以便除去部分污垢。因为下部污垢较中部和上部严重，因此该部位要多洗刷一遍。

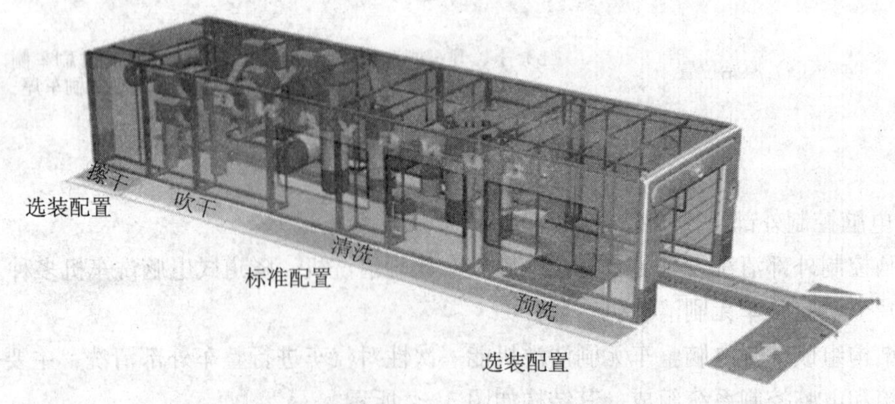

图 3-8　隧道式电脑洗车机透视图

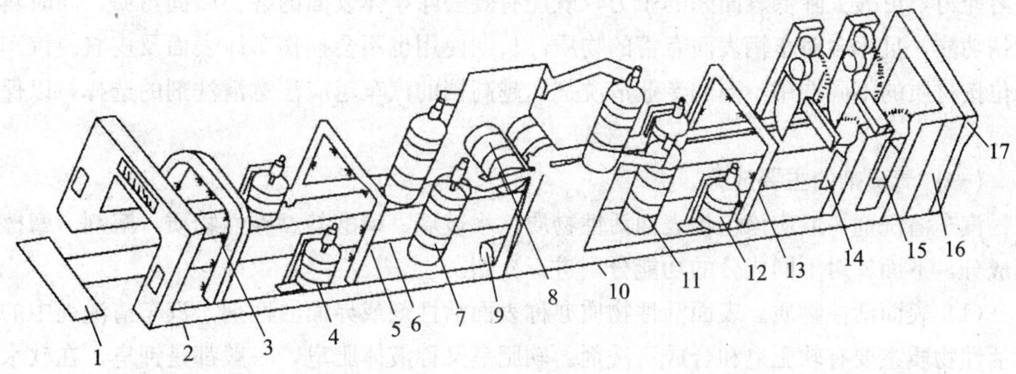

图 3－9　隧道式电脑洗车机结构示意图

1—轮胎导正器；2—隧道入口；3—高压喷水系统；4—前小刷；5—高泡沫喷洒系统；6—输送机系统；7—前大刷；8—前顶刷；9—轮刷；10—后顶刷；11—后大刷；12—后小刷；13—亮光蜡喷洒系统；14—前风机；15—后风机；16—控制箱及操作台；17—隧道出口

d. 高泡沫喷洒系统。利用该系统向车身喷洒高泡沫洗车液，以增强清洗除污的能力。

e. 滚刷系统。滚刷系统由一对前大刷、一个前顶刷、一个后顶刷、一对轮刷、一对后大刷和一对后小刷组成了隧道式洗车机的滚刷系统。前大刷可依车身的斜度自动倾斜，轻柔而平稳地包裹车身，以达到良好的效果；刷洗车身的前后刷似手臂，采用交叉式洗刷方式，洗车无死角，清洗效果最好；横卧式洗刷，能将车身下方的严重污垢干净彻底地清除。

f. 亮光蜡喷洒系统。在滚刷刷洗之后，用亮光蜡喷洒系统对车身进行清洗后的护理，使车身涂膜更加鲜艳亮丽。

g. 强力吹风系统。强力吹风系统是由前风机和后风机组成，用清洁的高压空气将车身吹干。

h. 擦干系统。擦干系统由特殊的绒毛布条组成，可将风干后所残留的水痕彻底地擦拭干净。

i. 控制操作箱。由控制箱和操作控制台组成。

②清洗过程。隧道式电脑洗车机的洗车过程是全自动的，待清洗的车辆按要求停放在输送机的停车位置后，启动洗车机，即开始进入洗车程序，全过程约需要 30s 即可将车辆洗净，可达到快速、安全和无刮痕的洗车要求。

另外，这类电脑洗车设备还有 1＋1 电脑洗车机、龙门式电脑洗车机等，不再一一介绍。

二、汽车清洁用品及选用

进行车身表面清洗时，不能使用洗衣粉、洗洁精等含碱性成分较大的普通洗涤用品；否则长期使用这些洗涤用品洗车，就会使车漆干裂，失去光泽，破坏汽车的漆面。因此，一定要使用专用的清洗剂或清洁香波。

专用的洗车清洗剂均含有表面活性剂、功能性高分子材料等，具有较强的渗透能力和增溶能力，可大大降低表面间的张力，既能有效去除车体表面的各类顽固污垢，同时具有除锈功能，且不含对车辆表面有害的物质，长期使用也不会损伤车体表面及皮肤。汽车各部位按材质的不同选用不同的专业清洗剂。越高档的汽车越应注意清洗剂的选择，以保护漆面。

（一）清洗剂的主要成分

汽车清洗剂一般应该包含表面活性物质、水玻璃、磷酸盐、碱性物质、溶剂、摩擦剂等成分，下面针对不同成分的功能分别进行介绍。

（1）表面活性物质。表面活性物质亦称表面活性剂或界面活性剂，汽车清洗剂中的表面活性物质主要有软肥皂和合成清洗剂。软肥皂又称液体肥皂，一般都是钾皂，在软水中有很好的去垢能力和泡沫形成能力，能很好地溶于水中，是许多汽车清洗剂中不可缺少的成分。在硬度较高的水中，使用合成清洗剂较为合适，因为它可以使肥皂在硬水中形成的钙镁皂浮出而分散在溶液中。

表面活性物质在水中溶解能力的不同，对清洗质量有很大的影响。易溶的活性物质在溶液中是以分子的状态存在的。因为这些物质形成的吸附层是不坚固的，乳浊液的悬浮物质会很快地聚合起来，而使污垢又重新沉淀在被清洗的物面上。部分溶于水的表面活性物质，不论其是否以分子状态进入溶液，均能形成使油污的乳浊液、悬浮液和胶体溶液稳定而坚固的吸附层，这些物质是最好的清洗剂。不溶于水的表面活性物质，只能以胶粒的形态转入溶液中可以形成胶体溶液。胶粒中的分子以亲水部分朝水，而憎水部分朝着胶粒的里面。这类物质能形成坚固的膜，因而能很好地稳定乳浊液，但很难湿润污垢质点，而且在憎水的污垢质点上吸附力很弱，故这类物质清洗作用不好。

除软肥皂及合成清洗剂外，常用的表面活性物质还有油酸、三乙醇胺、醇类等。

（2）水玻璃。水玻璃的化学名称为硅酸钠。它在清洗剂中的主要作用是使溶液的 pH 几乎维持不变。在清洗过程中，酸性污垢必定耗用碱盐，水玻璃维持溶液碱性的缓冲效果约为其他碱盐的二倍，因此可降低清洗剂的消耗。水玻璃具有很好的悬浮能力或稳定悬浮系统的能力。这一能力是水玻璃和活性物质同时使用时能提高去污能力的重要因素。

（3）磷酸盐。磷酸盐有磷酸三钠、磷酸氢二钠和缩合磷酸钠等多种，在清洗剂配方中以缩合磷酸盐最重要。

磷酸三钠又称正磷酸钠，碱性很强，它的 1%溶液在室温时的 pH 为 12，用料不能太多。在配方中它能增加清洗剂溶液的湿润能力，有一定的乳化作用，但它主要起软化水质的作用。磷酸氢二钠除 pH 较低外，其余性质与磷酸三钠相同。在配方中往往将这两种磷酸盐混合使用。这样可以保证在较低的 pH 情况下，仍能得到良好的去垢能力。

缩合磷酸盐主要包括焦磷酸钠、三聚磷酸钠等，使用最多的是三聚磷酸钠。在去垢剂中加入缩合磷酸盐具有以下作用：软化水质；具有特殊的分散污垢固体微粒的能力，可加快清洗过程并提高清洗效果；pH 较低，且有很好的去垢能力、泡沫稳定性和乳化力。

（4）碱性物质。现在常使用硅酸钠、碳酸钠、磷酸钠系列的碱性清洗剂，因为这些碱性物质都是弱酸强碱式的盐类，加水分解就变成碱，而且其酸碱度大体保持恒定，也就是说，碱性下降后便由水分解补充降低的碱性而保持一定的 pH，所以这样的碱性清洗剂是

缓冲式的。在清洗剂中，为了保证足够的清洗能力，pH 必需保持在 9 以上。硅酸钠能去除油脂，因为硅酸钠在溶液中成胶状颗粒，这些胶状颗粒可以吸附并悬蚀金属表面的油脂。硅酸钠对游离碱也有缓冲作用，因此不论哪一种油脂均能被除掉。

在使用硅酸钠溶液除油时，特别是除油后还要进行化学除锈时，应特别注意除油后，被洗物面一定要用水冲洗干净（必要时最好用热水），否则，若物面上有一些硅酸钠残留物碰到酸就会形成硅胶，这对以后的清洗和被洗物表面喷漆都会产生不良影响。清洗剂溶液中加入过多的碳酸钠等碱性物质，会使汽车表面的薄层发软起泡。碳酸氢钠溶液 pH 较低，20℃时 1%的碳酸氢钠溶液 pH 为 8.4。但碳酸氢钠受热易分解成碳酸钠，故在高温使用的配方中不宜采用。

(5) 溶剂。溶剂是表面清洗剂的主体，它溶解表面活性剂等添加剂，共同对污垢起化学作用，达到清洗除垢的目的。溶剂主要有水基溶剂和油基溶剂两种。水基溶剂主要是水，油基溶剂主要有汽油、煤油、松节油等。

(6) 摩擦剂。摩擦剂是增加与清洗表面接触、摩擦的物质，如硅藻土等。

(二) 清洗剂的除垢机理

清洗剂除垢包括润湿—吸附—溶解—悬浮—去污五个过程。

(1) 润湿。当清洗剂与汽车表面上的污垢质点接触后，由于清洗剂溶液对污垢质点有很强的湿润能力，使被清洗物的表面很容易被清洗溶液所湿润，并促进它们间有充分的接触。清洗溶液不仅能湿润污垢质点表面，而且能深入到污垢聚集体的细小空隙中，使污垢与被清洗表面结合力减弱、松动。

(2) 吸附。清洗剂中的电解质形成的无机离子吸附在污垢质点上，能改变对污垢质点的静电吸引力，并可防止污垢再沉积。清洗汽车外表面时，既有物理吸附（分子间相互吸引），又有化学吸附（类似化学键的力相互吸引）。

(3) 溶解。使污垢溶解在清洗剂溶液中。

(4) 悬浮。清洗剂中的表面活性物质能在污垢质点表面形成定向排列的分子层，进一步增加了去污作用。清洗剂分子中油溶性部分称为亲油基或憎水基，水溶性部分称为亲水基或憎油基。表面活性物质分子与污垢质点接触后，其憎水的一端会吸附在污垢质点上，而亲水的一端与水结合在一起，这样吸附在污垢质点周围的很多定向排列的分子就起了桥梁作用，使污垢质点和周围的水溶液牢固地连接在一起，使憎水性污垢具有亲水性质，被清洗表面上的污垢脱落后，悬浮于清洗液中。

(5) 去污。最后通过高压水枪将污垢冲掉。

通过这种润湿—吸附—溶解—悬浮—去污的过程，不断循环，综合作用，可将汽车表面上的污垢彻底清除。

一般而言，在汽车清洗过程中，先用冷水或温水将汽车表面水溶性的污垢冲洗掉，然后用清洗剂溶液冲洗污垢，使憎水性的污垢被清洗溶液湿润、溶解并使其形成亲水层，最后再用冷水或温水冲洗污垢质点，并呈乳化液或悬浮状而脱离汽车表面，被水冲洗干净。

(三) 汽车清洗剂的种类

现代汽车美容经过数十年的发展，其常规护理用品已逐渐趋于完善，并向多样化和系列化方向发展。了解和掌握汽车车身常规护理用品的种类、特性、用途等知识，是正确选择、使用车身常规护理用品的前提，提高汽车美容质量的重要保证。

1. 车身表面多功能清洗剂

车身表面多功能清洗剂主要用于清洗汽车表面灰尘、油污等，且在清洗的同时进行漆面护理。目前市场上车身表面多功能清洗剂种类很多，根据用途不同可分为二合一清洗剂、香波类清洗剂、脱蜡清洗剂 、不脱蜡清洗剂等，如图 3－10 所示。

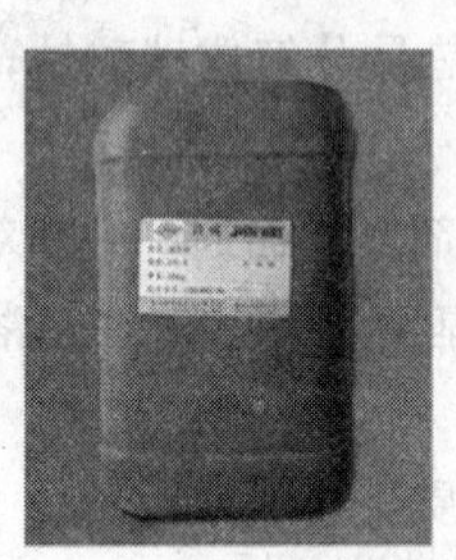

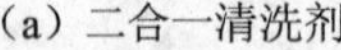

（a）二合一清洗剂　（b）汽车香波　（c）脱蜡清洗剂　（d）不脱蜡洗车液

图 3－10　常用汽车清洗剂

（1）二合一清洗剂。将清洗、护理合二为一，既有清洗功能，又有上蜡功效，可以满足快速清洗、打蜡的要求。此产品主要由多种表面活性剂配制而成，上蜡成分是一种具有独特配方的水蜡，它可以在清洗作业中，在漆面形成一层蜡膜，增加车身鲜艳程度，有效保护车漆。该类产品不易燃、属生物降解型，高效环保。最常用的二合一清洗剂有上光洗车液、变色水蜡。

①上光洗车液（浓缩型）

产品性能：集水蜡与清洗功能为一体，既洗车又打蜡，使用方便。

适用范围：可用做汽车的日常养护或刚做过专业美容的汽车清洗，不需要高额费用洗车打蜡的汽车。

使用方法：在使用前先将车冲净，上光洗车液按 1∶100 的比例溶于水后擦涂于车体表面，然后直接用毛巾擦干，再用无纺棉轻轻抛光。

②变色水蜡

产品性能：该产品是世界上唯一双色配方水蜡，上半部分的白色是天然巴西棕蜡，下半部分的蓝色是环保型润滑洗车液。该产品含催干剂，自动驱水，几乎不用毛巾擦干。是目前最便捷的洗车、上光一体化产品，程序与洗车相同，且同时完成了打蜡。

使用方法：先将液体摇匀（呈乳白色），然后将 1 瓶盖（每次用 1 瓶盖）液体按 1∶100的比例溶于水后擦洗汽车。

（2）香波类清洗剂。此类清洗剂主要有汽车香波及清洁香波等品种。具有性质温和、不破坏蜡膜、不腐蚀漆面、液体浓缩、泡沫丰富、使用成本低等特点。香波类清洗剂含有表面活性剂，有很强的分解能力，能有效地去除车身表面的尘土和油污等污垢，如天然洗车液。

天然洗车液（浓缩型）的产品性能和使用方法简介如下。

产品性能：该用品以柠檬、芦荟油为主要原料，经特殊工艺炼制而成，具有优良的抗氧化性、防酸作用，又能给予最自然的光泽，是洗车的佳品。它的pH适中，利于环保。

使用方法：按1∶100的比例溶于水（大约1瓶盖的液体溶于半桶清水）、搅匀，用软毛巾或海绵擦洗车身，然后用无纺棉或柔软毛巾轻轻将车抛光即可。

(3) 脱蜡清洗剂。

产品性能：配方柔和，具有较强的溶解功能。不仅可去除车身油垢，而且能把原有的车蜡洗掉，且不含蜡和任何增光剂。

适用范围：主要适用于重新打蜡前的车身清洗。

使用方法：按1∶100的比例溶于水（若汽车很脏，可按1∶50的比例稀释）擦拭车身。

(4) 不脱蜡洗车液（浓缩型）。

产品性能：超柔和型，可有效地清洗泥土及油垢，但不会把原有车蜡洗掉。清洗液中含天然巴西棕蜡成分，用毛巾轻轻擦干后，给人以打蜡的感觉。该清洗剂不易燃，对环境无污染，属生物降解型。

适用范围：汽车的日常清洗护理。

使用方法：按1∶100比例溶于水用于洗车服务，可在几分钟内让汽车焕然一新。

2. 专用清洗剂

黏附在车身的沥青、焦油、鸟类粪便、交通膜等污物必须及时去除，否则对车漆腐蚀性很强，特别是鸟类粪便。但香波清洗剂一般难以彻底去除，须用专用清洗剂方可清除，清洗时就根据污物的种类选用合适的专用清洗剂，部分产品如图3-11所示。

(a) 玻璃清洗剂

(b) 焦油沥青去除剂

(c) 虫胶树脂清洗剂

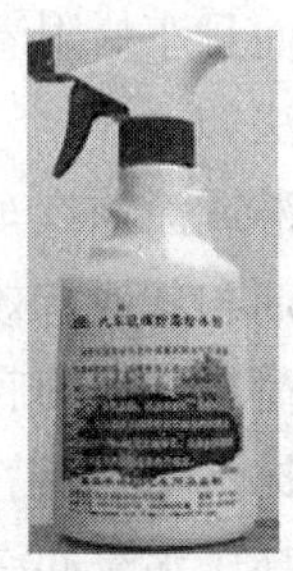

(d) 风窗玻璃防雾防冻清洗剂

图3-11　专用清洗剂

(1) 玻璃清洗剂。车身清洗后，若发现玻璃雾蒙蒙的，特别是前风窗玻璃，将会影响行车安全。此时应考虑使用专用玻璃清洁剂清洗。该清洗剂属于柔和型水质去油去垢剂，主要用于清除玻璃上积淀的白色雾状膜，即各种内饰清洗剂、清新剂以及吸烟等造成的静电油脂膜，也可有效地去除油污、尘土等。该产品含挥发剂，用后很快风干。

(2) 风窗玻璃浓缩防雾防冻清洗剂。这种清洗剂能有效清除风窗玻璃上的污迹和脏物，除掉玻璃上的条痕，使玻璃明亮干净。该清洗剂含抗腐蚀添加剂，能防止系统中各种金属部件生锈和腐蚀；有良好的低温防冻和防雾能力，能使风窗玻璃在－98℃时都不结冰，确保视野良好和安全驾驶。

使用时，需根据地区温度差异，按产品使用说明书推荐的比例稀释，再加入清洗器中，然后清洗。夏天，可按1∶6（体积比）稀释即可。

另外，还有玻璃抛光剂、防雨剂、除冰剂等。

（3）焦油沥青去除剂。该清洗剂具有很强的乳化分解能力，通过软化功能可去除附着在车体和镀铬表面的焦油、沥青等污垢。具有品质温和，对漆面、塑胶无腐蚀等特点。

（4）虫胶树脂清洗剂。该清洗剂以其特有的清洗功能，使鸟粪、树胶与漆面“脱离”，最大限度地防止对车漆造成伤害。

（四）汽车车身清洗的方式

汽车的车身清洗按车身清洗方式不同，分为一般性清洗、车身静电去除清洗、车表顽固污渍清洗、交通膜去除清洗、除蜡清洗、深度增艳清洗六种。操作人员可根据汽车车身污物情况选择恰当的清洗方式组合。

1. 一般性清洗

使用条件：原车身表面有蜡，且蜡的效果很好，对漆面仍有一定的保护作用，只需要清洗掉车身的灰尘、污迹，不需要去掉车蜡。一般性清洗是最常用的一种清洗方法。

清洗方法：通过清水和多功能清洗剂，采用人工或机械的方法进行。

2. 车身静电去除清洗

使用条件：车辆在行驶过程中由于摩擦而产生强烈的静电层，静电对灰尘和油污的吸附能力很强，只有把静电全部清除掉才能彻底洗净车身，才能为下一步上蜡养护漆面打好基础。如果车身静电没有彻底清除就上蜡，则电荷被覆盖在车蜡下面，蜡的养护性能就会大大降低，而且车蜡附着漆面的能力也会降低，容易很快脱落，失去上蜡保护的意义。

清洗方法如下。

（1）喷淋或涂抹汽车专用洗车香波，该产品是pH为7.0的中性清洁剂，其中的阴离子表面活性剂和其他有效清洁成分在涂抹或喷淋于车身表面后，会与车身自带的电荷发生作用，将电荷从漆面彻底清除掉。

（2）涂抹汽车专用静电去除剂于清洗表面上，保持片刻。

（3）用高压水流冲净泡沫，并按一般清洗作业的程序进行操作。

3. 车表顽固污渍的清洗

使用条件：汽车停驶过程中可能粘上鸟类粪便、沥青、焦油、飞漆等难以清洗的顽渍，若没有及时清洗，长时间附着在漆面上，则会形成顽固的污渍，特别是此类附着物在短时间内就会对车身漆面产生腐蚀。

清洗方法如下。

（1）用专用的清洗剂清除，如焦油去除剂、有机溶剂等。焦油去除剂主要用于沥青及焦油等有机烃类化合物的清洁；树胶清洗剂是去除树胶和鸟类粪便的专用清洗剂，可以有效地去除车表的鸟类粪便和树胶。使用专用的清洗剂，既可有效去除污物，又不会对漆面

造成损坏。

（2）抛光机清除。对附着时间太久的顽渍，可以使用抛光机清除，操作时可加入适当的研磨剂，快速有效地去除附着在车表的沥青、焦油、鸟类粪便、树胶等顽渍。

若无法用这两种方法清除，则可酌情考虑用以下两种方法。

（1）清水刷洗。对于附着时间不长的污物，一般可以刷洗清除。在刷洗时，水温在常温或常温以下，刷子要选用鬃毛刷，以免划伤漆面。

（2）有机溶剂清除。如果刷洗难以清除污渍，则可选用有机溶剂，但选用时一定要注意不可选用对车漆产生溶解作用的有机溶剂（如含醇类、苯类物质的有机溶剂等）。一般可用汽油浸润后，再擦拭清除。

4. 交通膜的去除清洗

使用条件：汽车经过一段时间的行驶，由于车身静电吸附灰尘，时间长了便形成一层坚硬的薄膜（交通膜），使原来艳丽的车身变得暗淡无光。

清洗方法：可使用交通膜去除剂按一定比例稀释后，将其喷到车身上，稍作停留后，再按一般清洗作业的程序进行清洗。

5. 除蜡清洗

使用条件：所有的汽车漆面都是要上蜡保护的，只是上蜡的时间和蜡的品牌有所区别。但在上蜡之前，必须将车身残蜡去除干净。否则，由于两次蜡质的区别和上蜡的时间不同，极易产生局部新蜡附着不牢的现象。

清洗方法：残蜡清除时应针对不同的车蜡，采用不同的脱蜡洗车液，按照使用说明书要求稀释后，喷淋或涂抹于汽车表面，停留 3～5min，再按一般清洗作业的程序进行清洗。

6. 深度增艳清洗

使用条件：在抛光或上镜面釉之后，以除掉残留在车身表面的抛光剂和油污为主，为上蜡保护做好准备。使用的产品是二合一香波，该产品进行深度清洗效果很好，不仅可以除去污物、增艳漆色，同时增强蜡膜的光泽度，提高汽车抗静电和抗氧化的能力。

清洗方法如下。

（1）按一定比例稀释二合一香波，直接用海绵涂于车身，保持 3 分钟左右，再按一般清洗作业的程序进行清洗。

（2）选用网状软布擦干车身表面。

（五）汽车车身清洗的注意事项及工艺流程

1. 汽车车身清洗的注意事项

尽管汽车清洗作业简单易行，但必须按规定操作，最大限度地提高工作效率。在洗车作业中，应注意以下几点。

（1）清洁用品的选用。应使用专业洗车液，严禁使用肥皂粉或洗洁精（碱性强），否则，会导致漆面失光、局部产生色差、密封橡胶老化等问题，还会加速局部漆面脱落部位的金属腐蚀；若粘有沥青、油渍等污物，要采用专用清洗剂（焦油沥青去除剂）进行清洗。

（2）水质。最好采用软水，尽量避免使用含矿物质较多的硬水，以免车身干燥后留下痕迹。

（3）水压和水温的选择。高压冲洗时，水压不宜太高，一般不高于7MPa：应先使用分散的雾状水流清洗全车，浸润后再利用集中水流冲洗；对于可调压的清洗机，底盘冲洗时，水压可高一些，以便能够冲掉底盘上附着的污泥和其他附着物；车身清洗时，须将水压调低一些，如果清洗车身的水压和水流过大，污物颗粒会划伤漆层。若使用调温式清洗机，注意热水温度不宜过高，以免损坏漆层。

（4）洗车的顺序。应遵循由上到下的原则，即由车顶、前后盖板、车身侧面，再到灯具、保险杠、车裙、车轮等。

（5）擦洗工具的选择。擦洗时，应使用软毛巾或海绵，最好使用海绵以免其中裹有硬质颗粒划伤漆面。

（6）洗车环境的选择。不要在阳光直射下洗车，此时车表水分蒸发快，水滴干涸会在车身上留下斑点，影响清洗效果；也不要在严寒环境中洗车，以防水滴在车身上结冰，造成漆层破裂，北方严寒季节洗车应在室内进行，车辆进入工位后，停留5～10min，然后进行冲洗。

（7）洗车完成后，吹干。这一程序千万不能省略，在车身隙缝之间的水滴如果不吹干，容易吸附污渍，久了就会形成顽固污渍，难以去除。

2. 汽车车身清洗的工艺流程

汽车车身清洗一般可采用电脑控制清洗法、人工/机器清洗法，清洗流程基本一致。人工/机器洗车时一般由两人配合完成，这样不但速度快而且清洗的质量好，设备投入低。电脑控制清洗法清洗效率高，但设备投入成本高。这里仅介绍人工/机器清洗法的清洗流程。

（1）清洗前的准备工作。

①检查车身表面的损伤情况，并做好检查记录工作。尤其是客户要给车辆进行漆面、内饰、玻璃等部位进行美容装饰时，由于花费的费用比较高，为避免与客户产生不必要的误会，必须做好记录工作。

②将车停到清洗工位上，拉上手刹，将车上用电开关关闭，关好门窗。

③观察车身污渍类型，选择清洗方式。若有顽固污渍，如沥青、树胶、鸟类粪便等，则要在一般清洗流程基础上进行特种清洗；若有交通膜则要在清洗剂中添加专用的交通膜清洗剂；若有静电层，需要去除静电清洗。

④询问客户是否要进行上蜡增艳处理，若要求则必须进行脱蜡清洗（若车身还有残蜡），并在清洗中添加变色水蜡（二合一香波）。

⑤依据车身污垢情况及用户的要求，准备好清洁用品及清洗机，并将选定清洗剂按比例倒入泡沫清洗机内。

（2）车身清洗的工艺流程。

①充分润湿车身。用高压水枪将车身冲湿，如图3－12所示，初步去除汽车表面的浮灰，充分湿润其他污渍。

图 3-12　润湿车身

②冲洗车身。等待 4～5min，用高压水枪冲洗车身各部分，如图 3-13（a）、（b）、（c）所示，冲洗时应遵循由上至下、从前至后的顺序，即车顶、挡风玻璃、发动机室盖、后备厢盖、车身侧面、灯具、保险杠以及车轮等，并着重清洗车轮及其两侧防撞条等部位，在冲洗过程中，应尽可能地用水流冲去车表附着的泥土，必要时进行刷洗。

（a）冲洗顶部

（b）冲洗底部

（c）冲洗轮胎

图 3-13　冲洗车身

注意：冲洗车辆不可忽视的部位是车身的下部及底部，因为大量的泥沙和污物一般都聚集在这些部位，如果稍不注意就会遗留下泥沙等物质，擦洗时就会划伤漆面，因此，必须尽可能地冲洗掉车身下部及车底的大颗粒泥沙。

③喷涂泡沫，擦洗。先将已调配好的清洗剂或泡沫均匀、适量地喷淋或涂抹在车身表面上，如图 3-14（a）所示；再用海绵擦拭车身表面，如图 3-14（b）所示。喷涂泡沫、擦拭的顺序应遵循由上至下的原则，即车顶、挡风玻璃、发动机室盖、后备厢盖、车身侧面、灯具、保险杠以及车轮等。

④冲洗、擦干。先利用水枪冲去车身表面泡沫及污水，如图 3-15（a）所示；然后两人共持一块大毛巾的两角，从车头至车尾拉一遍，快速擦去车身表面的浮水，如图 3-15（b）所示；然后两人各持一块半湿大毛巾将整车从上到下、从前至后擦拭干净，包括轮胎、轮毂等处；最后用鹿皮仔细将玻璃、车表擦拭两遍。

（a）喷涂泡沫

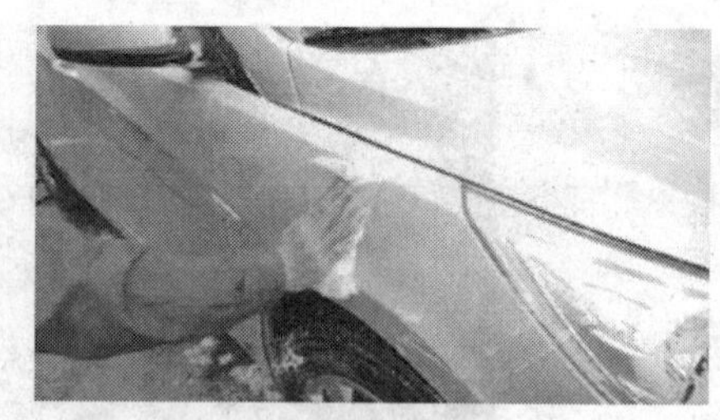
（b）擦洗

图 3－14　喷涂泡沫、擦洗

（a）冲洗泡沫

（b）擦干

图 3－15　冲洗、擦干

⑤吹干。擦拭完后的车身表面并不十分干燥，如不及时处理就会造成锈蚀。如车门边沿内侧、车门把手内侧、后备厢边沿内侧、油箱盖内侧、车身两门皮件间的缝隙处等，可用压缩空气进一步吹干或烘干，如图 3－16 所示。

⑥检查验收。清洗后的整体效果如图 3－17 所示。

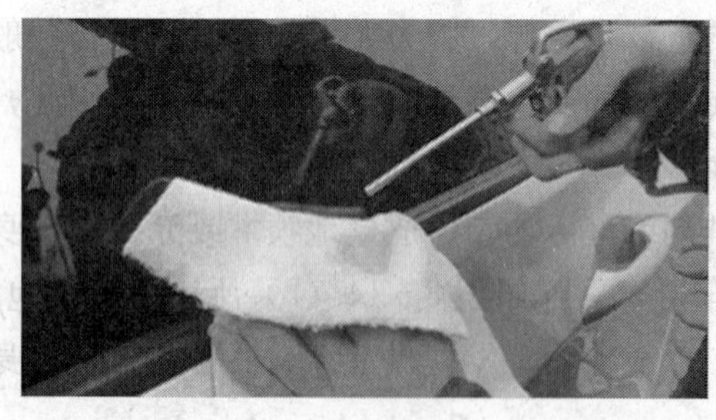
图 3－16　吹干

图 3－17　清洗后整车效果

（3）风窗玻璃、车窗玻璃及其他汽车玻璃制品的清洗及美容护理。对各类汽车玻璃制品的清洗不但需要去除其上的氧化物、污垢、油垢等，使之保持清洁光亮；冬季还需对玻璃进行防冻、防雾养护。

①玻璃的清洗

a. 选用玻璃清洗剂进行清洗处理。将玻璃清洗剂直接喷涂到玻璃表面上，然后用干净

的抹布或专用纸擦拭干净即可。能除去玻璃表面上各种顽固的沉积物，如润滑脂、油漆等污物。清洗后玻璃表面会清洁、光亮，不会形成条纹或留下波道；由于该产品中不含硅，所以也不会划伤玻璃表面。

b. 选用玻璃抛光剂清洁污垢。将玻璃抛光剂喷涂到玻璃制品表面上，然后进行抛光，最后用水清洗并擦干即可。可除去玻璃表面上粘染的柏油、油脂、昆虫尸体、油渍和发乌的氧化层等难以去除的污垢。

②玻璃的特种养护

a. 玻璃的防雨养护

养护用品：使用防雨剂，可驱散附着在玻璃上的雨雪、扩大视线范围、减轻对驾驶员的压力。

养护方法：先用玻璃清洗剂对玻璃进行表面清洗并擦干；然后将少量防雨剂倒于抛光巾上，按逆时针画圈方式均匀地涂抹到玻璃表面上；等待 2～3min，再用干净的抛光巾抛光；按上述抛光方法重复操作一遍，即可完成对风窗玻璃的防雨养护处理。

b. 风窗玻璃的防雾养护

养护用品：使用玻璃防雾剂，可使玻璃制品表面上的雾气等立即去除，效果持久。

养护方法：先用玻璃清洗剂清洗玻璃制品表面并干燥；然后将玻璃防雾剂喷涂在抛光巾上，再涂抹到玻璃制品表面上；等待 5min 后，即可抛光；为加强效果，可再按上述方法重复喷涂抛光一遍即可。

c. 风窗玻璃除冰养护

养护用品：使用除冰剂能使玻璃表面上的积雪、冰层、浓霜等很快溶化，还能去除聚乙烯和镀铬制品表面上的油雾、砂石和尘垢。除冰剂能保证在零度以下进行喷洒，对汽车没有损害。

养护方法：将除冰剂直接喷洒到待处理表面上，待冰溶化后擦拭干净即可。

综上所述，采用上述方法可以实现一年四季对汽车风窗玻璃、车窗玻璃、后视镜、前后各种车灯等玻璃进行美容养护，可达到光洁美观的效果，并有利于安全行驶。

（4）其他部件的清洗。汽车除车身需要经常清洗外，车体其他部位不同材质的零部件也需要清洗，使用的清洗剂和清洗方法也有所区别。

①不锈钢饰件的清洗。

清洗部位：汽车车身外部常装有保险杠、防撞杠、脚踏板、个性装饰件等，这些部件常用不锈钢材料制成且大部分装在汽车的下部，容易受到污染，需要经常清洗。

清洗用品：使用不锈钢上光护理剂进行清洗，在迅速除去表面污物的同时还能有效上光。

清洗方法：先将不锈钢上光清洗剂喷涂在不锈钢饰件上，用软布直接擦拭，然后用水冲净擦干。

②镀铬部件的清洗。

清洗部位：汽车外部装有后视镜架、车轮侧护板装饰件、天线等镀铬部件，行车时由于空气中的水分和有害气体对其腐蚀而失去光泽，严重的可能生锈，影响美观。

清洗用品：可以使用汽车镀铬抛光剂进行清洗。锈蚀严重时需用除锈剂除锈。

清洗方法：可将镀铬部件表面先用水洗净擦干，然后用干净抹布蘸上汽车镀铬抛光剂，对需要清洁的部位反复擦拭，直至满意为止。锈垢严重的镀铬部件表面应使用除锈剂先进行除锈，然后再使用汽车镀铬抛光剂抛光。

③塑胶件的清洗。

清洗部位：汽车的进气格栅、保险杠、后视镜外壳、车门把手等是塑胶件，在风吹日晒的情况下会失去光泽，甚至氧化龟裂，脏污的塑胶件若不及时清洗，也会影响美观。汽车前后组合灯具也多为塑料件，长久不清洗会影响灯光的亮度和照射的范围。

清洗用品：塑胶护理上光剂不但能迅速除去污垢，而且还能有效上光。清洁组合灯具时注意不要用腐蚀性溶剂清洗车灯，否则易造成蚀痕；不要用煤油、汽油或苛性钠等化学试剂清洗塑胶件。

清洗方法：可先用水擦洗，再用干净的棉布蘸上塑胶护理上光剂反复擦拭，然后用清水冲洗。不要在干燥的情况下擦拭车灯，否则会造成刮痕。

注意：不要出现发胀变质现象或使车灯破裂。此外，对于有些采用隐藏式前照灯设计的车辆，需要将前照灯开启后再进行清洗。

任务二　汽车轮胎、轮毂的清洁保养

任务描述

轮胎是汽车上唯一直接与各种条件的路面接触的部件，极易黏附路面上的各种污物，这些污物有一些会浸入轮胎橡胶表面，造成轮胎橡胶老化、轮胎磨损甚至爆胎，所以需要对轮胎进行必要的清洗。

为了确保行车安全，延长汽车使用寿命，降低汽车维护费用，对轮胎进行美容养护是不可忽视的。轮胎清洗的常用设备可用汽车车身清洗设备，常用工具有海绵、板刷、毛巾等，任务一中已详细介绍，在这里不再重复。这里仅从轮胎用品、清洗保养工艺进行介绍。

一、轮胎的清洗用品

1. 轮胎泡沫光亮剂

(1) 产品性能。轮胎泡沫光亮剂，如图 3－18 (a) 所示，这种清洗剂能迅速渗透于轮胎橡胶表层内，分解浸入的有害物质，延缓轮胎橡胶老化，且具有增黑增亮的功能。

(2) 使用方法。喷上轮胎泡沫光亮剂，无须擦拭或冲洗，就能令轮胎立刻恢复原有状态并保持光洁，而且不会损害车轮钢圈及扣盖。

（a）轮胎泡沫光亮剂

（b）轮毂清洁剂

图 3－18　轮胎清洗用品

2. 轮毂清洁剂

（1）产品性能。轮毂清洁剂，如图 3－18（b）所示，这种清洗剂能有效地去除轮毂上的油渍、氧化色斑，并能清洁上光。该产品呈弱酸性，对轮毂及轮胎均无腐蚀作用。适用于大部分车辆轮毂的清洗。

（2）使用方法。将该产品直接喷涂在汽车的轮毂上，然后用软布擦拭干净即可。

二、轮胎的清洗工艺流程与养护美容

（一）轮胎清洗的工艺流程

1. 高压水冲洗

对于轮胎上的淤泥、污物，可用高压水冲洗。同时，使用小的软刷，仔细刷洗轮胎，并且用小竹签轻轻挑出嵌在轮胎凹槽内的碎石等物。

2. 专用清洗剂清洗

如果轮胎上粘污了较多的沥青、蜡膜、油脂和硅化物等不易冲洗干净的污物，可用沥青清洗剂喷涂在轮胎表面上，稍等 20s 左右，用软刷子对轮胎进行刷洗，并用清水将污物冲洗干净，可洗去轮胎表面上的污物。对于已经变白的轮胎，可使用专用的轮胎泡沫光亮剂，喷涂在车胎上除污。清洁剂成乳膏状附着在轮胎上，使脏污容易脱落，并与泡沫一起落下，使轮胎呈现出光泽。

3. 清洗

用清水进行冲洗，可达到彻底除去污物的目的。

4. 轮胎的干燥

将清洗后的轮胎擦干或自然风干，也可以用压缩空气吹干。

（二）轮胎的养护美容

将轮胎光亮清洁保护液均匀地喷涂在轮胎的表面上（薄薄地喷涂一层即可），自然风干后，即可完成对轮胎的养护美容。因为使用了轮胎光亮保护液，可极大地推迟轮胎的进一步龟裂和老化。同时，可使轮胎表面快速生成乌黑的保护膜，而且具有防水作用，不易被水冲掉。轮胎经过上述的美容维护后，表面会呈现特有的光泽，以达到维护美容的目的。

三、轮胎的日常保养及定期换位

1. 轮胎的日常保养

(1) 经常检查轮胎气压。每月至少检查一次所有轮胎（包括备胎）的冷态气压（最佳的检查时机是在停车后至少3小时后或轮胎行驶不超过2公里内），该气压数值以车辆制造商建议的参数为准（此数值通常标记在车辆用户手册、轿车驾驶座车门旁边的标贴等处）。如果气压减少过快，应查明原因，看看是否出现扎钉、割破、气门嘴橡胶老化、开裂等现象。

(2) 避免撞击障碍物。车辆高速行驶时，如果轮胎撞击路面凹坑或其他障碍物，会导致轮胎在障碍物与轮辋凸缘之间产生严重的挤压变形，造成胎体帘布断纱，轮胎内部的空气则从断纱处凸起形成鼓包，严重时会造成轮胎胎侧破裂，轮胎突然泄气。驾驶车辆时要注意力集中，如发现前方障碍（如凹坑），尽量避免撞击障碍物，如确实无法避免尽量减速通过。对于高宽比低的轮胎尤其需要注意。

(3) 轮胎磨损至磨损指示标志时应停止使用。胎面花纹沟在深度1.6mm位置，设有磨损指示标志，轮胎磨损至此极限指示标志时，必须替换。如继续使用超过磨损标志的轮胎，在湿地行驶极有可能因为排水性能大大降低，影响轮胎的附着性能，出现车辆侧滑等危险。

(4) 定期检查车轮定位。若发现轮胎有偏磨等不规则磨损，或者车辆过度抖动，则可能是车轮定位不良；不仅会缩短轮胎寿命，而且影响车辆的操控性，甚至可能会出现危险。因此，定期检查四轮定位，防止出现轮胎偏磨等不正常磨损现象。

(5) 防止阳光、油、酸、碳氢化合物损坏轮胎。轮胎是橡胶制品，在行驶、停车或存储轮胎时必须注意，不要和油、酸、碳氢化合物等化学物品接触，否则会造成腐蚀、变形、软化等。停车时，建议将车辆开到阴凉处，避免阳光直射造成轮胎过早老化、损坏。

(6) 定期进行轮胎换位。为了获得轮胎均匀磨损从而延长轮胎的使用寿命，轮胎换位是必须的。通常以车辆制造商用户手册内有关轮胎换位的指导为准；如无相关内容，参照如下方法进行轮胎换位。

2. 轮胎的定期换位

(1) 轮胎定期换位的时机。汽车在使用过程中，由于前、后、左、右车轮的载荷差异，使得汽车的前后轮、左右轮的磨损速度不同，有的磨损严重，有的磨损轻微，甚至还可能出现轮胎的单边磨损不均匀现象。定期进行轮胎换位，可使胎面磨损均匀，充分合理的使用轮胎并延长轮胎的使用寿命，约可延长20%的使用寿命。单轮驱动汽车一般新车为15000km，以后每行驶8000～10000km进行一次轮胎换位；四轮驱动车辆最好间隔6000km进行换位；但如果20000 km以上都没有换位，轮胎的磨损已经形成，则无须进行轮胎换位。

(2) 轮胎换位的方法。轮胎换位应根据轮胎的不同特点采用不同的换位方法。四轮二

桥的轿车轮胎换位的方法有交叉换位法和单边换位法，斜交胎可采用交叉换位法，如图3-19所示；子午线胎宜用单边换位法，如图3-20所示。

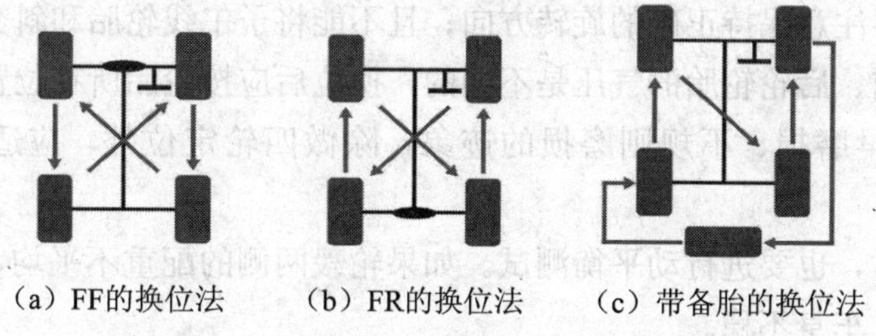

（a）FF的换位法　（b）FR的换位法　（c）带备胎的换位法

图3-19　轮胎的交叉换位法（适于斜交胎）

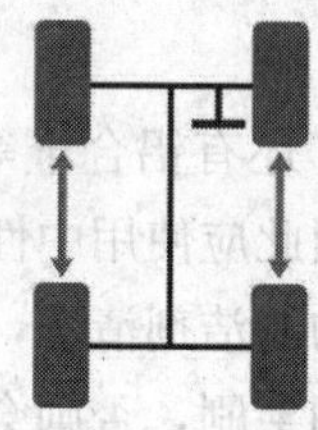

图3-20　轮胎的单边换位法（适于子午线轮胎）

装用斜交胎的汽车，由于驱动形式不同，轮胎换位的方法也有所差异：

①前轮驱动车辆换位时，通常将左后换至右前、右后换至左前、左前换至左后、右前换至右后，如图3-19（a）所示；

②后轮或四轮驱动车辆换位时，通常将左前换至右后、右前换至左后、左后换至左前、右后换至右前，如图3-19（b）所示；对四轮驱动车辆，也可前后左右全部交叉对换，即左后与右前对换、右后与左前对换；

③若备胎是同规格轮胎，也不妨加入换位的行列。那么除了将左前换至右后，左后换至左前，备胎换至左后，右前换至备胎，右后换至右前，如图3-19（c）所示。这样，可保证5个轮胎（含备胎）磨损程度很均匀，可以直接一起换掉，不会浪费备胎。

子午线轮胎由于内部结构的原因，其旋转方向必须是唯一的，若交叉换位（含轮辋）必然会改变它的旋转方向，其结果会引起轮胎不平衡，车辆行驶时会有发摆、发飘和跳动等现象，所以子午线轮胎只能单边换位。装有子午线轮胎的汽车进行轮胎换位时，只能前后轮直向对换，不能左右交叉，如图3-20所示。换位时，应仔细观察轮胎胎侧的箭头（该箭头指示轮胎的旋转方向），必须保持轮胎的旋转方向与箭头所指的方向一致。

（3）轮胎换位的注意事项。

①养成每月检查轮胎磨损状况的好习惯，一旦发现轮胎偏磨严重，应及时对轮胎进行换位。轮胎换位时，一定要参照汽车生产厂商随车配备的《产品使用手册》给出的相关提示和轮胎安装说明进行操作。

②只有厂家、尺寸、花纹、规格四者相同的情况下才可进行轮胎换位，否则便会造成

轮胎跑偏等现象。只有备胎和4条常用轮胎完全一样时，才可将备胎加入换位行列；如备胎是小规格轮胎（窄胎），千万不要尝试换位。

③子午线轮胎的换位时要特别注意观察轮胎胎侧的箭头，该箭头指示了轮胎适应的旋转方向，必须小心注意保持正确的旋转方向；且不能将子午线轮胎和斜交胎混用。

④通常车辆前、后轮轮胎的气压是不同的，换位后应按轮胎所在位置调整轮胎胎压。

⑤ 若发现过早磨损、不规则磨损的迹象，除做四轮定位外，应适当提高轮胎换位频率。

⑥轮胎换位时，也要进行动平衡测试。如果轮毂两侧的配重不平均，将导致车辆在行驶中方向盘抖动，车身不稳。

四、轮毂的清洁美容方法

1. 清洁条件

现代汽车的轮毂除了钢制材料外，还有铝合金等材料制成的，清洗时必须予以注意。因为铝合金轮毂表面有装饰保护层，因此应使用中性清洁剂清洗，不可用碱性清洗液、钢刷、腐蚀性溶剂、燃油或强烈刺激性的清洁剂清洗，否则会破坏保护层。此外，一定要用海绵等柔软的物品轻轻刷洗，不要使用毛刷，否则会严重损伤表面的光亮层。

2. 清洁用品

根据轮毂的不同材质可以使用不同的清洁剂。

3. 清洁方法

将轮毂清洗剂喷于轮毂表面，等待2～3min后，用柔软的抹布或海绵擦拭，注意轮毂的叶片、辐条之间不要有遗漏。最后用毛巾擦净，喷涂铝合金光亮剂。轮毂如为喷漆表面，可参照车身打蜡上光工艺进行打磨抛光。一般一次清洗一个，这样可避免清洁剂在轮毂表面凝固。若清洁剂出现凝固，清洁效果将会降低，在使用清水冲洗时会更加困难。

4. 轮毂清洁时的注意事项

（1）当轮毂的温度很高时，千万不可清洁轮毂，因为高温会促使清洁剂发生化学变化，导致轮毂表面受损或降低清洁效果，所以当温度降低后再进行清洁有利于对轮毂的保护，而选择质量好的清洁剂可降低因温度升高而变质的风险。如果轮毂温度高，最好让它自然冷却1h以后再清洁，千万不可用冷水冲洗冷却，此举易使轮毂受损，甚至可能造成刹车盘变形而影响制动效果，导致交通事故的发生。

（2）对于长期附着在轮毂上的积垢，如沥青、刹车片的黑粉等，各种清洁剂皆无法清洁时，可尝试用刷子消除污垢，切勿使用过硬的刷子或铁质刷子，否则会刮伤轮毂表面。

（3）由于汽车排出的废气中含有酸性物质，故长期置放在停车场的车辆会受到其他车辆的尾气污染，导致轮毂表面被侵蚀。另外，在海滨地区或接近海滨地区使用的车辆，由于空气中的盐分较重，容易侵蚀轮毂表面。所以，应勤加清洗，一般每个星期应彻底清洗轮毂上的盐分污垢和制动片上的残留物。轮毂清洗后，必须用防酸清洁剂进行处理。

任务三　汽车内室清洗与消毒

任务描述

车辆长时间使用后，车内顶蓬、真皮座椅和车门内面存在大量污迹和灰尘，使车内空气质量不高，需要按照内饰材料、污迹，合理选用清洗用品，规范操作并全面消毒。

任务分析与实施

汽车内室包括驾驶室和车厢，是驾乘人员在汽车运行中的使用空间。汽车内室清洗范围主要是指汽车内室中的以电镀或铝件、塑料、橡胶、皮革、纤维纺织品、木材等各种材料制成的车内顶蓬、仪表台、转向盘、地毯、冷暖出风口、音响、车门框、置物盒、排挡区、丝绒、皮件、座套等车辆内部的部件；汽车内室的污渍主要是以各类油污为主的油垢，同时可能还伴有灰尘、血迹、墨汁、糖果汁、水果汁、口香糖残渣等其他污渍。

由于汽车内室所用材料及污渍种类较多，需采用不同的清洗方法、选择恰当的清洁用品、使用正确的清洗工具和设备，按照规范的施工工艺进行操作。

另外，由于汽车内室容易藏污纳垢，滋生细菌，必须在清洗后进行全面的消毒。

一、汽车内室清洗

（一）汽车内室清洗设备

1. 蒸汽清洗机

（1）功用。蒸汽清洗机也称桑拿蒸汽清洗机，如图 3－21 所示，用于清除汽车驾驶室及车厢内的各种污渍，可对丝绒、化纤、塑料、皮革等不同材料进行清洗，还可以去除车身外部塑料件表面的蜡迹。

它不仅具有较强的去污能力，而且还具有杀菌消毒的作用，特别是对带有异味的污垢有很强的清洗作用，能使皮革恢复弹性，使丝绒化纤还原至原有光泽，是汽车内室美容的首选设备。

（2）清洁过程。

①清洗前准备工作。首先将续水口打开，注满清水，盖好后开机预热 10min 左右，待使用指示灯显示后便可以操作。

②选择恰当的蒸汽温度进行清洁。因为蒸汽温度很高，最高可达 130℃，所以操作时应根据不同部位的材料选择不同的温度，以免损伤部件，并用半湿毛巾包裹适合内室结构的蒸汽喷头，一般情况下，清洁车内物品时 80℃左右就已经够用，无须太高的温度。

③注意事项。有些制品如塑料、皮革的耐热性较差，在使用蒸汽清洗机清洗时，温度应适当调低。

2. 吸尘器

由于汽车内部空间小，结构复杂，易形成室内污染，如不及时进行清理，长时间后会影响驾驶员的身体健康。吸尘器是一种能将灰尘、脏物及碎屑吸除的电器设备，如图3-22所示。

图 3-21　蒸汽清洗机

图 3-22　吸尘器

(1) 种类。常见的吸尘器主要有便携型、家用型和专业型三种，其性能如下表所示。

吸尘器的种类、性能

类　别	性　能
专业型吸尘器	集吸尘、吸水、风干于一体，配有适合于汽车内室结构的专用吸嘴，操作简单、吸力大，吸尘效果好，防水性好，并可与内室蒸汽机配套使用
家用型吸尘器	虽然吸力不小，但防水性差，如果将吸尘器置于日常操作间，在洗车时会将水溅入吸尘器，容易出现内部短路现象，甚至烧毁
便携型吸尘器	供车主随车携带时，使用汽车上的电源（利用点烟器插座），体积小、携带方便，但不适合专业汽车美容店使用

(2) 工作原理。吸尘器是利用电动机的高速转动，带动风叶旋转，使吸尘器内部产生局部真空，形成空气吸力，将灰尘、脏物吸入，并经过吸尘器内部的过滤装置，将过滤后的清洁空气排出去，以达到吸尘的目的。

如图 3-23 所示是吸尘器的工作原理图。吸尘器的刷座里有一个电机，它通过皮带带动转刷旋转，把尘埃及脏物搅动起来，称为起尘。吸尘桶里有高速风扇进行强力抽吸，通过软导管和硬导管使刷座对外界形成高负压。于是，起尘的尘埃和脏物便被吸进刷座，并经导管吸到滤尘器中。由滤尘器里集尘袋收集，而空气被风扇叶片从集尘袋抽出，经过电机重新进入内室空间。在经过电机时，还可带走部分电机产生的热量。

(3) 吸尘器的使用方法。

①使用前的准备工作。应先仔细阅读使用说明书，然后对照使用说明书检查一下各种附件是否齐全，再按说明书中讲述的步骤和方法将吸尘器各部分安装完好。

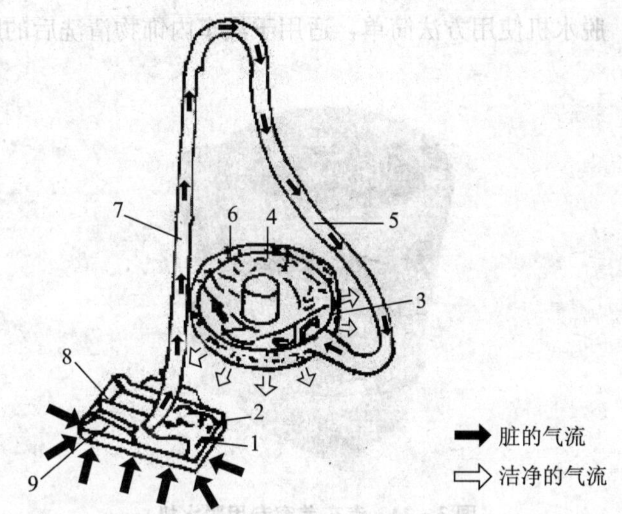

图 3－23 吸尘器工作原理图

1—皮带；2—电机；3—吸尘桶；4—风扇；5—软导管；6—滤尘器；
7—硬导管；8—刷座；9—转刷

②试用。启动前先核对一下电源的电压和频率，当确认相符后，即可接通电源试用。试用中不应有异常噪声，使用 10min 左右电机没有过热现象，方可投入正常使用。

③吸尘、整理吸尘器。试用无异常，可进行吸尘操作。每次用完以后，先断开电源，然后将吸尘袋中的灰尘清除干净，最后将各零件拆开并清理干净放好。

(4) 吸尘器使用的注意事项。

①每次使用前，先将集尘袋清理干净。

②有灰尘指示器的吸尘器，不能在充满状态下工作，若发现指示器接近充满状态（以刻度指示为准），要停机清灰。

③不要用吸尘器吸附金属碎屑，以防电机损坏。

④吸尘器在清理尘埃时，不要将手放在吸入口附近，以免发生危险。

⑤吸尘器电线的绝缘层要保护好，以免发生触电漏电事故。

(5) 吸尘器的维护。

①使用后，应将吸尘器及其附件用湿布擦拭干净，然后晾干收好。

②清洁集尘袋时可用温水洗涤，洗后晒干。

③吸尘器的刷子上黏附的毛发、线头要及时清除干净，刷子磨损过大要及时更换新品。

④紧固件如有松动，要立即紧固。

⑤电机和电刷如有故障，要及时维修。

3. 脱水机

(1) 功能。汽车美容专用脱水机如图 3－24 所示，具有负荷大、效率高等特点，可以装载 13kg 的脱水物，3min 即可完成脱水。外壳为不锈钢材质，不易生锈，外形美观。

（2）适用范围。脱水机使用方法简单，适用于汽车内饰物清洗后的脱水作业。

图 3-24　汽车美容专用脱水机

（二）汽车内室清洁护理用品及选用

根据汽车内室各部件材料的不同，汽车内室清洗剂主要有丝绒清洁保护剂、玻璃清洗液、塑胶清洁上光剂、车内仪表板清洁剂、多功能清洁剂、风窗玻璃浓缩防雾防冻清洗剂等，部分产品如图 3-25 所示。

（a）丝绒清洁保护剂　（b）塑胶清洁上光剂　（c）车内仪表板清洁剂　（d）多功能清洁剂

图 3-25　汽车内室清洁用品

1. 丝绒清洁保护剂

（1）产品性能。具有泡沫丰富、去污力强，洗后留有硅酮保护膜，恢复绒织物原状、防止脏物浸入等特点。

（2）适用范围。主要用于对毛绒、丝绒、棉绒等织物进行清洁和保护。不能用于真丝织物、丝绸织物。

（3）使用方法。先将产品在瓶内轻轻摇匀，然后喷在需要清洁的表面，再用清洁干布将泡沫擦净，污渍明显处应反复喷涂擦拭。使用前应先找一小块试用，效果不好时勿用。

2. 多功能绿色清洗剂

（1）产品性能。清洗功能非常强，使用起来比较像溶剂，但破坏性很小。

(2) 适用范围。主要用于皮革制品、仪表台等清洁，也可用于计算机、复印机、卫生间、洗水池等清洁。

(3) 使用方法。按 1∶4 稀释后，可清洗皮革座椅、仪表台、革质内饰包层、皮夹克、办公桌、电话机、复印机、计算机等；按 1∶2 稀释可清洗轮胎；不稀释可清洗发动机、轮毂等。

3. 化纤清洗剂

(1) 产品性能。在多功能清洗剂的基础上特别增加了清洗内室化纤制品的功能，对车用地毯、沙发套等化纤制品上的油泥和时间不太长的果汁、血迹等具有很好的清洗效果，而且不会伤害化纤制品。

(2) 适用范围。适用于化纤制品的清洁。

(3) 使用方法。先将清洗剂倒入桶中，用高压喷枪按需要比例用水稀释，然后用毛巾蘸水中的泡沫清洗脏处，湿润 5min，待污物充分溶解、软化后，再用无纺软布擦拭即可。

4. 塑胶清洁上光剂

(1) 产品性能。清除污垢的同时能在塑胶制品表面形成一层保护膜，具有翻新效果。

(2) 适用范围。主要用于塑料及橡胶制品的清洁与护理。

5. 真皮清洁增光剂

(1) 产品性能。清除污垢的同时能在皮革制品表面形成一层保护膜，起到抗老化、防水、防静电的作用，可延长皮革制品的使用寿命。

(2) 适用范围。主要用于皮革制品的清洁与护理。

(3) 使用方法。先用一块湿布擦去皮革上的污物；喷涂清洁剂、擦洗，再用一块干燥的软布或毛巾将其擦干，通风晾干；必要时可用皮革上光保护剂。

6. 多功能内室光亮剂

(1) 产品性能。具有上光、保护、杀菌等作用，使用也很方便，只要一喷一抹，即可光洁如新，增加光泽，并有防止内室部件老化、龟裂和褪色的功效。

(2) 适用范围。适用于化纤、皮革、塑料制品的清洁。

7. 车内仪表板清洁剂

(1) 产品性能。保持车内人造革或皮革（真皮）制品的光泽，使灰尘无法沾污，有柠檬香味，不含硅力康，不会破坏漆膜。

(2) 适用范围。用于车门、仪表板、合成橡胶、塑料制品、人造革及真皮制品的清洁。

(3) 使用方法。将该产品喷涂在需被清洗的物体表面，然后用抹布擦拭干净即可。

(4) 注意事项。该产品为易燃品，不可放置于热源、火源附近，不可用于喷涂方向盘、座椅的支撑等部位。

8. 多功能清洁柔顺剂

(1) 产品性能。去污力强，尤其对丝绒和地毯表面可起到清洁、柔顺、还原着色、杀菌等作用。属于低泡沫清洗剂，能对汽车内饰及后备厢各部位进行清洗翻新。

(2) 使用方法。将产品喷洒在待清洗物表面，然后用软布轻轻擦拭干净即可。

9. 地毯洗涤保护剂

（1）产品性能。泡沫丰富，去污力强，洗后留有硅酮保护膜。

（2）适用范围。汽车地毯的清洁。

（3）使用方法。先将地毯污土洗净，然后将该产品轻轻摇匀，大面积喷在需清洁的表面，再用洁净干布将泡末擦净，或者喷在干净布上擦拭，然后用暖风机烘干；使用前应先找一小块试用，效果不好时勿用。

（三）常用的汽车内室去污方法

（1）高温蒸汽去污法。高温蒸汽可以去除一些比较顽固的污渍，在清洗之前先用高温蒸汽使污渍软化，再结合手工清洁，可有效除去汽车内室部件上一些较难清除的污渍。

（2）水去污法。以水为媒介，可以去除许多水溶性污渍；但水不能去除油脂性污垢，也难以清洁触及不到的内饰部件上的水溶性污渍。

（3）清洁剂去污法。能去除轻油脂及重油脂等油脂类污渍，并能帮助水分渗入丝绒、化纤和皮革等制品。

（4）物理去污法。适当采用拍打、刷洗、挤压等物理方法，也有助于清除丝绒、化纤和皮革等制品上一些附着不太牢固的污渍。

（四）汽车内饰清洁的作业项目与清洗方法

1. 座椅的清洁护理

（1）丝绒座椅的清洁护理。

①清洗要求。丝绒座椅的绒毛表面容易吸附灰尘污物，而且使用时间长了还会失去丝绒材料的柔顺性，因此，丝绒座椅的清洁需要注意以下几点：首先，恢复座椅的本来面貌，除去表面及渗入内部的各类污物和油垢；其次，要保持或恢复绒毛即纤维性材料本身的柔顺性；最后，不能影响绒毛材料的颜色，防止清洗后出现颜色不一致的败色情况。

②清洁用品。使用专用清洁剂，绝对不能用汽油、稀料或丙酮等，更不能用漂白粉。

③清洗方法。丝绒座椅的清洗分为机器清洗与手工清洗两种。

机器清洗法。将丝绒清洁剂装入喷抽式地毯清洗机中，对于座椅表面则应使用小刷子来清洗，这种机器可以清除污物、油脂。由于丝绒清洁剂具有清洁、柔顺和着色三重功能，因此清洁护理可以一次完成。

手工清洗法。主要用来清洗小的缝隙或机器难以清洗的地方。取一块洁净的干毛巾用小包装带有喷头的清洗剂喷到污处，稍停片刻，然后将毛巾用力压在脏污处，挤出溶有油垢、污物的液体，再从四周向中间仔细擦拭（或用毛刷刷洗），直到清除污迹。对于特别重的污迹可进行反复多次操作。

（2）皮革座椅的清洁护理。人造革和真皮座椅的表面有许多细纹，容易吸附污垢，很难彻底清除干净。

①清洁用品。用专门的皮革清洁美容护理用品能迅速清洁上光，有效去除静电、增强保护功能。对于较脏的皮革座椅，建议首先用丝绒清洁剂进行预处理。

②清洁方法。首先，将丝绒清洁剂喷到座椅表面，用软布仔细擦拭；其次，使用真皮清洁柔顺剂用软布结合毛刷彻底清除细纹中的污垢；最后，用真皮上光保护剂进行最后的

上光处理。如果皮革座椅不太脏，可以直接用真皮上光保护剂进行清洁上光即可。

2. 车门内衬的清洁护理

车门内衬有绒质和皮质两类，可采用与材质相同的座椅一样的清洁方法进行清洁护理。

3. 车内顶棚的清洁护理

车内顶棚因为其位置特殊，基本不会沾染其他污物；但因顶棚绒布具有吸附性，容易吸附烟雾、粉尘及空气中的污物。车内顶棚的清洁一般只能进行人工操作。

(1) 清洁用品。丝绒清洁剂。

(2) 清洁方法。用吸尘器或刷子进行一次全面的吸尘清洁；将丝绒清洁剂喷到污垢处，稍停片刻，用一块洁净的纯棉布将顶棚中的丝绒清洁剂污液吸出，再从污垢边缘向中心进行擦拭，污垢严重时可多次重复以上操作；处理干净后用另一块干净的棉布顺着车顶的绒毛方向擦拭，使其恢复本来的面貌。

注意：车内顶棚的填充物是隔热吸音材料，易于吸水，所以使用的棉布必须晾干，否则会增加顶棚清洁后的干燥难度。

4. 仪表台、方向盘、置物箱等处的清洁护理

(1) 塑胶材质的清洁护理。若仪表台、方向盘与置物箱为塑胶制品，外表存在较多细条纹，其上沾染的成分多为灰尘，容易清除。

①清洁用品。塑胶清洁上光剂。

②清洁方法。喷涂塑胶清洁上光剂后，只需轻轻擦拭，清洁、上光可一次完成。

(2) 人造革和真皮材质的清洁护理。若仪表台、转向盘为人造革和真皮材质，其上容易沾染人体油脂。

①清洁用品。丝绒清洁剂、塑胶清洁上光剂。

②清洁方法。先将丝绒清洁剂喷到清洁表面，用软布仔细擦拭；然后用塑胶清洁上光剂配合软毛刷进行柔软上光处理。

若方向盘外面包有外套，可将外套拆下单独处理，清洁方法与同样材质座椅的清洁护理方法相同，不再重复。

5. 地毯的清洁护理

汽车的地毯一般和汽车车身成为一体，不易拆下清洗。

(1) 清洗用品。地毯洗涤保护液。

(2) 清洗方法。首先，可用带毛刷头的吸尘器先进行吸尘处理；再喷洒适量的地毯洗涤保护液，用刷子刷洗干净；然后用干净的抹布将多余的清洗剂吸掉，也可用烘干机将地毯进行烘干处理。

为便于清洗，通常可在汽车里面放置活动脚垫，脚垫多为塑胶和人造纤维制品，可取出车外先用高压水冲洗，晾干即可；较脏的脚垫可先喷上适量的清洁剂，再用刷子刷洗，最后用清水冲洗干净。干燥后再用塑胶清洁上光剂进行上光护理。

6. 空调通风口的清洁

空调通风口的材料多为硬质塑料，此处的污垢成分简单，基本为粉尘沉降。

清洗方法：沾染不严重的，使用塑料清洁上光剂进行清洁护理。因为空调通风口有栅格，建议使用海绵条蘸取塑料清洁上光剂处理，也可以用小的软毛刷配合清洗。

7. 安全带的清洁

安全带由于使用频繁，容易沾染灰尘和油污。

清洁方法：用中性的清洁剂或温水对安全带进行清洗，以保持安全带的强度。

8. 其他饰面的清洁

离合器踏板、制动踏板、节气门（油门）踏板等表面，可以用刷子或蘸有去油清洗剂的抹布进行擦拭，且应该彻底清除上面的油脂类污物，以免踩踏时出现打滑现象，影响行车安全。堆积在变速器操纵杆部位狭小空隙处的灰尘，可用吸尘器吸出。

9. 后备厢的清洁

后备厢是放置大件物品的地方，而且装载物品复杂，汽车的备用轮胎及随车工具也放在后备厢里。后备厢容易存留泥沙、油污、小杂物等垃圾，清理不方便，不能直接用水冲洗。如果后备厢中铺设了胶垫、丝绒地毯时，应根据不同的材质，选用相应的专用清洗剂进行清洁处理。

（五）汽车内饰清洁护理的注意事项

（1）选用适当的清洁剂。汽车车饰品种较多，且使用的材质也不同；在清洁时要选用专用的清洁剂或相近的清洁剂，如用真皮清洁柔顺剂清洁真皮座椅。

（2）对不熟悉的产品应先测试后使用。如首次使用的清洁剂，应先找到相同材质的部件进行清洁测试，或在待清洁部件的不显眼处进行测试。

（3）清洁作业时，喷清洁剂后稍停片刻再进行擦拭。使用毛巾或清洗机先是往复运动，后期要求只能单向运动，这样才有利于保持光线漫射面一致。

（4）饰件上有特殊污物（如油漆、焦油等顽渍），不可用力刮擦，应选用专用清洁保护剂进行清洗。

（5）如果需要，应对清洗过的个别饰件进行干燥处理（如行李厢的织物等），有利于防止发霉。

（六）汽车内室清洗的工艺流程

在专业汽车美容养护店进行内室清洗，一般是按照杂物整理、除尘、清洗、上光护理和消毒处理五个步骤进行。

1. 杂物整理

杂物整理是车饰美容的第一道工序，包含对汽车驾乘室和后备厢的整理，主要是把大件的杂物归类整理。对于驾乘室，可以先清理储物箱、清除不需要的物品，然后清理前排及后排的烟灰盒，再清理车内地毯上的纸屑、果壳、小石子以及吸尘器不能清除的稍大杂物。对于后备厢，可以先将车主的物品搬出，再进行整理，与驾乘室一样，主要是清理出影响吸尘器吸尘的稍大杂物。

2. 除尘

除尘前应首先将车内杂物如停车证、磁带、座垫、脚垫、靠垫等取出，然后按由上而下的顺序进行除尘操作，其中包括前仪表板、顶棚、烟灰缸、窗台、车门杂物箱、座椅、地毯、后备厢等。

通常可分为手工除尘和机器吸尘，如图 3 - 26 所示。手工除尘主要是用软毛刷或软布清理擦拭仪表板、空调出风口等凹凸不平处的灰尘。机器吸尘主要是用吸尘器吸去各部件上的灰尘，吸尘、吸水、风干一次完成；且配有适于内饰结构的专用吸嘴，操作简单，吸力大；并可与内饰蒸汽机配套使用。

（a）手工除尘

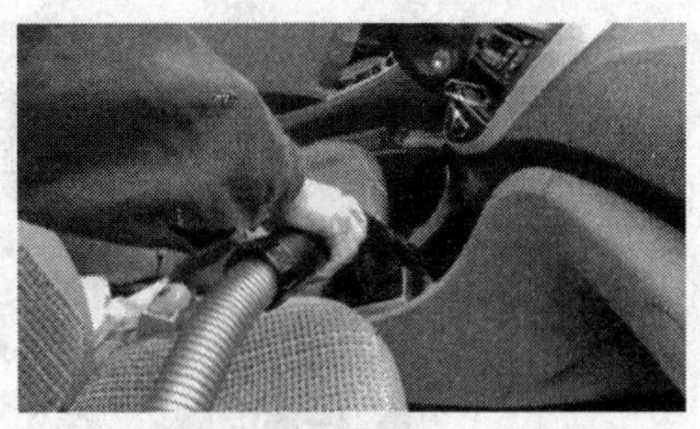
（b）机器除尘

图 3 - 26　除尘

3. 清洗

除尘完毕，便可进行清洗工序。按照清洗设备的不同可以分为手工清洗和机器清洗。

（1）手工清洗。手工清洗一般使用刷子进行刷洗，需要针对车饰材质配制的不同选用专用清洗剂或者多功能型清洗剂；若清洗剂是浓缩型的，则需要根据车况酌情稀释。手工清洗可去除内饰表面的尘垢和各种污渍。

（2）机器清洗。机器清洗最大的特点就是使用内饰蒸汽清洗机，配合多功能清洗剂，由蒸汽清洗机产生温度极高的蒸汽来软化污渍，可以清除内饰部件上的顽固污渍，如图 3 - 27所示。可用于丝绒、化纤、塑料、皮革等几乎所有内饰部件的清洗。

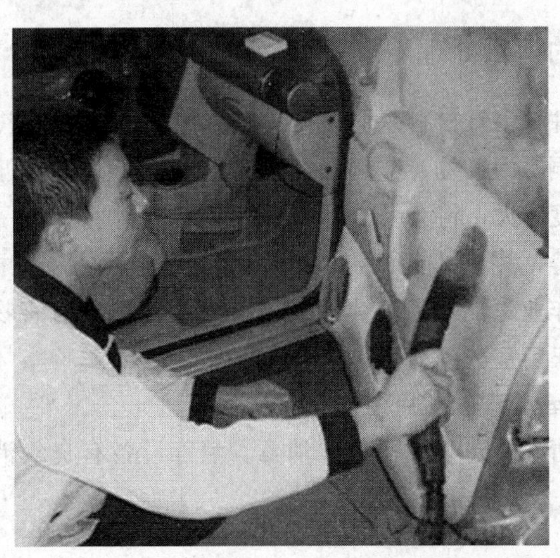
图 3 - 27　蒸汽清洗机清洗

机器清洗操作简单方便，清洗效率高。操作时应根据不同材料选择不同的温度，并用半湿的毛巾包裹适合内饰结构的蒸汽喷头，以免损伤部件。清洗时要注意防止蒸汽过热对操作人员造成烫伤。

4. 上光护理

为了延长汽车内饰件的使用寿命，保持其光泽，一般在清洗结束后，还需要进行上光护理作业，如图 3-28 所示。

图 3-28　上光护理

将上光保护剂倒少许在小块海绵上，均匀涂抹在清洁面，然后用干净的无纺棉布进行抛光，可视部件的光泽程度重复使用，直至将工作面清洗干净为止。尽量不要中间停顿，以免涂抹不均匀，影响上光效果。

二、汽车内室的消毒处理

由于汽车内饰部件较多且材料差别较大，有皮革、塑料、橡胶、丝绒等，这些材料会挥发出苯、甲醛、丙酮等污染物；空调系统工作时也易产生氨、烟碱、细菌等有害物质。如果这些有害物质浓度过大，将会引起很多不良症状，轻则头痛、恶心、乏力，重则出现呼吸困难、肺部出血等，甚至可能致癌、破坏免疫系统，严重损害司乘人员的健康。

通过除尘及清洁作业只能清除灰尘及污迹，对于车内的有害物质和细菌无法彻底清除，因此，需要对汽车内室进行彻底的净化消毒。

（一）汽车内室消毒处理的常用设备

蒸汽清洗机可在清洗的同时进行初步消毒。消毒设备有臭氧消毒机、光催化剂消毒机等。

1. 臭氧消毒机

臭氧消毒机如图 3-29 所示，要求在相对湿度大于 60％的条件下使用，一次开机消毒

时间以多于 0.5h 为宜。

2. 光催化剂消毒机

光催化剂消毒机如图 3-30 所示，光催化剂比臭氧、负氧离子有着更强的氧化能力，可分解臭味源，有极强的防污、杀菌和除臭功能。

图 3-29　汽车专用臭氧消毒机

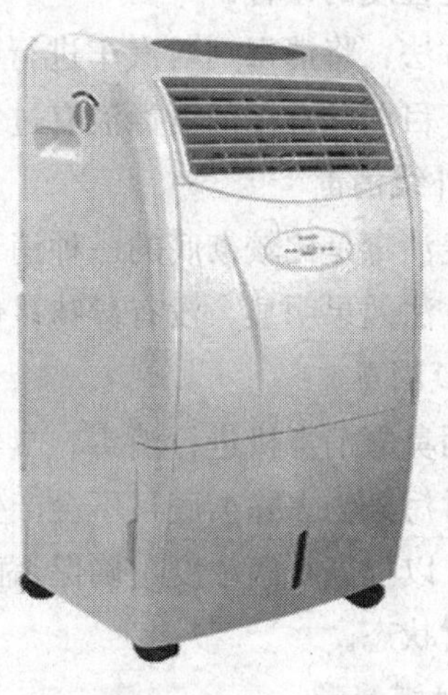
图 3-30　光催化剂消毒机

(二) 汽车内室消毒处理常用用品

1. 空气清新剂

这是车主们使用最多的方式，也是误区很深的一种方式。不少人喜欢使用汽车空气清新剂和汽车香水，试图用它们杀菌并消除车内异味。这是杀菌效果最差的方式，只能一时解决车内空气差的问题，不能从根本上杀菌消毒。

2. 消毒剂

车用消毒剂主要有过氧乙酸、来苏水、84 消毒液、甲醛消除灵等，部分产品如图 3-31所示。由于每一种消毒剂都有使用说明书，使用时参照说明书即可。

图 3-31　车用消毒剂

（三）汽车内室消毒处理方法

1. 化学消毒

化学消毒主要是用一些消毒剂对汽车进行喷洒和擦拭，通过化学反应的方式达到除去细菌的目的。优点是杀菌彻底迅速、操作简单易行；缺点是遗留问题较多，同时对汽车内部也有一定程度的损害。

使用方法：将消毒剂对汽车进行喷洒和擦拭，特别在经常触摸的部位，比如门把手、方向盘等。目前，常用的消毒液有过氧乙酸、来苏水、84 消毒液、甲醛消除灵等。

2. 紫外线消毒

紫外线消毒是比较彻底的一种消毒方式，方法是利用紫外线专用灯对汽车内饰进行照射。这种方法效果明显、没有异味；但很可能会加快仪表盘、真皮等内饰件的老化。

3. 臭氧消毒

即使用臭氧消毒机进行消毒。臭氧的氧化能力强，对细菌、病毒等微生物杀灭率高、速度快，对污染物去除彻底且不会产生二次污染。由于臭氧是气体杀菌剂，需要在密封条件下进行，以提高杀菌浓度，确保杀菌效果。因此，在使用时应关闭好车门、车窗，保持良好的密封状态。

4. 光触媒消毒

与传统消毒杀菌方法相比，光触媒技术最大的优点是抗菌的彻底性及无公害性。光触媒由光和触媒两部分组成，光可以是自然光或者普通灯光，触媒是指氧化钛或者二氧化钛粒子。研究表明，二氧化钛在光的作用下能产生具有特殊氧化能力的电子对，它能把污染物、细菌等有机物彻底氧化分解为二氧化碳和水，从而达到净化空气，美化环境的目的。

由于光触媒本身不因化学反应产生变化或破坏本体结构，所以光触媒技术已成功应用于汽车抗菌净化处理中，其使用效果持续时间可达 5 年以上，成为最新的车辆净化工具。

光触媒技术还应用于新一代的空调中，打开这种空调，不仅能调节温度，而且对室内剩饭菜的酸臭味、体臭味、香烟味、宠物异味都有吸附作用，开机 10min 后可使异味消除 80%左右。

此外，光触媒技术还具有防止水龙头生锈、保持食品鲜度、防止物品褪色等作用。

任务四　发动机、底盘各系统的清洁

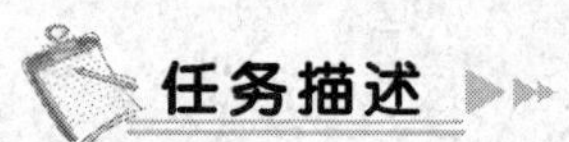

任务描述

一辆汽车沾染了许多灰尘和泥土，吸附了水分和油腻物质，就会动力不足，加速缓慢。经过汽车技术经理初步检查，判断该车发动机汽缸内可能有积炭，润滑系统有可能被堵塞、水箱有大量水垢，要求按照规范操作、合理制订清洗计划，对该车发动机系统、底盘进行清洁护理。

任务分析与实施

发动机是汽车的心脏，是全车最关键的部分，汽车行驶一定里程之后，汽缸内会出现积炭，使动力性下降，此时便需要对发动机进行清洁保养。发动机清洁就是采用专业美容清洁用品对发动机及其附件进行清洗和保养，延长其使用寿命的一种操作工艺。发动机清洁包括发动机外部清洗、发动机内部各系统的免拆清洗，如润滑系统免拆保养、冷却系统免拆保养等，发动机经过从里到外的专业保养才能保持它良好的工作性能。

汽车底盘部分的清洁护理包括车身地板的清洁护理、转向系统的清洁护理、传动系统的清洁护理、制动系统的清洁护理、轮毂的清洁护理等。

一、发动机的清洗

(一) 发动机清洗设备及工具

发动机的清洗设备及工具通常有高压清洗机、发动机润滑系统免拆清洗机、免拆式喷油器清洗机、发动机冷却系统免拆清洗机、燃油供给系统免拆清洗机。高压清洗机在本模块任务一中已有详细介绍，在此仅介绍其他免拆清洗设备。

1. 发动机润滑系统免拆清洗机

发动机润滑系统污染是导致发动机故障的主要原因之一。润滑系统内部的清洗一直是发动机维护保养的难题。发动机润滑系统免拆清洗机如图 3 - 32 所示。

图 3 - 32 发动机润滑系统免拆清洗机

(1) 工作原理。该清洗机以压力脉冲的形式，把专用清洗液从机油滤清器接口输入，从油底壳放油口抽回，通过反冲式体外循环，达到清洗发动机润滑系统的目的，从而实现发动机润滑系统的免拆清洗。

(2) 优点。该清洗机具有性能优越、成本较低、使用方便快捷、节省人力和物力、清洗效果明显等优点。同时，可延长机油的更换周期，提高发动机的使用寿命和润滑系统的清洁度，改善润滑系统工作条件，是发动机润滑系统的理想清洗设备，适用于汽油及柴油发动机润滑系统的清洗。

2. 喷油器免拆清洗机

喷油器免拆清洗机是自身带电动油泵、油压表和控制阀的喷油器清洗机，容量达 20L 左右，可供多辆车使用连接，如图 3-33 所示为免拆式喷油器清洗机。

图 3-33　喷油器免拆清洗机

(1) 工作原理。喷油器免拆清洗机的工作原理如图 3-34 所示。

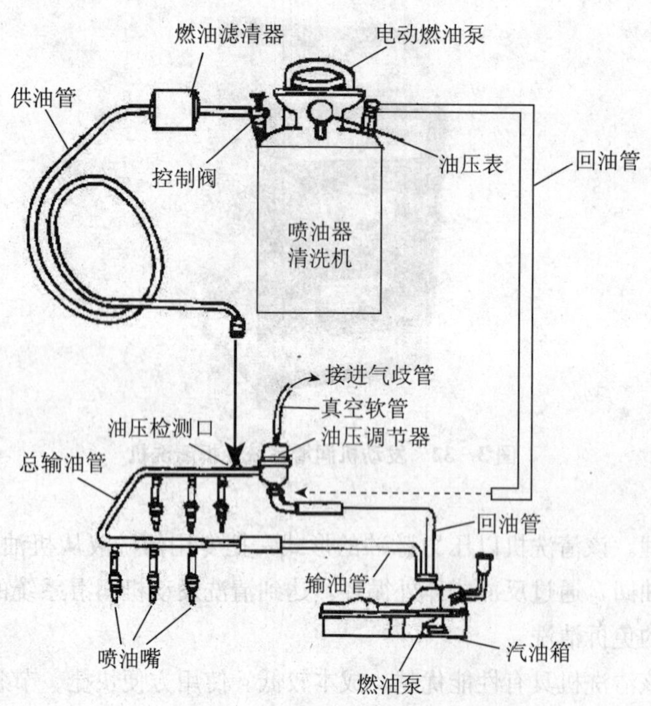

图 3-34　喷油器免拆清洗机工作原理

(2) 清洗方法。先拆除原车的输油管、回油管和电动燃油泵电源线；再将喷油器清洗机的供油管与总输油管连接、回油管与油压调节器的回油管接头连接，从而组成一个回路，对发动机可以较长时间供油，直至所有喷油器都得到彻底的清洗。

另外，所用的特种燃油可以购买强力清洗剂，按比例配制，可以更为有效地降低成本。

由于不同的发动机其燃油系统的布置形式和燃油管的安装位置各不相同，为了满足连接的需要，喷油器免拆清洗机通常都附有管件。该管件为通用型，也适合与成品特种燃油的连接，故常常单独出售，很受欢迎。

3. 发动机冷却系统免拆清洗机

汽车发动机冷却系统长时间使用后，管路内壁会产生锈蚀、污垢，以致管路阻塞不流畅、冷却效果变差，发动机温度升高，严重时可使发动机发生烧瓦、抱轴，致使汽车无法运行。

冷却系统免拆清洗机如图 3－35 所示，不仅可以清除水箱、水道内的水垢、杂质，还可以自动更换防冻液，彻底保养水箱，其操作简单、方便。

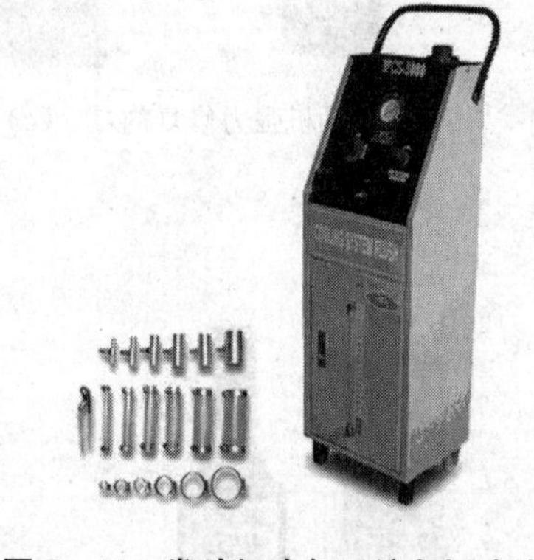

图 3－35　发动机冷却系统免拆清洗机

4. 燃油供给系统免拆清洗机

燃油供给系统免拆清洗机如图 3－36 所示，能够清除燃油系统各部分的积碳。

图 3－36　燃油供给系统免拆清洗机

（1）工作原理。利用发动机燃油系统的压力及循环网络，用清洗剂替代油料燃烧对气缸内的积碳进行清洗，然后借排放系统排出。

（2）清洗方法。先将燃油系统清洁剂按一定的比例与燃油混合，制成同时具有燃烧和清洁作用的特种燃料，然后切断原车的供油系统，改用上述特种燃料向发动机供油。然后，启动发动机，使其怠速运转，清洁剂随着燃油流动。当特种燃料通过喷油器时，便完成了对喷油器针阀的清洗，同时使油管、火花塞、燃烧室、活塞和进排气门等处的积碳、胶质和积垢软化、剥落、溶解并使其随废气排出缸外，从而达到清洁的目的。

（二）发动机的清洁护理用品

发动机总成清洗美容使用的主要清洗剂如图 3－37 所示。

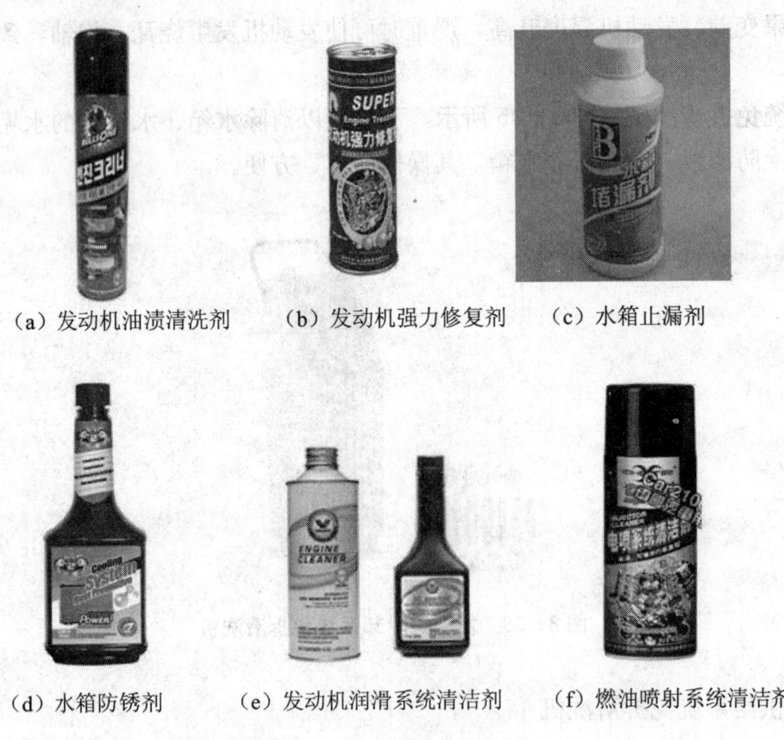

（a）发动机油渍清洗剂　（b）发动机强力修复剂　（c）水箱止漏剂

（d）水箱防锈剂　（e）发动机润滑系统清洁剂　（f）燃油喷射系统清洁剂

图 3－37　发动机各种清洗剂

1. 发动机油渍清洗剂

这种专业的发动机清洁剂是具有良好的生物降解功能的阳离子表面活性剂，虽然有碱性成分，但因加入了碱性抑制剂，能更好地清洁而不伤及银粉和漆面，能迅速清除发动机、发电机及其他机械设备表面的油脂和污垢；对油漆、橡胶、导线和绝缘材料无害；也可用于清除汽车修理厂的地板和车道上的油垢等；有利于发动机散热。

使用时，使发动机暖机，达到正常温度后熄火；用塑料布盖住喷油器出口和分电器盖；使用前将该产品摇匀，充分喷射，2min 后即可达到最佳渗润效果；对于极脏的污垢处，可用毛刷蘸取清洗剂进行刷洗，发动机应至少两周清洗一次，才能充分保护发动机，提高行车的安全系数。

2. 发动机强力修复剂

发动机强力修复剂是对已经磨损的发动机具有自行修复功能的润滑系统添加剂，特别适用于行驶里程在50000km以上、四缸以下（含四缸）的发动机中。已经磨损的发动机使用这种产品后，5日内可恢复动力性能，可延迟大修期。

3. 水箱防锈剂SR-1P（SR-1）

SR-1P是SR-1的改进型产品，加入冷却液中，会在金属机件表面生成微观保护膜，因而可保证冷却系统各机件不结垢、不生锈。定期使用该产品，可保持发动机冷却系统的良好性能，避免由于积垢和锈蚀所造成的发动机过热、“开锅”或冷却系统各机件的不正常损坏。

4. 水箱止漏剂RSL-2

使用RSL-2水箱止漏剂时，不需拆卸水箱。直接加入到冷却液中，随着冷却液的流动，能快速有效地止住系统内各个部位的泄漏，并保持一年以内不再泄漏。

5. 发动机润滑系统清洁剂

在发动机不解体的情况下，通过专业设备或直接添加的方式来清洁润滑油路系统，改善润滑油的抗氧化性能，减小活塞环与汽缸壁之间的摩擦作用，有效降低发动机的噪声和油耗，提高汽车的动力性和经济性，延长发动机使用寿命。使用时，请参照专用清洁设备和清洁剂产品的使用规程正确使用。

6. 燃油喷射系统清洁剂

此类清洁剂能有效溶解附着在零件表面上由汽油离析出来的胶质或已形成的漆油膜，自动清除、溶解系统中的胶质、积碳、冷凝水分、酸性物质，有效抑制这些有害物质的再生，且不伤害各传感器、催化转换器，对金属及橡胶制品无任何腐蚀作用。

这类清洁剂大多可以直接加入到油箱内，溶解到燃油中，随燃油的流动清除供油系统及燃油喷射装置的焦油等沉积物，并通过燃烧分解作用清除燃烧室内的积碳，从而改善发动机的性能。

在向油箱中添加电子燃油喷射系统清洁剂之前，必须确认油箱是清洁、无沉积物的，否则，部分清洁剂会首先分解油箱中长期累积的焦油、泥污等沉积物，导致油箱中的燃油浑浊而堵塞油泵滤网和油路管道。

7. 多功能防锈剂

多功能防锈剂主要用于金属表面，起到除锈和防锈作用。该产品具有很强的防腐蚀作用，对不同金属外表都有很好的防护作用，对塑胶无任何腐蚀作用。多功能防锈剂也可用于油漆、橡胶及塑料表面，是发动机表面及汽车底盘的理想保护用品。

(三) 发动机清洗的工艺流程

发动机的清洗主要包括发动机外部的清洗和发动机内部各系统的清洗。

1. 发动机的外部清洗

(1) 发动机外部清洗方法。发动机的外部清洗，应由专业人员进行。常用的方法有溶剂清洗法、高压清洗机清洗法、高压空气清洗法和一般手工清洗法等。无论采用何种方法进行清洗，都必须先将发动机关闭，使发动机内温度下降到常温时再进行清洗。

①柴油或煤油清洗法。

首先，将易受煤油或柴油腐蚀的物品，如高压线路、电器线路等，用布或纸遮盖好。

其次，将溶剂柴油或煤油装在压力容器中，将其喷洒在发动机舱及有关设备表面上，稍等片刻，使油污适当溶解后，用抹布擦拭干净。

最后，用压缩空气机或吹风机将发动机舱吹干，即可使整个发动机舱及其装置光亮整洁。

②高压清洗机清洗法。

利用冷热水高压清洗机清洗发动机舱。打开发动机罩板，用遮盖布、遮盖纸或者用遮盖工具，将分电器、制动油罐、蓄电池和加水盖等器件遮盖好。启动清洗机，开动高压喷枪，对发动机舱逐一进行冲洗。其冲洗顺序如下。

a. 用高压水枪冲洗前风窗下部的通风口。

b. 喷洗清除前风窗玻璃与发动机舱隔热空间内的树叶、污泥和尘土等异物。

c. 冲洗散热器、散热片及冷凝器散热片上的异物、尘土等，注意先由内向外冲洗。

d. 冲洗左右车轮挡板、发动机内侧排水孔，若有异物阻塞，应想办法取出，保持排水孔畅通。

e. 冲洗清除发动机舱内侧支撑条内的污物或尘土等异物。

f. 用空气喷枪或车用打气机，清除火花塞内的沙粒。

g. 取下遮盖物，用干净的棉布，将发动机舱内各处擦拭干净。

h. 发动机舱内的不易擦拭处，可用压缩空气或吹风机吹干。

③高压空气清洗法。

采用高压空气清洗发动机舱，其原理和顺序与采用冷热水清洗机冲洗是一样的，只不过是冲洗的介质不同而已。前者的冲洗介质是高压水，后者的冲洗介质是高压空气。但是，用高压水冲洗时，不可能产生尘土、异物飞扬，而用高压空气冲洗时，在发动机舱内局部易产生尘土、异物飞扬，会再度污染相邻部位。所以，最好是先用高压水冲洗清除污物、尘土，再结合高压空气吹干的方法来清洗发动机舱。

采用高压空气吹洗空气滤清器时，应先把滤清器盖子打开，取出滤芯，然后吹洗滤芯内的灰尘。清除完毕后，再放回滤芯，盖好滤清器盖子。

④一般手工清洗法。

其操作程序如下。

a. 将车用空气机接上喷气嘴。

b. 将空气机电源接头插入点烟器中或用直流交换器也可，但不要启动发动机。

c. 打开发动机罩，使用空气机，清除发动机舱侧凸条及凹孔内的浮尘，吹除发动机舱内隔热槽中的污物。

d. 吹除空气滤清器盖上及凹孔内的污物。

e. 吹除火花塞凹孔内的灰尘及沙砾。

f. 吹除排水孔中的污物灰尘，吹除散热器及冷凝器散热片上的污物。

g. 旋松空气滤清器固定螺钉，取下空气滤芯，由内向外吹除空气滤清器中的污物，

外壳内若有灰尘，可用湿布擦掉。

h. 使用吸尘器清除空气滤芯外侧，去除附着其上的污物。

i. 清除完毕后，再把滤芯安装上，并盖上滤清器盖，使其恢复正常状态。

（2）发动机外部清洁的注意事项。

①必须选用碱性小、不腐蚀橡胶塑料件及外涂银粉的清洗剂。

②必须在清洗剂擦洗前用刷子或压缩空气进行除尘。

③清洗发动机室时，不要将清洗剂喷到电气系统的零件上，更不能用水冲洗，以免造成电器短路，致使发动机不能正常工作。如果不小心溅到电气系统上，应用干布擦干或用高压空气吹干。

④清洗时，应先把清洁剂喷到棉布或海绵上，然后再擦拭。

⑤清洗完毕可抹上塑料橡胶件保护剂，以保持原有色泽，延缓老化。

2. 发动机各系统的免拆清洗

（1）发动机润滑系统的清洗。发动机工作时，其润滑系统的润滑油也在高温高压的条件下工作，容易产生油泥、胶质等沉积物。这些沉积物如果黏附在润滑系统的油路之中，不但影响润滑油的流动，而且会加速润滑油变质，加剧运动零件的表面磨损。因此，为了保证发动机的正常工作，必须对润滑系统进行定期清洁护理。

通常采用发动机润滑系统免拆清洗机进行清洗。

清洗过程如下。

①先拆除润滑油滤清器，拧下放油螺塞，放掉润滑油。

②将清洗机的进油管接在润滑油滤清器的主油道，回油管接到放油孔，接入压缩空气（气压约 0.6MPa）。

③启动发动机，使其怠速运转，按使用说明书的规定调整清洁油液的压力，清洁油液在润滑系统内便作循环流动，将各部位的污垢、积碳溶解后带出发动机外部。如图 3 - 38 所示为发动机润滑系统免拆清洗机示意图，通常清洗一辆汽车的发动机润滑系统所需的时间为 15～30min。

④清洗结束后，更换新的润滑油滤清器（通常更换滤芯），按规定加入新的润滑油后发动机便可投入正常工作。

（2）发动机燃油系统的清洗。汽车发动机燃油供给系统在长期工作过程中，其油箱、油管、喷油嘴及进气歧管中易产生胶质和沉积物，喷油嘴、进气门和燃烧室等处易产生积碳，从而破坏正常的燃油供给，影响混合气空燃比和正常燃烧，导致发动机怠速不稳、加速不良、爆燃、发动机熄火、增加油耗和排气污染等情况发生。因此，对燃油供给系统必须定期进行清洁护理。

①采用燃油系统免拆清洗机进行清洗。发动机燃油系统的清洁护理是在发动机不解体的情况下，采用专业设备、专业用品来达到清洁护理的目的。清洗的方法及步骤如下。

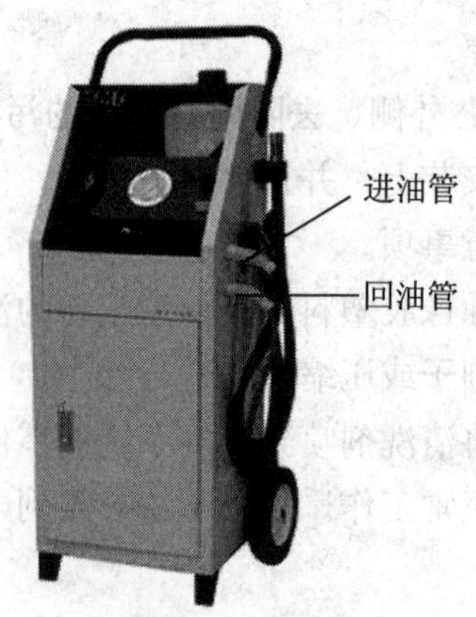

图 3-38　发动机润滑系统的免拆清洗图

a. 将清洗机与发动机燃油系统连接好。

b. 配制清洁剂与燃油的混合液，倒入清洗机的油箱内。启动清洗机与发动机进行燃烧清洗，当发动机运转时，混合物经燃烧将分布在系统中的胶质和积碳溶解剥落，并随废气排出。

c. 开启免拆清洗机电源开关。

d. 调节压力和流量。慢慢旋转调压器和流量计调节压力和流量，使发动机均匀平稳地燃烧。压力调节器的压力要高于喷油器的开启压力。

e. 清洗完毕，关闭免拆清洗机电源，拆下电源线，等泄压阀打开后再拆下各管路。

f. 恢复原车供油系统。拆下供油管路和回油管路，重新连接车辆供油系统，启动发动机检查有无泄漏。

②选用汽油喷射系统高效清洁剂进行清洗。按照该清洁剂使用说明书的要求加入到燃油箱中即可。建议电喷发动机每隔 2000km 使用一次。

(3) 空气滤清器的清洗。空气滤清器的作用是阻挡灰尘和沙粒的通过，确保进入气缸内空气的清洁。空气滤清器的滤芯由孔径极细的特殊滤纸制成，若滤孔被堵塞，便会造成进气量下降，从而导致发动机功率不足、动力性变差，同时又会引发油耗量增大和废气污染严重等问题。因此，对空气滤清器必须进行定期清洗。

不同的车辆，由于用途和行驶的道路路况各有差别，空气滤清器的清洗周期也各不相同。对于载货汽车来说，一般每行驶 1500～2000km，空气滤清器便要清洗一次；对于在市区行驶的轿车，空气滤清器的清洗周期一般可以延长到 10000km 左右；如果车辆经常行驶于工地或乡村土路时，空气滤清器的清洗周期应予以缩短。

空气滤清器的清洁方法如图 3-39 所示，步骤如下。

①拆下滤芯，先在地上轻轻地拍去浮尘。

②用压缩空气由内向外吹去内部的灰尘。安装时，必须确认滤芯的上下橡胶密封条定位良好，以保持良好的密封性和滤清功能。为了确保滤芯安全可靠，一般经过 4～5 次清洗后，就需更换新的滤芯。

(4) 电喷发动机喷油器的清洗。电喷发动机的燃油系统结构较复杂，特别是喷油器，由于制造精度高，又工作于高温环境中，喷嘴容易产生积碳，如果稍有堵塞便会雾化不良，进一步影响空燃比的控制，使混合气变稀，造成发动机动力不足。因此，每行驶一定的里程后，最好对喷油器进行彻底的清洗，以确保正常的工作状态。如图 3-40 所示为喷油器清洗前后的效果对比。分为免拆卸清洗和拆卸喷油器清洗两种，具体介绍如下。

图 3-39　空气滤清器滤芯的清洁

清洗前　清洗后

图 3-40　喷油器清洗前后对比

①喷油器的免拆卸清洗。免拆卸就车清洗指的是不拆卸喷油器的清洗。清洗程序如下。

首先，将燃油系统专用的强力清洗剂按一定的比例与燃油混合，制成同时具有燃烧和清洗作用的特种燃料，加入免拆就车喷油器清洗机中。

其次，切断原车的供油管路，用免拆就车喷油器清洗机向发动机供油。

最后，开启清洗机，启动发动机，并怠速运转，当特种燃料通过喷油器时，强力清洗剂便同时完成了对喷油器针阀的清洗，同时还对火花塞、燃烧室、活塞和进、排气门也起到了一定的清除积碳和洁净作用。如图 3-41 所示为进、排气门同时获得清洗的效果。

②喷油器的拆卸清洗。如果喷油器清洗的时间间隔太长，所形成的积碳会变得极为坚硬，采用免拆清洗无法在短时间内彻底去除这些积碳，只能采取拆卸清洗。各类喷油器的结构如图 3-42 所示。

如图 3-43 所示为目前常用的超声波喷油器清洗/检测仪，所用的超声波清洗液以及测试液如图 3-44 所示。它具有清洗和测试两种功能，通过电脑编程方式，高效、准确地完成对喷油器的清洗，并可模拟发动机的各种工况，对喷油器针阀的密封性、喷油量、喷油角度、雾化质量等参数进行自动检测，是燃油系统护理的好帮手。

(5) 发动机冷却系统的清洗。发动机冷却系统虽然大都使用具有防冻、防锈和除垢能力的防冻液，但经长期使用后，防冻液的上述性能会逐渐下降，散热器和气缸体与气缸盖内的水套会积聚大量的水垢，产生一定程度的锈蚀，影响冷却系统的散热能力，导致发动机出现过热、动力下降和燃油消耗量增大，同时会导致曲轴、活塞和活塞环的早期磨损。因此，冷却系统应每隔 2 年左右清洗一次。清洗方法如下。

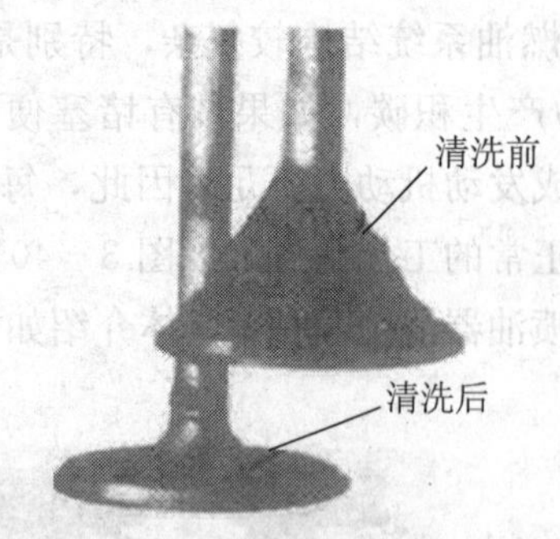

图 3－41　进、排气门清洗前后的效果

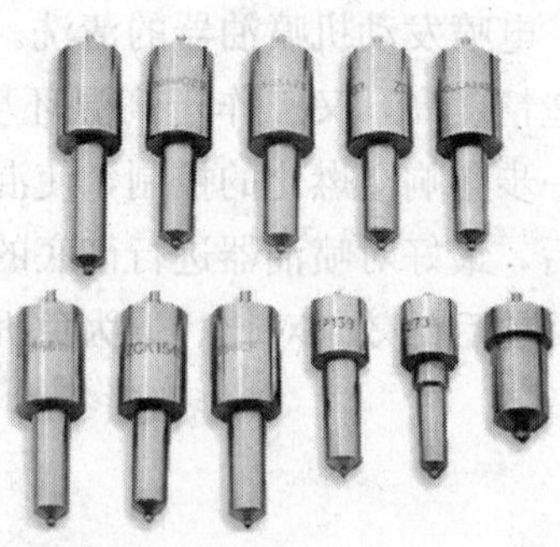

图 3－42　各类喷油器

图 3－43　超声波喷油器清洗、检测仪

图 3－44　超声波喷油器清洗、测试液

①机器清洗。可以采用发动机冷却系统免拆清洗机或水箱清洗机进行清除水垢处理，工作时采用混有强力去垢剂和除锈剂的清洗液，将设备的进/出水管接入到发动机的冷却系统中，再通入高压空气（压力约 0.6MPa）进行脉冲式循环清洗。机器清洗工作效率极高，一般情况下 20min 左右便可实现彻底的清洗。清洗完毕，重新加注冷却液。

②专用清洗剂清洗。选用冷却系统高效清洁剂，按照使用说明书的要求将适量的清洁剂加入冷却液中，拧好散热器盖，启动发动机运行 6～8h 后，排出冷却液。清洗完毕，重新加注冷却液。

二、汽车底盘的清洗

汽车底盘在出厂时都经过良好的防锈处理。但是汽车在行驶过程中，汽车底盘部分由于与路面距离最近，工作环境比较恶劣，夏季的高温烘烤、冬季的融雪剂腐蚀、乡间公路上沙石的撞击、酸雨以及海边盐雾的侵袭，都会使底盘伤痕累累、锈迹斑斑。另外汽车底盘系统的油液渗漏，粘上灰尘后形成的油渍、油泥等，必须进行及时处理。

汽车底盘部分的清洁护理包括车身地板的清洁护理、转向系统的清洁护理、传动系统的清洁护理、制动系统的清洁护理、轮毂的清洁护理等。汽车底盘可采用高压清洗机清洗

或底盘超声波清洗机清洗。

(一) 底盘清洗用品

底盘清洁护理用品有除锈剂、自动变速器调节剂、制动系统清洗剂、助力转向密封剂等。除锈剂已做过介绍。

1. 自动变速器调节剂

自动变速器调节剂（如图 3-45 所示）能使自动变速器中的部件减摩、抗磨、降低噪声，使操作平顺；能清洁自动变速箱中的精密零件及传动液的精密油道，保持传动液的正常动力传输，减少自动变速器的故障；防止传动液中生成胶质及沉积物，避免传动液受污染而造成传动效率下降及过热等故障发生；能防止自动变速器中的各密封元件干、老、硬化的产生，从而减少了变速器泄漏的可能性；可与任何种类的自动变速器中的传动液及润滑脂整合使用。

2. 无氯制动系统清洗剂

无氯制动系统清洗剂（如图 3-46 所示）采用特殊配方，不含氯化物，对人体和环境无害，去污能力强，能快速、安全、有效地清洗制动盘、制动鼓、制动缸、制动弹簧和摩擦制动片等部件表面的油渍、制动液及其他污物；可清洗等速万向节等部件表面的油渍；能增加制动能力，消除制动系统的噪声和振颤。

图 3-45 自动变速器调节剂

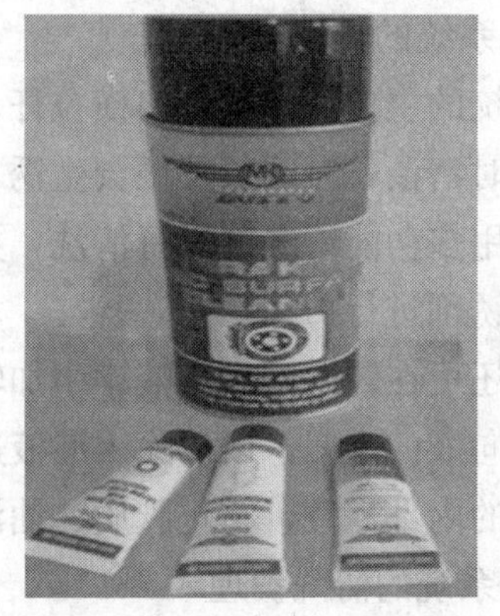
图 3-46 无氯制动系统清洗剂

使用前应将本产品摇晃均匀，向需清洗物表面喷涂本产品；使用后晾干或用干净柔软的抹布擦干即可；需要润滑的地方，在清洗完毕后，应重新润滑。

3. 助力转向密封剂

助力转向密封剂可与各种转向器液混合使用，适用于各种类型液压助力转向器。可快速恢复转向器各密封件的弹性和功能。在转向器运行中，可自动封堵因密封件干燥硬化、裂缝、收缩而导致的泄漏。它含有预防性添加剂，可防止各密封件失效，并可自动维护、改进各种助力转向性能，保证转向操作轻松、平稳。使用时，可将密封剂加入到助力转向液储罐中，行驶中自动堵漏。

注意事项：该产品不能与眼睛和皮肤接触，切勿入口；远离儿童，远离热源、火源，密封保存；不要焚烧或刺穿容器。

(二) 汽车底盘清洗的工艺流程

底盘部位因位置特殊而容易被忽视，但清洗护理比较简单。底盘上除了粘有灰尘、泥土、沥青、油渍外，还有锈迹、锈斑等污物，要做及时的护理。

1. 车身底板的清洗

车身底板是车身最低的部位，而且底板朝着行驶路面，行驶时最容易沾上泥水、焦油、沥青等污物，其污染情况一般不容易被发现，故常常因护理不及时而产生锈渍、锈斑等。对于泥土、焦油、沥青等可用发动机清洗剂或除油剂清洗，对于锈渍、锈斑等可用除锈剂进行擦洗。清洗完成后再用多功能防锈剂喷涂在底盘上即可。

2. 传动系统的清洗护理

汽车传动系统的主要总成如变速器、传动轴、主减速器壳体、半轴等很容易粘上泥土和灰尘，如果长时间不清洗也会生锈，一般可用多功能清洗剂进行清洗。

3. 自动变速器的免拆卸清洗养护

自动变速器结构复杂，精密部件多，在使用中一旦出现故障，维修非常困难。自动变速器调节剂具有改善自动变速器的工作性能、减少故障及延长使用寿命等功能。

使用这种调节剂时，可通过传动液加注口加注，每次加入一瓶，不能过量。每行驶16000km 左右加注一次。新车运行 5000km 后应使用该调节剂，以防止故障发生。

4. 转向系统的清洗护理

转向系统的主要部件如转向横拉杆、齿条壳、转向节臂等位于车身底部，比较容易脏污，如不及时清洁，时间长了便会生锈。

一般可用多功能清洗剂进行清洗，如有锈斑便需要用除锈剂进行擦洗；清洗完毕，可用多功能防锈剂进行护理。

另外，还可在转向助力储液罐中加转向助力调节密封剂，以恢复老化橡胶油封的密封性，防止转向液的渗漏，以消除因漏液造成的转向沉重、迟钝等现象，还能清洁和润滑助力转向系统的内部零件，防止胶质、油泥产生，减少机件磨损，延长使用寿命。

5. 制动系统的清洗护理

在制动系统工作时，制动片可能会沾上油泥、制动液、烧蚀物、胶质等污物，容易产生制动噪声，影响制动性能，因此，必须对制动系统定期进行清洁护理。

可选用制动系统清洁剂进行喷洒清洁、风干（可重复喷洒），能有效地清除制动片上的污物，改善制动效能，消除制动噪声。

练习题

一、填空题

1. 清洗剂除垢包括______、______、______、______、______五个过程。

2. 汽车车身清洗的方式有______、______、______、______、______、______六种。

3. 汽车内室污垢的种类有________、________、________等。

4. 汽车内室清洗设备有________、________、________等。

5. 发动机免拆洗清洗设备________、________、________、________等。

二、判断题（正确的打“√”，错误的打“×”）

1. 洗车时最好使用含矿物质较多的硬水，以免车身干燥后留下痕迹。（　）

2. 进行车身表面清洗时，可用洗衣粉、洗洁精等含碱性成分较大的普通洗涤用品。（　）

3. 车内顶棚的填充物是隔热吸音材料，易于吸水，所以用棉布擦拭前必须拧干。（　）

4. 发动机外表可用汽油来代替专用清洁剂进行清洗。（　）

5. 车内仪表清洁剂可以喷涂在方向盘上。（　）

三、简答题

1. 简述汽车车身清洗的工艺流程。

2. 常用的汽车内室去污方法有哪些？

3. 汽车内室清洗的工艺流程是什么？

4. 发动机的清洁护理主要包括哪些？

实训题

实训项目名称

汽车整车清洗

实训目的

1. 了解汽车清洗美容用品和设备的使用；

2. 掌握汽车车身清洗的工艺流程和操作要点；

3. 掌握汽车内室清洗的工艺流程和操作要点；

4. 了解汽车发动机、底盘各总成部件的清洗方法。

实训要求

能够根据车辆的污垢类型，正确选择清洗工具及清洗用品，制定恰当的清洗工艺，合理地安排人员，对一辆脏车进行全面的、彻底的清洗作业。

1. 汽车车身清洗。包括车身清洗方法的制定、清洗工艺流程的实施以及人员计划和分工。

2. 汽车内室的清洗。包括内室清洗用品选用方案的制定、内室清洗工艺流程的制定、操作注意事项以及人员计划和分工。

3. 汽车发动机、底盘各总成部件的免拆清洗。包括免拆清洗设备的选用、与汽车各系统（或部件）的安装方法、清洗方法。

实训时间

四周实训课程，教师指导和点评。

模块四　汽车漆面美容

漆面美容是指使车辆亮丽增辉，提高车辆防护外界侵蚀能力，延长车辆使用寿命的系统、规范且专业化的作业项目。漆面美容作为现代汽车美容的重要组成部分，包括以下主要作业任务：车身表面的打蜡、抛光与镀膜；车身漆面缺陷处理；汽车漆面划痕修复；汽车漆面失光与翻新处理等。本模块的学习目标、能力目标要求如下。

学习目标

1. 掌握汽车漆面美容作业中常用材料的选用。
2. 掌握汽车漆面美容作业中常用工具及设备的正确使用。
3. 掌握车身表面打蜡、抛光与镀膜工艺的实施方法。
4. 掌握车身漆面缺陷处理、划痕修复与翻新处理的方法。

能力目标

1. 能正确选择、使用汽车漆面美容用品和设备。
2. 能独立完成整车打蜡抛光作业任务。
3. 能独立处理车身漆面浅划痕。

任务一　车身表面的抛光、打蜡、封釉与镀膜

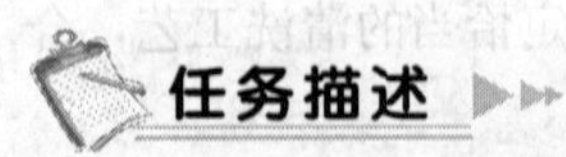

任务描述

汽车在长期的停驶过程中，车身漆面因长期与空气、酸雨等直接接触，受到了侵蚀，漆面亮度大大降低，从而产生漆面发白现象，要求根据车漆使用情况，采用合理、恰当的处理方法，重新使车身表面恢复深度光泽，恢复车身的本来面目。

任务分析与实施

为完成以上任务，首先要能正确判断漆面的氧化程度和硬度，然后针对汽车不同的氧化程度和硬度，结合车主的意愿，选择相应的设备工具、美容用品，并采取恰当的处理工艺，对车身漆面进行研磨、抛光、打蜡抛光、封釉或镀膜等，使车身表面恢复深度光泽，

恢复车身的本来面目。

一、车身漆面的研磨、抛光

研磨与抛光属同一类作业任务，选用的设备及操作方法基本相同，区别在于选用的产品和达到的目的不同。

研磨是当车身漆面出现氧化、轻微失光或细小划痕时进行的作业，以达到去除氧化膜、网纹，修整划痕、去除无法清洗掉的污渍，使汽车漆膜表面相对平整光滑。

抛光是研磨后的一道工序，以除去漆面上更细小的划痕及研磨所遗留的研磨痕迹等，使漆面达到光洁如镜的效果。

（一）研磨、抛光设备的选用

研磨、抛光机是一种集研磨和抛光功能于一体的设备，安装研磨盘时可进行研磨作业，安装抛光盘时可进行抛光作业。研磨、抛光机是通过旋转研磨盘或抛光盘来平滑并抛光漆面，以去除微小的漆面缺陷，并提高光亮度。为方便，可将研磨、抛光机简称为研磨机。

1. 研磨机的分类

研磨机按功能可分为双功能型和单功能型两种。

双功能型研磨机既能安上砂盘打磨金属材料，又能换上抛光盘做车漆护理，这种研磨机具有工作平稳、转速可调、不易损坏等特点，是专业人员首选机型。

单功能型研磨机又称简易型研磨机，这种机型是一种钻头机，具有体积小、转速不可调、使用时很难掌握平衡、作业质量不高等特点，建议专业人员不要使用这种研磨机。

研磨机按转速是否可调分为调速研磨机和定速研磨机两种。调速研磨机有高、中、低三种转速，1200r/min 以下为低速，1600r/min 左右为中速，2000r/min 以上为高速。市场上常见到的中高速研磨机，转速范围在 1750～3000r/min；还有一种中低速研磨机，转速范围在 1200～1600r/min。定速研磨机也称单速研磨机，一般是转速为 1200r/min 的低速研磨机。

2. 研磨机的构造

研磨机的结构如图 4－1 所示，主要由壳体、电动机、控制机构及配置装置组成。

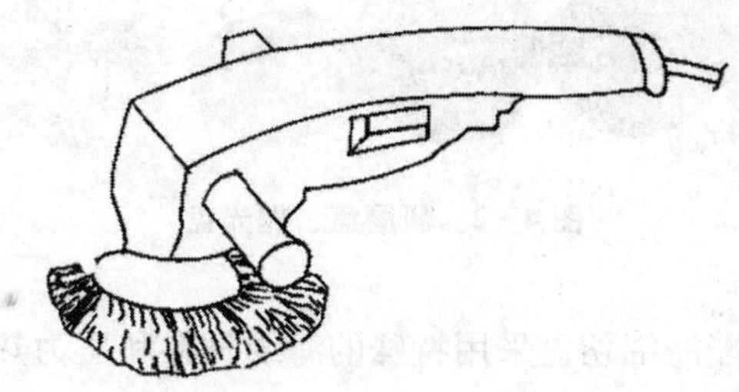

图 4－1 研磨、抛光机

配套装置主要有研磨盘和抛光盘，其材料分为全毛、混纺毛、海绵三种，特点和用途如表 4－1 所示。美式、欧式海绵盘的应用较为广泛，如表 4－2 所示。

表 4-1　研磨盘、抛光盘的特点和用途

<table>
<tr><th>材　料</th><th>研磨盘、抛光盘</th><th colspan="2">特　点</th><th>用　途</th></tr>
<tr><td rowspan="2">海绵盘</td><td>研磨盘</td><td>黄　色</td><td>质地硬</td><td rowspan="2">比全毛、混纺毛盘柔和，易控制，操作技术要求不高，适于做透明漆的研磨、抛光</td></tr>
<tr><td>抛光盘</td><td>白　色</td><td>质地软，细腻</td></tr>
<tr><td>全毛盘</td><td>研磨盘、抛光盘</td><td colspan="2">切割能力强，在没有研磨剂、抛光剂的情况下，毛料仍有一定的摩擦能力</td><td>用于普通漆</td></tr>
<tr><td>混纺毛</td><td>研磨盘、抛光盘</td><td colspan="2">比全毛盘稍柔和</td><td>操作技术要求极高，极有经验的专业人员采用某些研磨、抛光剂，可在透明漆上使用；用于普通漆</td></tr>
</table>

表 4-2　美式与欧式海绵盘的比较

<table>
<tr><th></th><th>厚　度</th><th>直　径</th><th>特　点</th><th>形　状</th><th>备　注</th></tr>
<tr><td rowspan="2">美　式</td><td rowspan="2">25.4～31.8mm
(1～1.25in)</td><td rowspan="2">177.8～254mm
(7～10in)</td><td rowspan="2">接触面积大，容易处理凹凸不平的地方，便于掌握</td><td>平　底</td><td rowspan="4">波纹底盘可减少工作时研磨剂、抛光剂的飞溅</td></tr>
<tr><td>波纹底</td></tr>
<tr><td rowspan="2">欧　式</td><td rowspan="2">50.8mm (2in)</td><td rowspan="2">152.4mm (6in)</td><td rowspan="2">周边斜切面，操作很平稳；密度大，切割功能较好</td><td>平　底</td></tr>
<tr><td>波纹底</td></tr>
</table>

3. 研磨盘、抛光盘

(1) 研磨盘、抛光盘的类型。研磨、抛光盘如图 4-2 所示。

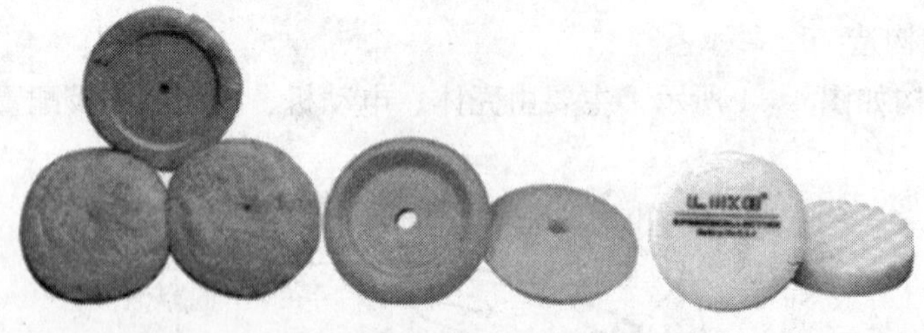

图 4-2　研磨盘、抛光盘

①聚酯海绵切盘。聚酯海绵切盘采用特殊的海绵材料和压力热能散布的原理，可大大减少在高速研磨、抛光时漆面吸收的热量，从而避免脱漆、裂漆等现象发生。

②散热式凹形平切吸盘（散热凹盘）。特选聚酯制成的海绵材料，柔软，韧性好，盘正面有散热孔，背面以吸盘形式粘贴在机器吸盘上，凹形设计可防止吸盘较硬的聚酯碰撞车漆表面。适用于透明漆的研磨或抛光。

③散热式月牙形平切吸盘（散热月牙盘）。经济实惠，适合于每天作业量不大的专业人员使用。

④散热式直切型螺母盘（散热螺母盘）。由特殊聚酯制成的海绵材料，柔软、韧性好，直径小，切割速度较快，正面切有散热孔；可直接与大多带有公接头的机器相接。适用于透明漆的研磨或抛光。

⑤平切聚酯月牙吸盘（月牙盘）。特殊聚酯制成的海绵材料，密度、硬度、韧性和耐磨度都属一流，直径长，操作稳。既适用于初学者，也适用于经验丰富的技师。

⑥直切聚酯螺母托盘（螺母托盘）。它是一种利用特殊聚酯制成的海绵材料，密度、硬度、韧性和耐磨性都属上乘，直径小、效率高、压力、热力集中，适合小面积的重点切割，可直接拧在带有公接头的机器上。

⑦直切聚酯钻盘（海绵钻盘）。各类指标与螺母托盘相同，适用于业余爱好者使用。

⑧羊毛切盘。羊毛切盘采用上等材料（100%羊毛）制成，吸盘式背面。具有质地柔软，密度大，吸收力强，摩擦效率高等优点。

⑨各种抛光盘套。适用于专业技师使用的直径254mm（10in）的打蜡机。

(2) 研磨盘、抛光盘的选用。

①按盘的接头选用。

螺母盘用于带公接头的研磨机。

螺钉盘用于带有吸盘的研磨机。

吸盘用于带有吸盘的研磨机。

②按盘的颜色选用（海绵盘）。

黄色盘一般是研磨盘，用以去除氧化膜，划痕。

白色盘一般是抛光盘，用以去除发丝划痕，抛光。

黑色盘一般是还原盘，适合透明漆的抛光和通用型的还原。

③按盘的形状选用（海绵盘）。

直切型：152.4mm（6in）×50.8mm（25in）（直径×厚），速度快，热能大，灵活。

平切型：203.2mm（8in）×（25.4～50.8）mm（1～2in）（直径×厚），面积大，散热好，比较平稳。

波纹型：203.2mm（8in）×（25.4～38.1）mm（1～1.5in）（直径×厚），药液不易飞溅。

④按盘的材料选用。

纯羊毛：传统切割材料，研磨功率大，可用于普通漆的研磨和抛光。

混纺：类似羊毛，但柔软得多，建议用于普通漆和透明漆的抛光。

海绵：属新材料，可用于普通漆和透明漆的研磨、抛光。用于透明漆时要注意使用方法。

(3) 研磨盘、抛光盘安装方式。

①吸盘式安装法。首先将一个硬质（硬塑料聚酯）底盘（也叫托盘）用螺钉固定在研磨机的机头上，托盘的另一面可粘住带有尼龙易粘平面的物体。这时可根据需要选择各种

吸盘式的研磨盘或抛光盘，使用极为方便，只要把研磨吸盘或抛光吸盘贴在托盘上即可。

②固式安装法。研磨机头不带托盘，只有一个公、母接头。安装时需要把研磨紧固盘或抛光紧固盘拧上去。

4. 研磨机的安全操作方法

(1) 研磨机开机或关机时绝不能接触工作表面。

(2) 作业时，右手紧握直把，左手紧握横把。由左手向作业面垂直用力，转盘与作业面保持基本平行。研磨机转速的选择和用力方向，以及研磨盘作用的正确位置如图 4－3 所示。

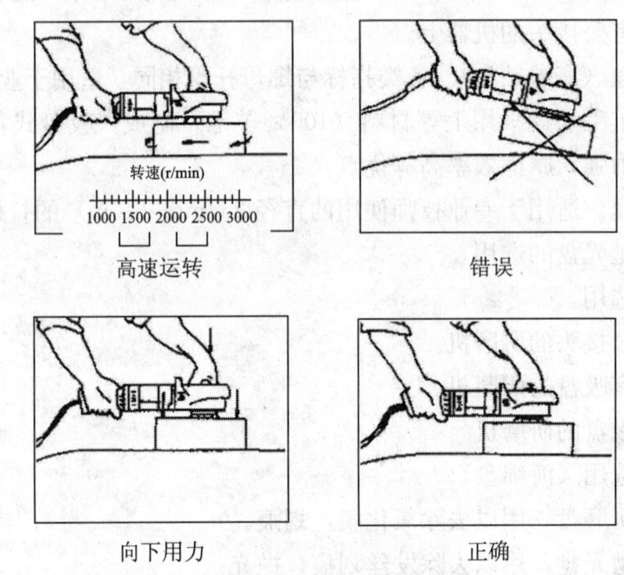

图 4－3 研磨机操作方法

(3) 在研磨机完全停下之前，不要放下研磨机。

(4) 不要对太靠近边框、保险杠和其他可能接触转盘外沿的部位进行作业。

(5) 应时刻注意研磨机的电线，防止将电线卷入机器。

(6) 抛光时应注意不要让灰尘飞到脸上，而应使其落向地板。

(二) 研磨用品的选用

研磨剂是研磨所需的主要材料，如图 4－4 所示。它主要用来去除氧化层、微划痕等不同程度的车漆损伤。按使用范围不同，分普通型研磨剂、通用型研磨剂两类。

(1) 普通型研磨剂。普通型研磨剂中的摩擦材料一般都是坚硬的浮岩；根据浮岩颗粒的大小，分为深切、中切和微切三类，其性能和用途如表 4－3 所示。坚硬浮岩如用在透明漆上，很快就会把透明漆层打掉，因此不适用于透明漆的研磨；主要用于治理普通漆不同程度的氧化、划痕、褪色等漆膜缺陷。

图 4-4 研磨剂

表 4-3 普通研磨剂的类型、性能和用途

类 型	性能和用途
普通深切研磨剂	适用于各种大面积车漆研磨工作，是漆房、修理厂及深划痕修复的汽车美容店的必备产品
普通中切研磨剂	选用特殊材料制成，不易粘在切盘上，是国内大部分微型汽车的理想研磨材料，适用于去除各种普通漆的严重氧化、中度划痕、擦伤等
普通微切研磨剂	选用特殊材料制成，不易粘在切盘上，是国内大部分微型汽车的理想研磨剂。适用于各种普通漆的去氧化层和去划痕

(2) 通用型研磨剂。该研磨剂中的摩擦材料是合成微晶体颗粒磨料，它们具有一定的切割功能，但不像浮岩那样坚硬。它可分为物理切割式、化学切割式和多种切割式的研磨剂，如表 4-4 所示。普通漆和透明漆均可使用通用型研磨剂。

表 4-4 通用型研磨剂的类型、特点

类 型	特 点
物理切割式研磨剂	有浮岩型和陶土型两种，材料坚硬，切割速度快，利用颗粒与漆层摩擦产生高热，去除表面的瑕疵，但操作过程中颗粒体积不会因切割的速度和力度而发生变化，适合于熟练的专业操作人员使用
化学切割式研磨剂	主要是微晶体型，可通过摩擦产生的热量逐步化解微晶体颗粒，使其体积在操作过程中逐步变小，产生极热高温而去除氧化层，同时溶解漆层表面凸出的部分，填平凹处的沙眼
多种切割式研磨剂	主要是中性研磨剂，内含陶土及微晶体两种切割材料，适合各类汽车漆面，而且便于操作，速度快，研磨力度小。既有物理切割作用，又有化学溶解填补功能，利用两种材料与漆层摩擦产生热量，去除氧化层，同时迅速溶解漆层凸点，填补凹处起到双重效果，达到符合抛光要求的表面材质

(三) 抛光用品的选用

抛光剂实质上也是一种研磨剂，但其摩擦材料颗粒比研磨剂更细。车身抛光的作用是消除研磨造成的细微痕迹，可清除漆层表面的轻微损伤，填平漆膜表面上如针尖般细小的缺陷，包括酸雨点、石灰和水泥点及虫尸、鸟类粪便、飞漆点等，同时为还原、打蜡做好准备。

抛光质量的好坏对车漆外观效果及耐腐蚀能力的影响很大，甚至能影响汽车本身的价值。抛光剂按摩擦材料颗粒或功效的大小不同可分为微抛、中抛和深抛三种，如表 4－5 所示。

表 4－5　　抛光剂的类型、性能及用途

类　型	性能及用途
微抛剂	用于去除极细微的车漆损伤，一般指刚刚发生的环境污染及酸性侵蚀。但这类轻微损伤也可使用含抛光剂的蜡取代微抛剂
中抛剂	用来处理不同程度的浅丝划痕，适用于透明漆抛光
深抛剂	用来处理不同程度的浅丝划痕，适用于普通漆抛光

（四）研磨、抛光的方法

在研磨抛光之前，将车身清洗干净，待水分干燥后，仔细检查有无残留尘土沙粒，再进行研磨、抛光。有手工研磨抛光方法和机械研磨抛光方法。

1. 手工研磨方法

常用于小面积或车身角落、边沿处等抛光机难以作业的部位。其工艺流程如下。

（1）选用 100%纯棉的棉布（将柔软洁净的棉布或小毛巾折叠成厚的盘状，然后再卷成球形，便于用手抓握，如图 4－5 所示）蘸少量研磨剂，以比中等程度稍微强些的压力前后运动研磨，棉团的运动轨迹有圆圈形、8 字形，直线形几种，如图 4－6 所示。

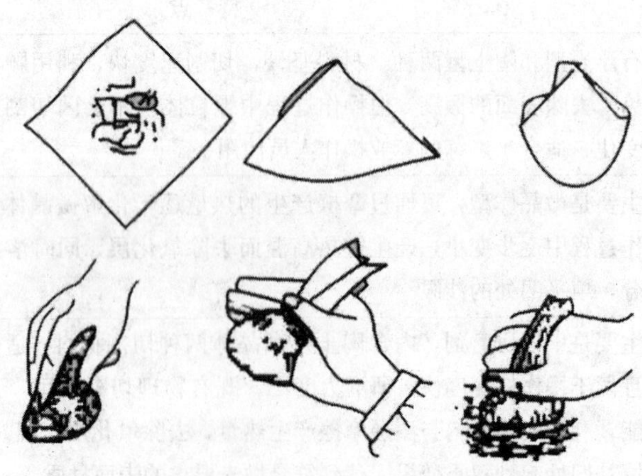

图 4－5　棉团的包法

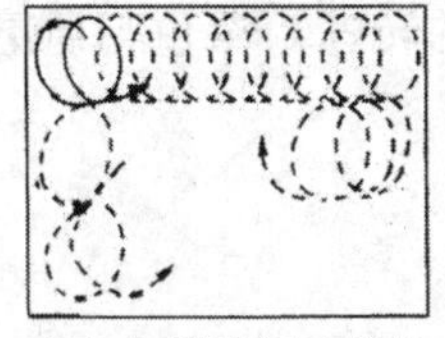

（a）圆圈形运动轨迹

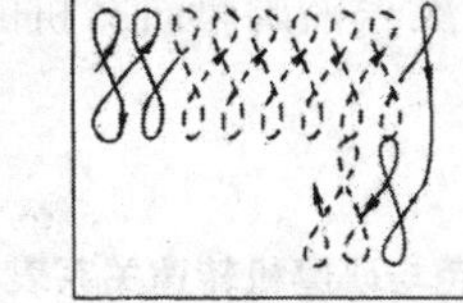

（b）8字形运动轨迹

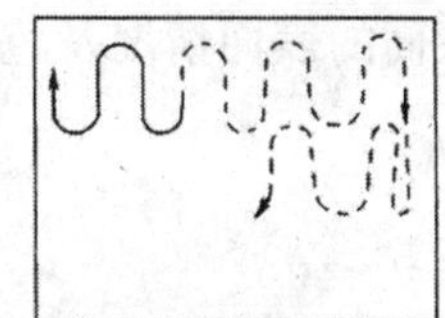

（c）直线形运动轨迹

图 4－6　棉团的运动轨迹

（2）待被研磨漆面出现光泽时，即减小研磨的力量，布团脏污时翻转另一面使用，继续研磨至修饰研磨的砂纸痕或橘纹、粗糙消失，最后以轻压、快擦动作来获得涂膜的光滑。

（3）完成后，用另一块干净软布将漆面上经研磨留下的粉状沉淀物擦拭干净。

2. 手工抛光方法

使用洁净的纯棉棉布团，蘸少量精细抛光剂或镜面蜡进行抛光。操作方法同手工研磨方法。

手工研磨抛光的方向与汽车行驶方向相同，可使光的散射消失，看起来更有光泽，而且水滴也能顺利滴落，并可防止脏污附着。

3. 机械研磨、抛光方法

适用于大面积部位作业，以提高作业效率。如图 4－7 所示为机械研磨抛光操作图，机械研磨抛光使用的圆盘研磨、抛光机，分为电动和气动两种。其操作方法如下。

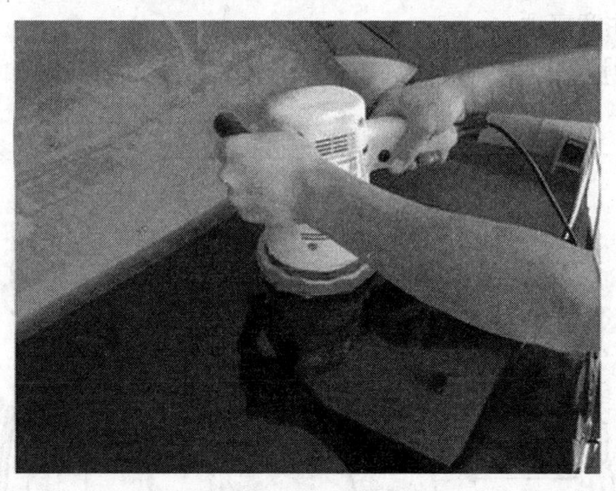

图 4－7　机械研磨、抛光操作图

（1）研磨盘在使用之前，必须在清水中浸泡、湿润，并且用手把研磨盘吸附的水分挤掉，然后再启动研磨机将研磨盘上的水分甩掉，之后才能进行机械研磨。

（2）用机器研磨剂进行全车研磨时，将适量的研磨剂涂在研磨盘垫上，对漆面进行研磨，在有划痕和网纹处可多使用一点研磨剂或延长研磨时间，但需要掌握好力度，否则会击穿漆层。

（3）根据漆面的表面情况及色彩深浅来调整研磨机的转速，漆色与研磨机转速的关系如表 4－6 所示。

表 4－6　漆色与研磨机转速关系表

漆　色	转　速
罩光清漆	2000～3000r/min
较浅实色漆面	1000～2000r/min
较深实色漆面	2000r/min 以下或手工操作

（4）机械抛光时，宜选择合适的抛光盘和抛光剂，其操作方法与机械研磨的操作方法类似。

（五）研磨抛光的工艺流程及注意事项

1. 研磨抛光的工艺流程

（1）彻底清洁车身。

（2）选用研磨盘并检查有无异物。

（3）选用研磨剂进行全车研磨。

（4）对无法进行机械研磨的部位，采用人工研磨方法进行研磨。

（5）选用抛光机及相应抛光剂进行全车抛光。

（6）对无法进行机械抛光的部位，采用人工抛光方法抛光。

2. 研磨抛光的注意事项

（1）研磨抛光的擦拭方向需按照汽车行驶方向（纵向）进行，如图 4－8 所示。

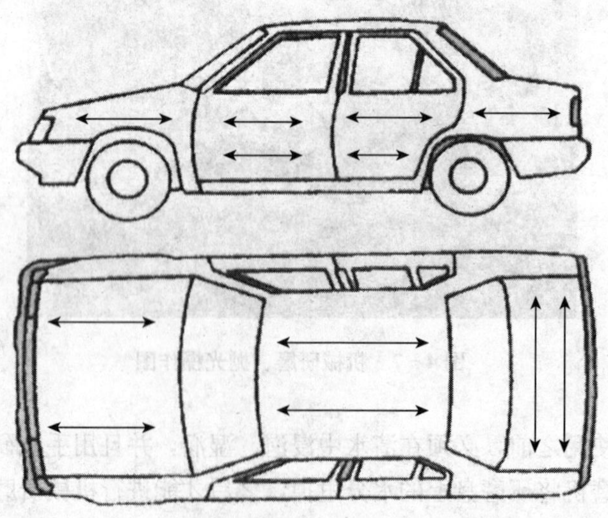

图 4－8　按汽车行驶方向（纵向）打磨

(2) 应选择避风、无粉尘的环境进行抛光作业。

(3) 作业中应避免操作者衣服上的金属纽扣、拉链及皮带扣等物体对漆面造成损伤。特别是擦拭车顶或发动机盖时，有时皮带扣会刮伤车身，此外，拉链外露的工作服也容易刮伤车身漆面，必须引起重视，最好佩戴工作围裙。

(4) 应定期维护抛光机，检查其运转、润滑情况是否良好。保存时，抛光盘（海绵盘或羊毛盘）应从抛光机上拆下，另行存放，以免水分流（渗）入抛光机转动轴承、啮合齿轮等部位导致部件生锈、异常、损坏。

(5) 每次抛光完毕，必须立即清洗抛光盘，以免残留的抛光研磨渣在下次作业时结焦，对抛光面造成刮伤。

(6) 机械抛光时，应做好电镀边和胶质饰件的遮蔽保护。

(7) 使用抛光机进行抛光作业时，应避免电源线或高压空气软管擦伤车身漆面。

二、打蜡

车身打蜡是汽车表面护理的一项重要作业项目，汽车蜡在保护车身漆层的同时，还可使车身表面保持亮丽整洁的光泽。现代车蜡附着在车身表面，具有美观、抗高温、防紫外线、防静电、防氧化、防划伤、隔离有害物质等作用，专业人员可根据不同的美容需要来选择车蜡的种类。打蜡选用的设备是打蜡抛光机。

(一) 打蜡抛光机

打蜡抛光机（简称打蜡机）是一种把车蜡打在漆面上，并将其抛出光泽的设备。打蜡机以椭圆形旋转，类似卫星绕地球的旋转轨道，故称轨道打蜡机，如图 4－9 所示。轨道打蜡机具有重量轻、做工细、转盘面积大、操作方便等特点。

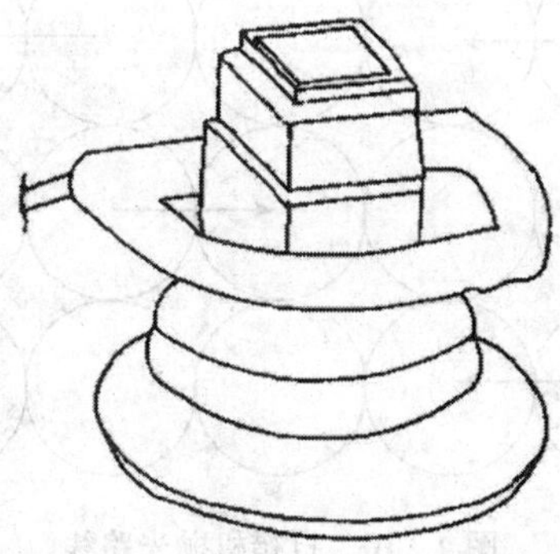

图 4－9　轨道式打蜡机

1. 打蜡机的分类

轨道打蜡机型号很多，样式不一，大致可分为普通轨道打蜡机和离心式轨道打蜡机。普通轨道打蜡机由于转盘较小、使用材料较差、扶把位置不容易平衡等缺点，一般在非专业汽车美容场所使用。离心式轨道打蜡机的动作是靠一种离心式、无规律的轨道旋转来完成的，这种旋转方式模拟人的手工操作，但比手工操作要快得多、省时省事，是专业汽车美容人员经常使用的机型。

2. 打蜡机的配套材料

轨道式打蜡机的配套材料主要指打蜡盘的各种盘套。打蜡机使用固定的打蜡盘，但盘套却有打蜡盘套和抛蜡盘套两种。

(1) 打蜡盘套。其用途是把蜡涂在车体上。结构上外层是毛巾套，底层是皮革，皮革起防渗作用。

(2) 抛蜡盘套。其用途是将蜡抛出光泽。其材料有全棉制品、全毛或混纺制品、海绵制品三种。

目前使用最广泛的是全棉盘套，该盘套应选择针织密集而且线绒较高的、要有柔和感(越柔和就越减少发丝划痕，越能把蜡的光泽和深度加工出来)的棉制成。全棉盘套不宜反复使用，很多专业人员一辆车要换一个新的；即使不换新的，旧的也一定要清洗干净，而且清洗时要使用柔顺剂，否则晒干后盘套发硬，最好是用防静电方式烘干。

3. 打蜡机的使用方法

(1) 上蜡。使用打蜡盘套上蜡时，将液体蜡搅拌均匀，倒在打蜡盘上，每次按 $0.5m^2$ 的面积涂匀，直至打完全车；不使用打蜡盘套上蜡时，可用海绵或毛巾蘸少许蜡，每次按 $0.5m^2$ 的面积涂匀，至全车打完。

(2) 凝固。上完蜡后，等待几分钟时间，待车蜡凝固。

(3) 安装检查盘套。将抛蜡盘套装上，确认绒线中无杂质。

(4) 抛光。打开打蜡机，将其轻放在车体上横向(或纵向)进行覆盖式抛光，直至光泽符合要求，打蜡机抛光路线如图 4-10 所示。

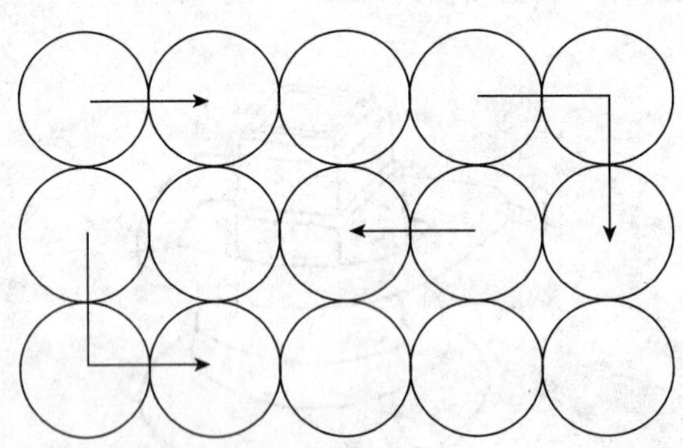

图 4-10　打蜡机抛光路线

(二) 车蜡用品的选用

1. 汽车蜡的主要功用

汽车蜡的主要成分是聚乙烯乳液或硅酮类高分子化合物，并含有油脂和其他添加成分，这些物质涂覆在车身表面具有以下作用。

(1) 抗高温作用。车蜡的抗高温作用是指对来自不同方向的入射光产生有效反射，防止入射光线穿透清罩漆，导致底色漆老化变色，延长漆面的使用寿命。

（2）防水作用。车蜡能使车身漆面上的水滴附着减少 60%～90%，高档车蜡还可使残留在漆面上的水滴进一步平展，呈扁平状，最大限度地减少水滴对阳光的聚焦，使车身免受侵蚀和破坏。汽车打蜡后产生的效果是水滴近似成球状，不易产生透镜效应，可以有效地抑制因太阳光造成的水痕。

（3）防紫外线作用。日光中的紫外线较易折射进入漆面，防紫外线车蜡充分地考虑了紫外线的特性，使其对车表的侵害降到最低限度。

（4）防静电作用。通过打蜡形成蜡膜，隔断空气、尘埃与车身漆面的摩擦，不但可有效防止车表静电的产生，还可大大降低带电尘埃对车表的附着。

（5）上光作用。上光是车蜡的最基本作用之一，经过打蜡的车辆，都能不同程度地改善其漆面的光洁程度，使车身恢复亮丽色泽。

（6）防氧化作用。打蜡后车身表面形成一层蜡膜，可以较好地防止漆面油分的损失，不容易形成氧化层。

（7）研磨抛光作用。当漆面出现浅划痕时，可使用研磨抛光车蜡。如划痕不是很严重时，抛光和打蜡作业可一次完成。

（8）防划伤作用。车身表面打蜡后，形成一层具有较高硬度和厚度的蜡膜，可以防止细小的划伤。

（9）美观作用。汽车蜡是用来保护车漆，同时又可美观车漆。经过打蜡的汽车可以改善漆面的光亮程度，增加光泽感。

车蜡除了具有上述功用外，还具有防酸雨、防雾等功能。

2. 汽车蜡的分类

鉴于汽车蜡中含有的添加成分不同，使其物理形态上有所区别，因而可按其特点划分为以下种类。

（1）按物理状态不同分类。按其物理状态的不同，汽车蜡可分为固态蜡、半固态蜡、液体蜡和喷雾蜡四种。这些汽车蜡的黏度越大光泽越艳丽、持久性越强，但去污性越弱，而且打蜡操作越费力。相反，黏度越小的汽车蜡越便于使用，但持久性越弱。

（2）按装饰效果不同分类。汽车蜡可分为无色上光蜡和有色上光蜡。无色上光蜡主要以增光为主，有色上光蜡主要以增色为主。

（3）按生产地不同分类。汽车蜡按其不同生产地，大体分为国产蜡和进口蜡。目前，国产汽车蜡基本上都是低档蜡，中高档汽车蜡绝大部分为进口蜡。常见进口车蜡多来自美国、英国、日本、荷兰等国，例如，美国龟博士系列车蜡（如图 4－11 所示），美国 3M 系列车蜡（如图 4－12 所示），英国特使系列车蜡，美国的普乐系列车蜡等。国产车蜡最常用的如即时抛等。

（4）按其功能不同分类。按其功能不同可分为上光保护蜡和抛光研磨蜡两种，上光保护蜡主要用于汽车漆面的上光保护。抛光研磨蜡主要用于汽车漆面浅划痕处理及漆膜的磨平作业，以清除浅划痕、橘纹及填平细小针孔等。

图 4－11 美国龟博士系列车蜡

图 4－12 美国 3M 车蜡

（5）按其作用性能和制造工艺分类。按此可细分为一般保护蜡和高级美容蜡。一般保护性车蜡可在漆面形成一层油膜而散发光泽。缺点是油膜与漆面的结合力差，保护时间较短，常常因下雨或冲洗等因素流失，有时甚至附着在挡风玻璃上，形成油垢；另外，存留在车蜡上的水滴一般呈半球状，会产生透镜效果，聚焦太阳光以致灼伤漆面。高级美容蜡含有特殊材料成分，优点是不论如何用水冲洗，一般都不会流失，也不用担心在较短时间内失去光泽；而处理后的车蜡表面水滴呈扁平状，透镜作用不明显，有效地保护车漆面。但高级美容蜡的缺点是价格有些高，特别是水晶蜡、钻石蜡等。

（6）按其作用不同分类。即可分为防水蜡、防高温蜡、防静电蜡和防紫外线蜡等。

3. 常用车蜡产品及用途

（1）去污蜡。具有去污、除锈、除垢，保护漆膜光亮的功能。能恢复漆膜及金属表面的鲜艳色泽。可用于车身表面的清洗护理。应当注意，车身在常温才能使用该产品，漆膜温热或过热时，不能使用此产品。

（2）彩色蜡。彩色蜡分为红、蓝、绿、灰、黑五种颜色，可同时打蜡和抛光，省时省力；也能对漆面起到修饰作用，可掩盖轻微细小划痕。选用时，应与车身的颜色一致，适用于各种汽车漆面。

（3）汽车亮光蜡。可使被涂物光亮持久，品质稳定；可在漆膜上形成保护膜，能防止氧化、酸雨腐蚀、雨水浸蚀等，且不沾灰尘。适用于车身、机械设备的漆膜护理。

（4）保护蜡。以蜡为基础，可去除油污，并生成稳定的防水保护膜，防止生锈。适用于车辆漆膜保护。但是该产品为易燃品，应远离热源和火源；不可用于以“桐油”为基础的漆膜表面。

（5）抗静电蜡。该产品是一种喷雾型上光护理蜡，能防止漆膜产生静电，能最大限度地减少静电对灰尘、油污的吸附。适用于汽车漆膜、皮革、塑料和镀铬表面的护理。

（6）硬壳蜡。硬壳蜡使用起来极为方便，将少许硬壳蜡涂于车漆处，不需等候便可立刻抛光，它的光泽可以持续几个月。

（7）黄金镜面蜡。该产品是一种高性能的护理型天然蜡，含有巴西棕榈和聚碳酸酯，对漆膜渗透能力极强，光泽如镜，保持长久，可长时间护理汽车漆面。适用于新车及旧车抛光翻新后的漆面处理。可手工打蜡，也可机器打蜡。

(8) 汽车底盘保护蜡。该产品可长久防止底盘腐蚀及碎石的撞击，可预防漆膜颜色改变，还能达到防锈、隔音的效果。适用于漆膜、橡胶、塑胶及PVC烤漆的护理，用于汽车底盘及类似漆膜的护理；但不得用于排气装置、制动器以及弹簧上。

4. 车蜡的正确选择

正确地选择车蜡是打蜡作业成败的关键。由于各种车蜡的性质不同，其作用效果也不一样，因此，在选用时必须保持谨慎。应根据车蜡的作用特点、车辆的新旧程度、车漆颜色、行驶环境及使用季节等因素综合考虑。因此，提出以下车蜡选择的一般原则。

(1) 按车蜡的作用来选择。由于不同车辆所处的运行环境千差万别，车蜡选择时应针对性地为车辆选择具有最佳保护效果的车蜡。例如，沿海地区宜选用防盐雾较强的车蜡；多雨地区选用防水较强的车蜡；光照较强的地区宜选用防紫外线强、抗高温性能优异的车蜡；化学工业区则宜选用防酸雨能力较强的车蜡。

(2) 按漆面的质量来选择。高级轿车，漆面要求高应选用高档车蜡；进口轿车最好选用进口车蜡；普通车辆选用普通的珍珠色和金属漆系列车蜡即可。

(3) 按漆面的新旧来选择。新车或新喷漆车辆，应选用上光蜡，以保持车身的色彩和光泽；对于旧车或漆面有漫射光痕的车辆，可选用研磨蜡对其进行抛光处理，之后再用上光蜡。

(4) 按季节不同来选择。夏季一般光照较强，宜选用防高温、防紫外光能力强的车蜡。

(5) 按车辆行驶环境选择。如果汽车行驶环境较差，应选用保护作用较强的硅酮树脂蜡。

(6) 按车漆的颜色来选择。选用车蜡时还必须考虑与原车漆的颜色相适应，一般深色车漆选用黑色、红色、绿色系列的车蜡；浅色车漆选用银色、白色、珍珠色系列车蜡。

(7) 按操作条件选择。如要求打蜡后有更好的光泽，可选用固态蜡；若想既省时又省力，则可选用喷雾式蜡，它可以边喷边打亮，同时能够去除车身表面污垢；若不便使用固态蜡，又觉得喷雾式蜡的光泽度不够，则可选用半固态蜡或液态蜡。

(三) 打蜡的工艺流程及注意事项

1. 打蜡的工艺流程

一般来说，对汽车进行定期打蜡的程序是清洗—研磨—上蜡—抛光—检查整理。

(1) 彻底清洁汽车。为了保证打蜡效果，打蜡前必须对车辆进行彻底清洗，认真检查并清除车身上的沥青、焦油、鸟类粪便等附着物，详见模块三。

(2) 研磨。也称打底，将老化的烤漆磨去，打蜡成败取决于本项工作，操作方法详见本任务中研磨、抛光。

(3) 上蜡。上蜡可分为手工上蜡和机械上蜡两种，手工上蜡（如图4-13所示）简单易行，机械上蜡效率高。无论是手工上蜡还是机械上蜡，都要按一定的顺序进行，并要保证在漆面上均匀涂抹，上蜡时每次不要涂得太厚。上蜡应遵循先上后下的原则，顺序通常是车顶—右翼子板—右前门—右后门—右后部—行李舱盖—左后门—左前门—左翼子板—发动机罩。

机械上蜡时，操作方法详见打蜡机的使用方法。

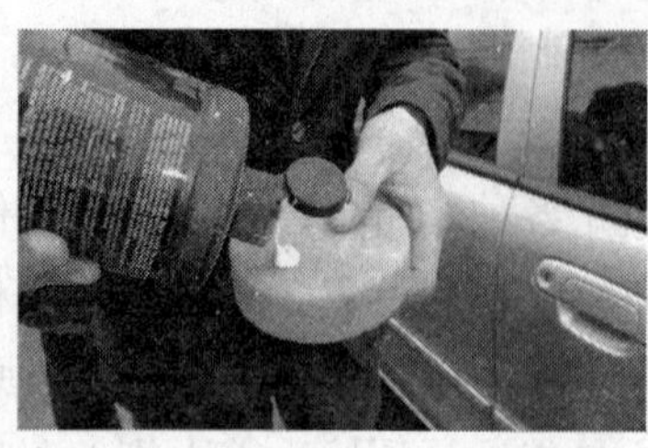
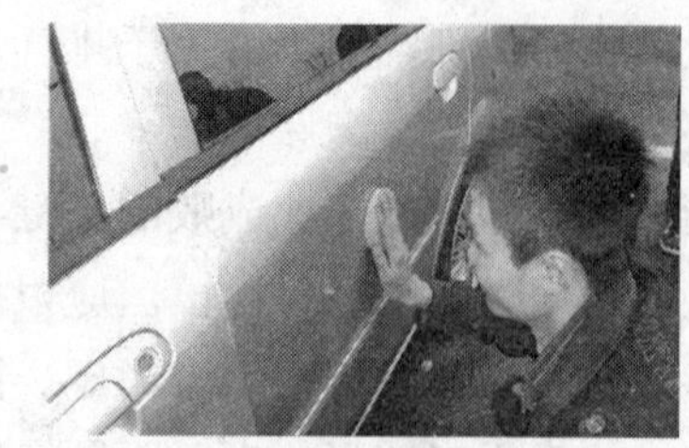

图 4-13　手工上蜡

手工上蜡时，首先将适量的车蜡涂抹在海绵上，然后按上蜡顺序往复直线涂抹，涂抹时手部的力度一定要掌握好。每道涂抹应与上道涂抹区域有 1/5～1/4 的重合度，防止漏涂，保证均匀涂抹。整个车身可分块进行，顺序可从前到后或从左到右。

上蜡的层数要视车漆的情况决定，并非是越多越好，太多的蜡反而会使抛光工序产生困难，上得太薄又无法填补车身漆面的缝隙。通常情况下，新车需要上蜡 1～2 层，旧车可上蜡 3～4 层。

(4) 抛光。根据不同车蜡的说明，一般涂抹后 5～10min 即可进行抛光。抛光时遵循先上蜡再抛光的原则，确保抛光后的车表不受污染，抛光作业（如图 4-14 所示）通常使用无纺布做往复运动，适当用力按压，以清除剩余车蜡。

图 4-14　抛光作业

(5) 检查整理。在抛光后要进行整个车身质量的检查，特别是车身上较为显眼的地方如果发现蜡上得不均匀，产生无序的反光现象，可以用干净的无纺棉布轻轻地擦拭，也可以用抛光机重新进行抛光，直到光线的反射面一致为止。此外要仔细检查车身的缝隙、边缘和转角部位有无残存的车蜡，如果有要及时清除。

2. 打蜡的注意事项

要保证打蜡的质量，既要正确选择车蜡，更要使用正确的打蜡工艺，必须注意以下事项。

（1）新车正确打蜡。新车自身漆面已有一层保护蜡，一般新车购回 5 个月内无须打蜡。

（2）打蜡作业环境应清洁且通风良好；应在阴凉且无沙尘处给汽车打蜡。漆面过热或强烈阳光直射时，不可上蜡。

（3）打蜡一定要用专业洗车液，彻底清洁车身外表的泥土和灰尘，冲净漆面并擦干。

（4）打蜡时应遵循打蜡顺序，手工海绵及打蜡机海绵运行路线应该直线往复，不可以把蜡液倒在车上乱涂或做圆周式涂抹，防止由于涂层不均匀造成强烈的环状漫反射。要一次作业完成，不可涂涂停停。

（5）上蜡操作时应根据产品使用说明进行，一般停留 3～5min，然后用手工擦除或用打蜡机抛光。手工擦亮时应先用手背感觉车蜡的干燥程度，以刚刚干燥而不黏手为准；机器处理时应使车蜡完全干燥后再处理，转速控制在 1000r/min 以下。

（6）抛光作业要待上蜡完成后在规定时间内进行，同时应考虑天气因素，抛光时也应做直线往复运动。

（7）抛光结束后，要仔细检查，清除车牌、车灯、门边等处残存的车蜡，以免影响整体美观。

（8）掌握好上蜡的频率。由于车辆行驶的环境与停放场所不同，打蜡的时间间隔也应有所不同。一般而言，有车库并经常行驶在良好路况的车辆，每 3～4 个月打一次蜡，否则应 1～2 个月打一次蜡。

（四）新车开蜡

新车输送过程中要风吹雨淋、烈日曝晒、烟雾及酸雨的侵蚀，但在新车交付使用后，这层下线时的保护蜡必须除去，即开蜡，下线保护蜡一般属于低档蜡，其透明度低，加之覆盖层较厚，原车的光泽被遮盖，影响汽车漆面光泽，且尘埃极易附着在车身表面不易清除，所以新车交付使用后一定要进行开蜡。

1. 新车开蜡的工艺流程

（1）车身高压冲洗。使用高压清洗机冲去车表尘埃及其他附着物。

（2）喷开蜡水。在车身表面均匀喷开蜡水，待 6～7min，将蜡剂完全渗透于蜡层，快速溶解车漆表面的蜡。

（3）擦拭。用棉布、毛巾或无纺布擦拭车表，并用鬃毛刷刷洗缝口、裙边及轮胎等处。

（4）清洗。用清洗机冲洗车表，然后喷施二合一清洗剂或香波清洗剂溶液并用湿海绵擦洗。

（5）擦干。用半湿毛巾擦干车身，然后用麂皮再擦干一次。

（6）打蜡。这一步在前面已经讲述。

2. 新车开蜡注意事项

（1）在除蜡前的汽车清洗中，不必使用清洗剂，水压不要高于 7MPa。

（2）开蜡用品施喷要均匀，不要忽视边角缝隙处。

（3）要在开蜡用品完全渗透于蜡层后才可进行擦拭。

三、车身封釉

封釉是集去污、上光、密封漆孔为一体的新型漆面美容项目。采用封釉振抛机，将釉反复压入车漆，形成一层独特的网状保护膜。这层膜可大大提高原车漆面的硬度、光泽度，使其更好地抵挡外界环境的侵袭，有效减少划痕，化解紫外线对车的伤害，防止灰尘吸附，保持车漆长久亮丽，延长车漆的使用寿命。一辆汽车经封釉美容后，即使停放在烈日下，也不用担心漆面会褪色、爆皮。通常采用封釉振抛机进行操作。

(一) 封釉振抛机

封釉振抛机是封釉的专用电动或气动工具，它通过振抛机的高频振动及快速转动，与漆面摩擦产生热量，使漆面局部产生一定程度的扩张，于是釉剂通过振动均匀地挤压渗透到漆面中，再配合红外线灯的照射，使之形成如同网状的牢固保护膜。

封釉振抛机的使用方法与研磨抛光机相似，不再重复。封釉振抛机一般采用吸盘式封釉波纹海绵盘与封釉振抛机的托盘相连，封釉效果良好。

(二) 封釉用品的选用

封釉套装用品如图 4－15 所示。釉的内部富含 UV 紫外线剂，可以大大降低紫外线对车漆的损伤，并能对酸碱等化学成分的腐蚀起到一定的抵抗作用，可以有效保护和美化漆面。

图 4－15　封釉套装用品

(三) 车身封釉的工艺流程及注意事项

1. 车身封釉的工艺流程

汽车漆面釉是一层五色透明的保护亮层，其美容的效果不像补漆、贴膜那么直观，普通车主很难识别真假。但一般可以观察整个操作过程，从操作步骤、使用的产品和处理时间等方面来识别。一次完整的封釉美容工序有 7 道，即脱蜡中性清洗—研磨、抛光—深度清理—镜面还原—振抛封釉—红外线照射—无尘打磨整个作业过程需要 4～5h。

(1) 脱蜡中性清洗。为了保证封釉的效果，封釉前对车辆必须进行脱蜡清洗，将车体上的残蜡、油泥、污垢清洗干净，随后用大量清水冲洗干净。一定要使用中性的清洗剂，

因为碱性的清洗剂会腐蚀漆面，并且一旦残留在车缝隙中，还会造成更大的伤害。在清洗后必须将漆面彻底进行干燥，因为水分会影响到封釉层和漆面的附着力。

（2）研磨、抛光。由于长期积存的尘土、胶质、飞漆等脏污很难靠清洗来去除，且存在氧化、发丝划痕等不同程度的损伤。因此经过清洗的漆面如果仍有树脂、鸟类粪便或发丝划痕，就要用研磨、抛光机处理掉；如果漆面只是粗糙不平，则需要用一种细腻的由火山灰中提取的去污黏土对涂面进行全面的打磨处理。

（3）深度清理。使用羊毛抛光盘，配以增艳剂，这样能在旋转的同时产生静电，将车身漆面空隙内的脏物吸出。同时，增艳剂渗透到漆面内部，产生化学反应，还可以达到增艳如新的效果。抛磨的另外一个功效是将漆面的细小软道划痕磨平。

（4）镜面还原。用波浪式海绵盘配合粗蜡对抛光后的车身作镜面还原，旋转的海绵盘可磨平车漆表面的细小划痕。

（5）振抛封釉。这是封釉美容的关键步骤，封釉操作如图 4－16 所示。将釉剂均匀涂抹于车身，再用振抛机挤压加固。专用电动或高压气动振抛机快速转动时，与烤漆面摩擦后产生的热量，会使烤漆面有某种程度的扩张，使釉剂通过振动挤压进入车漆的毛孔内，形成牢固的网状保护层，附着在车漆表面。上釉及振抛需反复进行 2 遍，每遍进行 20min。

图 4－16　封釉操作

（6）红外线照射。车身釉面经红外线灯照射 40min 后，能够加快干燥速度，促进吸收。

（7）无尘打磨。最后用无尘纸和柔软的海绵轻抛漆面，就可使漆面如镜面般光亮。

2. 封釉后的注意事项

（1）汽车封釉后 8h 内，切记不要用水冲洗车辆，因为在这段时间内，釉层还未完全凝结，还在继续渗透，冲洗将会冲掉未凝结的釉。

（2）做完汽车封釉美容后短时间内可尽量避免洗车，因为产品可防静电，一般灰尘用干净柔软的布条擦去即可。

(3) 做完汽车封釉美容后，不要再打蜡，因为蜡层可能会黏附在釉层的表面，再追加上釉时会因蜡层的隔离而影响封釉的效果。

(4) 一次封釉可以保护漆面 3～5 个月。为达到更好的汽车封釉效果，应经常追加。对于空气污染严重的地区，特别是北方风沙大、酸雨多，最好在进行封釉美容后，每隔3～4个月再做一次，以利于长期保护漆面的颜色和光亮。

(四) 封釉和打蜡的区别

(1) 封釉和打蜡用品所含成分不同。汽车打蜡是汽车美容的传统项目，车蜡的主要成分是聚乙烯乳液或硅酮类高分子化合物，多数蜡还含有油脂成分，使用后能提高漆面的亮度，但缺点是雨水容易使其分解、寿命短、硬度低、不耐磨，根据情况不同，车辆每年需打蜡 20 次。而频繁打蜡、研磨又会加快漆面磨损并使其失去光泽。而封釉却不同，以最早进入国内市场的某种美国产封釉剂为例，其含有利用特殊工艺提炼出的“Tempera-Flex”专利材料，具有不溶于水、不怕火、耐酸的特性，因此封釉后的车身漆面可以耐高温、耐水洗、耐摩擦、不易沾灰、不怕酸雨、抗氧化、抗紫外线，可长期保护漆面。

(2) 操作工艺不同。封釉是一项专业性非常强的工作，它对场地、工具、技术及釉剂的要求都非常严格。封釉美容必须在室内进行，以防沙粒沾上漆面造成浅划痕。汽车使用一段时间后，会形成一层老化的漆皮。在封釉前，一定要把漆面这层老化的附着物抛掉，避免在漆面和釉之间形成隔膜，影响封釉效果。封釉美容的基本原理是依靠振抛技术将釉剂反复渗入压进漆面纹理中，形成一层独特的网状保护膜，因此非常适合一些污染较为严重的地区。

如果一辆汽车从新车开蜡后就采用封釉护理，则可大大延长漆面的寿命。

四、镀膜

所谓镀膜是将车漆的亮油部分用羊毛盘（切磨力很强的一种抛磨盘）磨去 1/2，然后再敷上一层药剂，形成一种“镀膜”。镀膜是在总结了打蜡及封釉的优点及不足后，以新的环保原料和新的车漆养护理念制造的车漆养护换代产品。

(一) 镀膜与封釉的区别

它和封釉的不同之处在于以下几点。

1. 原料不同

釉与蜡都是从石油中提炼出来，再加上一些辅助原料制成的，受原料所限，容易氧化，不持久的问题无法解决。而镀膜是采用植物及硅等既环保又稳定的原料来提炼合成的，避免了在车漆表面造成连带氧化的问题，并可长期保持效果。

2. 养护理念不同

封釉与打蜡的养护理念是将“釉”或“蜡”加压封入车漆的空隙中，与车漆结合到一起。其优点是与车漆融为一体，增亮效果明显。不过因为它们本身的易氧化性，所以会连带周围的漆面共同氧化（漆面发污，失去光泽）。为避免这种缺陷，镀膜采取了以下两个措施。

(1) 采用不氧化原料及稳定的合成方式（氟碳树脂）。

(2) 变结合为覆盖。以透明“膜”的形式附着在漆面上，避免漆面受外界损伤。同时也避免了保护剂本身对车漆的影响，长期保持车漆的原厂色泽。而且由于膜本身结构紧密，很难破坏，所以使得它可以大幅度降低外力对漆面的损伤。

3. 操作工艺不同

原料及养护理念的差异必然造成工艺上的区别。“釉”和“蜡”因为要与漆面充分结合，所以其附着方式要用高转速的振抛机把药剂加压封入漆里（所以称封釉）。但这种压力同时作用在漆面上，经常会造成漆面损伤。而“镀膜”采用了温和的涂抹及擦拭的附着方式，靠膜本身的分子结合力附着在漆面上，从而避免损伤车漆。

4. 对车身划痕在处理上的区别

为了便于“釉”的附着，封釉对划痕以研磨为主，用高转速电动机把划痕磨平；镀膜采用填充，以低转速电动机配合海绵轮，将透明的填充剂填入划痕中，将其抹平。因此，在处理划痕时，镀膜大大降低了对漆面的损耗。

(二) 镀膜的工艺流程

(1) 彻底清洁车身。

(2) 预处理。采用超级去污水蜡或抛光蜡去除顽固斑点或锈渍。如漆面变色、粗糙严重，先用研磨蜡研磨，再用抛光蜡上光。

(3) 选用金刚镀膜蜡进行镀膜。

①选用与车漆颜色配套的金刚镀膜蜡，然后用海绵蘸取蜡薄薄地均匀涂抹于车身表面。

②待蜡膜稍微干燥后，用清洁的干毛巾擦拭。

③用新的清洁软布仔细地清除未擦净的部分或涂抹不均匀留下的斑点。

④自然放置，待镀膜蜡均匀地成膜硬化。蜡膜硬化的判断标准是20℃的阳光照射下约需30min；最好在干净的自然环境下硬化12～24h。

镀膜后的汽车进行日常护理时，可用专业洗车液洗车，用专业的除沙用布擦拭灰尘。

任务二　车身底漆、腻子、面漆的涂装

汽车在使用过程中，常常会由于多种原因发生擦刮、碰撞，对车身漆面造成不同程度的损伤，有的仅在面漆层、有的已达腻子层，有的甚至达到底漆层。这时，便需要根据车漆实际损伤情况（必要时还需要钣金作业），选用相应的产品、工具和设备，采用合理的工艺进行恰当地处理。

任务分析与实施

漆面涂装通常包括底漆、腻子、面漆的操作，还需根据美容时对漆面问题的判断，进行相应的表面预处理。

一、汽车表面预处理

汽车修补喷漆之前，应将作业面的氧化皮、毛刺、锈蚀、油污、焊药残渣等污物去除干净，为进行底漆、腻子、面漆等涂装作业准备条件，即需要进行清洗、去除旧漆膜、除油、除锈、磷化或钝化处理等。需要选用特定的工具、采用正确的方法才能完成。

（一）表面预处理的工具和设备

预处理需要用到的工具主要是除锈工具。常用的除锈工具有手工除锈工具、机械除锈工具、喷射除锈工具三类。

1. 手工除锈工具

手工除锈是一种最简单的除锈方法，使用的工具主要有刮刀、铲刀、钢丝刷、挫刀、砂轮、砂布、砂纸等，如图 4－17 所示。使用手工除锈工具除锈，操作费力、效率低、除锈效果差；但因其简便易行，不受任何限制，仍是局部及部件等小工作量清除锈蚀的主要方法。

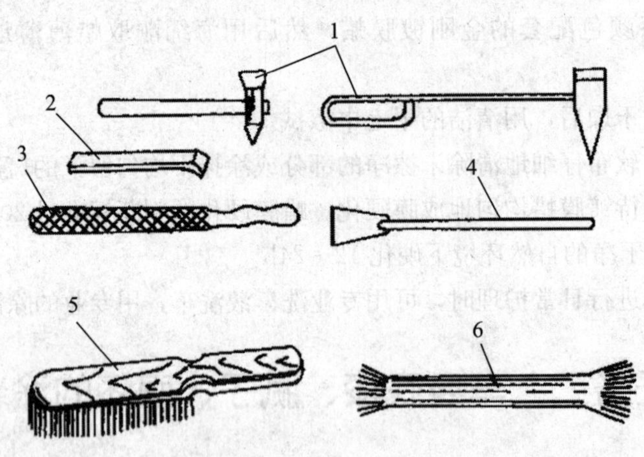

图 4－17　手工除锈工具

1—尖头锤；2—弯头刮刀；3—粗挫刀；4—铲刀；5—钢丝刷；6—钢丝束

2. 机械除锈工具

机械除锈是利用机械产生的冲击、摩擦作用对工件表面进行除锈，机械除锈工具的除锈速度快、质量好、工作效率高，适于大面积或批量汽车锈蚀清除。

机械除锈工具按动力装置的不同分为电动除锈工具和气动除锈工具两类。

电动除锈工具具有结构简单、体积小、重量轻、使用方便、易于维修等特点，常用的电动除锈工具有电动刷、电动砂轮、电动锤、电动针束除锈机等。

气动除锈工具是利用压缩空气作动力，带动机器作业进行除锈的工具，常用的气动工具有气动枪、气动砂轮、气动圆盘钢丝刷、离心除锈器、气动除锈锤等。

3. 喷射除锈工具

喷射除锈工具包括喷丸、干喷砂、湿喷砂等除锈工具，其中湿喷砂除锈工具除锈效果最好，它是利用压缩空气将砂水混合物从喷砂枪的喷嘴高速喷射到工件表面，通过冲击摩擦力将锈清除。湿喷砂装置主要由气泵（空气压缩机）、储气罐、砂罐、水罐、喷头等部分组成，如图 4-18 所示。喷头由水套、喷砂嘴、输砂管和进水管组成，砂罐和喷头之间用带骨架的胶管连接。喷射除锈工具的特点是除锈效果好、效率高，适于车架等处的锈蚀清除。

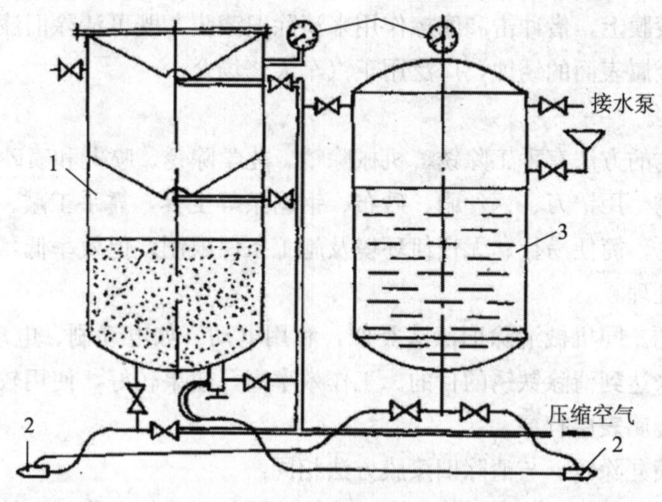

图 4-18　湿喷砂装置原理图

1—砂罐；2—喷头；3—水罐；4—气压表

(二) 喷涂前表面预处理的方法

车身喷涂前表面预处理通常有车身旧漆清除、除油、除锈、磷化与钝化处理。

1. 车身旧漆的清除

在汽车喷涂操作前，旧漆层的清除是必不可少的一道工序。旧漆层的清除程度可根据旧漆膜的损坏程度和重新涂装的要求，进行全部或部分清除。旧漆膜清除的方法有以下几种。

(1) 手工清除法。用铲刀或刮刀将旧漆膜铲掉；再用砂纸、钢丝刷等将旧漆膜粗糙口打磨干净。特点是适应性强，但劳动强度大，工作效率低；主要在无专用设备的小型美容店内使用。

(2) 机械清除法。使用电动或气动工具，如钢刷打磨机、专用剥漆机或除漆机等，利用人工操作，将车身旧漆膜除掉。这种方法比手工清除法效率高，但操作时易产生强烈的气味和漆尘飞扬，要求工作间必须有良好的通风设施。

(3) 火焰清除法。采用喷灯或焊枪对旧漆膜加热、使其软化，然后再用铲刀将旧漆膜铲除。但火焰在工件表面的停留时间不能过长，否则易造成底材烧穿进而引起附件的装饰件变形，甚至造成火灾。适于旧漆膜中腻子层较厚，需要清除较厚旧漆膜的工件表面。

(4) 化学清除法。先用漆刷将脱漆剂刷涂于旧漆膜表面，待其渗进旧漆层，旧漆膜完全膨胀软化后，再用铲刀将旧漆膜清除（可多次刷涂清除）；然后用 2 号或 3 号砂布将残留旧漆膜打磨干净，使整个金属表面呈银白色；再用汽油或其他溶剂将整个金属表面擦拭干净。主要用于无腻子层或腻子层较薄的漆面去除旧漆，或轻金属表面去除旧漆。

(5) 碱液清除法。利用强碱溶液对旧漆层进行浸泡，使旧漆膜软化、膨胀后，再用铲刀或钢丝刷将旧漆膜清除，然后用水冲洗。脱漆效果好，但易对金属底材（特别是铝镁合金）产生腐蚀，且配套设备投资大，应用较少。

(6) 喷砂、喷丸清除法。利用压缩空气、高压水流或机械离心力，将磨料、砂子、金属弹丸喷射到旧漆膜上，借冲击和摩擦作用来清除旧漆膜。既可清除旧漆层，使表面光滑平整，还可清除金属表面的锈蚀，广泛用于汽车大修场合。

2. 除锈的方法

金属表面除锈的方法有手工除锈、机械除锈、化学除锈、喷丸和喷砂除锈等方法。

(1) 手工除锈。用铲刀、钢丝刷、砂布、钢锯条等工具，靠手工敲、铲、刮、刷、磨的方法来清除铁锈。简便易行、无任何环境及施工条件限制；但效率低，效果差；仅适用于小范围的除锈处理。

(2) 机械除锈。同机械清除旧漆法类似，利用电动（如电动刷、电动砂轮）、气动工具（如气动刷）来达到清除铁锈的目的。工作效率高，效果较好，使用较为方便；但操作时应注意不能将金属表层打穿。

(3) 喷砂、喷丸除锈。与清除旧漆膜方法相同。

(4) 化学除锈。也称酸洗除锈法，利用酸性溶液与金属氧化物（如铁锈）发生化学反应生成盐类去除铁锈。除锈后，还需进行以下工序：清水冲洗—弱碱溶液中和—清水冲洗—擦干—烘干—表面粗糙处理或磷化处理。只适用于黑色金属的除锈处理。

(5) 电化学除锈。在浸渍酸洗法中结合电化学作业进行除锈，有阳极浸蚀法（零件作阳极）和阴极浸蚀法（零件作阴极）。电源尽量采用直流电，交流电也可以使用。与化学除锈法相比，电化学除锈既可以加快除锈速度，也可节约用酸量。

3. 除油的方法

汽车车身表面经过清洗—除油—清除旧漆膜—除锈—修补—除油等工序后，方可进行底漆喷涂，否则将影响底漆的附着力，甚至影响面漆的喷涂质量。除油处理的方法主要有溶剂除油法、碱液清洗法。

4. 磷化的方法

磷化处理是金属表面经锰、铁、锌的磷酸盐溶液处理后，生成的一层不溶性磷酸盐保护膜的方法。其目的在于提高金属的耐蚀性和绝缘性，并可作为涂装的良好底层，增加金属表面与底漆的附着力。

5. 钝化的方法

钝化处理是采用化学方法，在金属表面生成一层结构致密的钝化膜。可提高磷化膜的耐蚀性能，防止磷化处理后再次腐蚀生锈，并能提高金属表面的涂装质量。钝化处理与磷化处理一般配套使用。工件磷化处理后，若能及时进行喷涂施工，则不必进行钝化处理。常用的钝化剂有重铬酸钾、亚硝酸钠、铬酸酐等。

二、底漆涂装

经过表面预处理的车身涂面，如已伤及底漆层，便需要进行底漆涂装。施工时，需要正确选择涂装工具和设备，选用与原车漆面配套的底漆，及其相应的辅料进行喷涂。

（一）底漆涂装的工具和设备

底漆涂装采用的工具和设备主要有喷枪、喷漆房、打磨工具、刷涂工具等。

1. 喷枪

喷枪是喷涂的关键设备之一，其作用是将油漆和其他液状材料喷涂到被喷涂表面。要做好喷涂工作，保证喷涂质量，必须正确使用和维护喷枪。

(1) 喷枪的基本结构。喷枪包括喷枪嘴和枪体两部分，如图 4-19 所示。

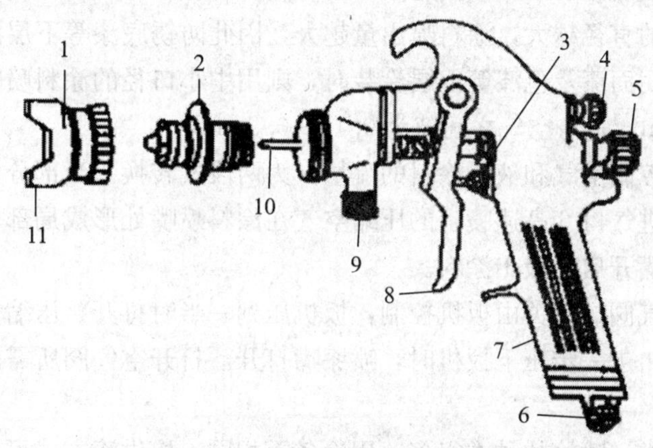

图 4-19　典型喷枪的主要零部件

1—空气帽；2—涂料喷嘴；3—空气阀；4—雾形控制旋钮；5—涂料调节控制旋钮；6—压缩空气进气口；7—枪身；8—扳机；9—进料口；10—涂料控制针阀；11—喷气角

①空气帽：把压缩空气导入漆流，使漆流雾化，形成雾形。

②涂料喷嘴：有中心孔 1 个、侧孔 2～4 个、辅助孔 4～10 个，如图 4-20 所示。中心孔的作用是形成真空，吸出漆液；侧孔借助空气压力控制雾束形状；辅助孔可促进漆液雾化，且辅助孔对喷枪性能有明显影响，孔直径大或数量多，则雾化效果好，能以较快的速度喷涂大型工件；孔直径小或数量少，则空气消耗少、雾形小、喷涂量小，适应小工件的喷涂或低速喷涂。

③雾形控制旋钮：雾形控制旋钮关闭，雾束呈圆形；雾形控制旋钮打开，则雾束呈扁椭圆形。

④涂料调节控制旋钮：可以通过开启的程度控制涂料的流量。

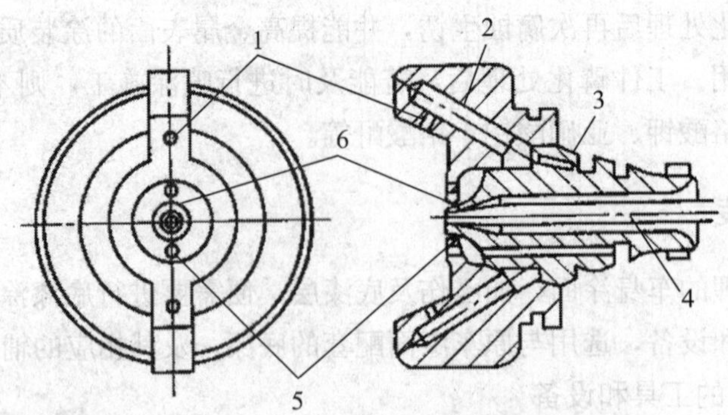

图 4-20　喷嘴结构示意图

1—侧面孔；2—空气帽；3—涂料喷嘴；4—针阀；5—辅助孔；6—中心孔

⑤针阀：针阀 10 和涂料喷嘴 2 的作用都是控制喷漆量，并把涂料从喷枪中导向气流。涂料喷嘴内有针阀内座，当针阀顶到内座时可切断漆流。从喷枪喷出的实际漆量由针阀末端顶到内座时涂料喷嘴开启的大小决定。涂料喷嘴有各种型号，可以适应不同类型及黏度的油漆。涂料喷嘴的直径越大，涂料喷出量越大，因此防锈底漆等下层涂装用大口径的涂料喷嘴，而喷涂透明面漆及色漆等上层涂装时，则用中小口径的涂料喷嘴。一般涂料喷嘴的口径为 0.5～3mm，其与空气之间隙为 0.15～0.3mm。

⑥扳机：用来控制空气和液体涂料的流量，为两段式转换。当部分压开扳机 8 时，空气阀 3 先打开，从进气口 6 高速喷出的压缩空气在涂料喷嘴处形成局部低压区；再用力压下扳机时，涂料喷嘴开启，吸出涂料。

⑦空气阀：空气阀的开关由扳机控制，扳机压到一半时打开，压缩空气沿管道到达涂料喷嘴，喷出气流；进一步压下扳机时，喷漆嘴打开。打开空气阀所需的行程由一个螺钉控制。

(2) 喷枪的种类。喷枪的种类很多，用途各不相同。按供漆方式可分为虹吸式、重力式和压力式，如图 4-20 所示。

① 虹吸式喷枪。虹吸式喷枪是汽车修补涂装作业中应用最广泛的一种喷枪，如图 4-21 (a)所示。涂料杯位于喷枪嘴的后下方，喷涂时利用气流作用，将涂料吸引上行，并在喷嘴处由压力差引起漆雾。

操作方法是将涂料放在漆杯里，漆杯连到喷枪上。扳机扳动一半时空气阀先打开，压缩空气流过喷枪，从空气帽上的孔中喷出，在喷漆出口处形成真空，继续扳动扳机，使顶针离开喷嘴内座，将涂料从漆杯中吸出，送入进漆口，从喷漆嘴喷出。

虹吸式喷柜的特点是喷涂时稳定性好，便于掉换涂料；但涂料黏度变化时，对涂料的喷出量影响较大。

②重力式喷枪。重力式喷枪如图 4-21 (b) 所示。涂料杯在喷枪嘴上面，利用涂料的重量及喷枪嘴尖端部由气流产生的压力差，把涂料喷涂于物体表面。

操作方法：与虹吸式相同。

重力式喷枪的特点是涂料黏度变化对喷出量影响不大，杯的位置可自由操作，作业容易，但喷涂的稳定性较差。

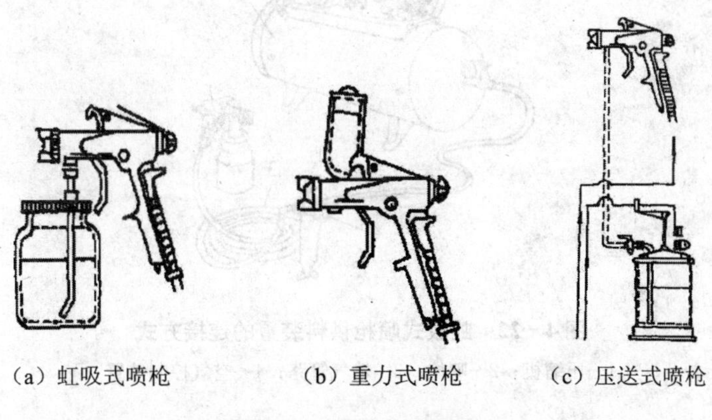

（a）虹吸式喷枪　　（b）重力式喷枪　　（c）压送式喷枪

图 4－21　喷枪的常用种类

③压送式喷枪。压送式喷枪如图 4－21（c）所示。喷嘴与空气帽正面平齐，不形成真空，涂料被压向空气帽，压力由一个独立的压力罐提供，系统的连接方法是输气软管从压力罐上的气压调节装置出口接到喷枪进气口上，主输气软管从调压阀连至压力罐的调压阀入口，输漆管从压力罐的出漆口连至喷枪进漆口。

压送式喷枪的特点是使用涂料容量大，可适合连续涂装，涂料喷出量的范围可进行调节，操作简易；但不适于喷涂小表面，且更换涂料和清洗喷枪需要耗费一定的时间。

（3）喷枪的选择。选择喷枪应考虑被喷涂表面的大小、涂料的品种以及喷涂的品质等级标准等因素。

①按喷涂面积的大小选择。喷涂面积大，要选用喷嘴直径较大的喷枪，这样出漆量大、速度快、喷涂效率高。

②按被喷涂表面对喷涂品质的要求选择。被喷涂表面对品质要求高时，要选择出漆嘴雾化好，操作调整方面、可靠性强，能够保证喷涂质量的喷枪。

③按涂料品种不同选择。根据被喷涂表面所需涂料的特性选择相应的喷枪。如双组分涂料，应选用双组分涂料喷枪，以保证喷涂质量。

④按喷枪自身的大小、质量选择。喷枪自身的大小、质量直接影响喷枪的空气用量、供漆量及其操作性能。中型喷枪在性能及涂装效率上都优于大型喷枪，如涂料用量少、喷涂面积小而且颜色种类又多时，此时应选用重力式喷枪（中型）。

⑤按喷嘴直径与涂料黏度选择。通常，喷枪口径越大，所需要的空气压力越大，喷出的涂料越多，喷漆的稠度也越高。喷涂涂料的雾化程度与喷枪的口径大小、涂料的黏度、出风孔的排风量多少及排列的角度等有很大关系。因此，要根据不同品种的涂料选择喷枪嘴的直径和出风孔的多少，调好涂料的黏度。

（4）喷枪的使用方法。

①使用前准备。使用前应检查并调整喷枪是否工作正常，发现故障时要及时排除。然后安装供料装置。虹吸式喷枪供料装置的连接方式如图 4－22 所示，其安装步骤如下。

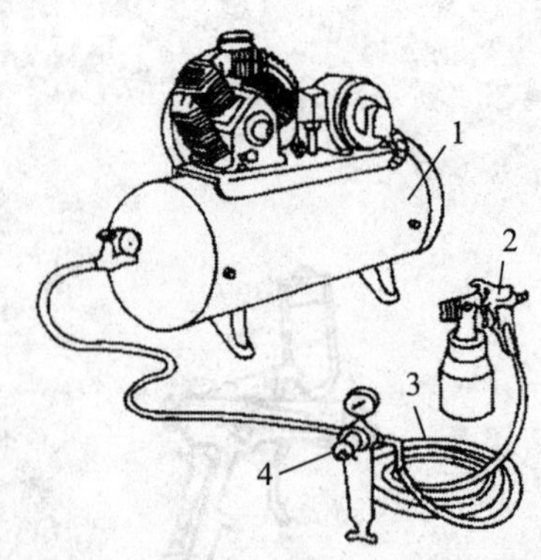

图 4－22　虹吸式喷枪供料装置的连接方式

1—压缩机；2—喷枪；3—输气管路；4—空气控制装置

首先，将压缩机出口和空气控制装置进口之间的输气管路连接好。

其次，将空气控制装置出口和喷枪空气进口之间的输气管路连接好。

最后，当涂料已被稀释到一定黏度后，彻底搅拌均匀，倒入储料杯内，然后把储料杯和喷枪接好。

压送式储料杯的连接方式如图 4－23 所示，其安装步骤如下。

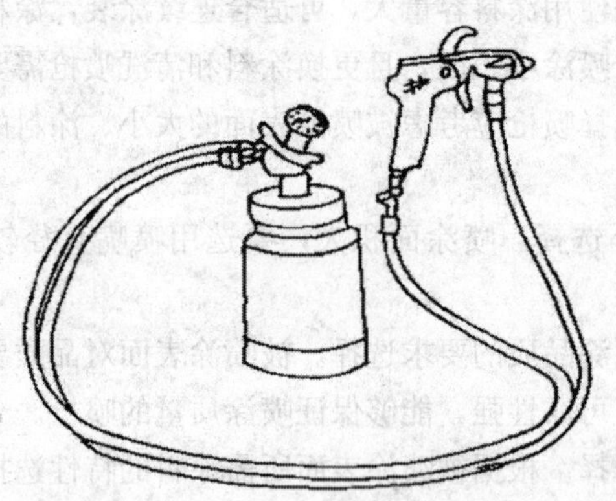

图 4－23　压送式储料杯的连接

先将空气控制装置和储料杯上的气压调压器用输气管连接好。

再将输气管或储气罐调压器和喷枪的进气口连接好。

然后，将储料杯上的涂料出口和喷枪的进料口用输料管连接好。

②喷枪的操作要领。手握喷枪柄，用食指和中指稍微压扣扳机，压缩空气阀门首先打开，压缩空气沿管道到达喷嘴，喷出气流，这时由于针阀套筒未打开，气流可用于吹去喷涂表面的灰尘；再向后压扣扳机，针阀后移，打开喷料嘴，由于高速气流使漆道内形成负压，而漆罐内由于大气压作用，使涂料吸出喷嘴口，随同气流扩散成微粒的雾状喷向喷涂表面而形成涂膜。

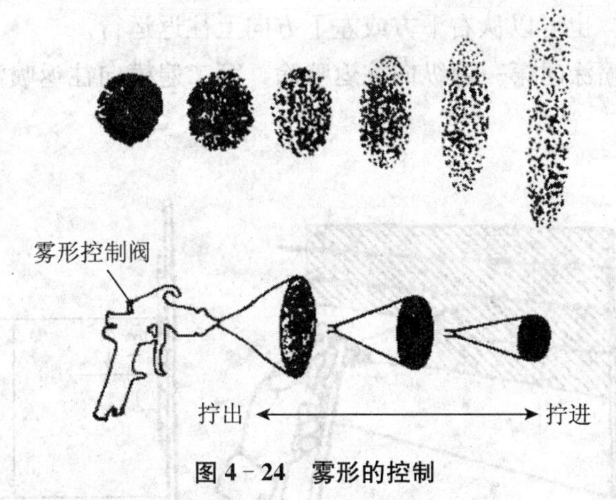

图 4-24　雾形的控制

如图 4-24 所示，显示出于旋钮从最里拧到最外的雾形变化情况。

③喷枪的操作方法。在喷涂操作中，喷涂气压、喷涂的距离、喷枪移动速度、喷涂路线、喷涂角度等操作技术，对涂膜的质量和漆面的美观都有直接的影响。

正确调整喷涂气压。合适的喷涂气压，能获得良好的喷雾、散发率和喷幅的最低需要。气压过高，漆雾不够湿润，易造成喷涂后涂膜光泽不足；气压过低，易造成漆雾粒粗且易产生流痕、针孔、起泡等问题。因此喷涂时应调整喷涂气压，一般 0.35～0.5MPa 即可，或根据试喷效果确定。

正确掌握喷涂距离。喷涂距离应根据所使用涂料的干燥速度、喷涂气压、空气湿度来决定，一般干燥快的涂料（如硝基漆）喷涂距离应保持在 20cm 左右，干燥较慢的涂料（如烘漆、双组分漆）则应保持在 22～30cm。距离过近，易产生流痕；距离过远，会造成涂膜面粗糙无光。空气湿度较高时，应适当缩短喷涂距离。平行喷涂时，应保持与喷涂面固定的距离。

灵活掌握喷枪移动速度。喷枪的移动速度应根据涂料的干燥速度来确定，一般干燥较快的涂料（如硝基漆）喷枪移动速度以 20～40cm/s 为宜。干燥较慢的涂料，喷枪移动速度应适当加快，以 40～80cm/s 为宜。过快会使涂膜粗糙无光，过慢会使涂膜过厚而发生流痕。另外，在喷涂中还应考虑到喷涂环境温度、涂料的黏度及喷出漆量等因素，灵活掌握喷枪移动速度。无论速度快慢，都要保持移动速度均匀。

正确选择喷涂路线。喷涂路线应根据涂料品种和物件几何形状等因素确定，一般可按横向喷涂、纵向喷涂、纵横交叉喷涂三种方法进行喷涂。

横向喷涂时，喷涂图样呈直线，操作者右手掌握喷枪，从左上侧开始，从左向右进行。当行至一个接面的距离时（距离由一个人掌握，一般为 80～100cm 为宜），迅速向下向左往返进行。重叠幅度一般为 1/2、1/3、1/4（如图 4-25 所示），操作者可根据涂料品种自行掌握。当喷完一个面时再按顺序喷另一个面。根据习惯，也可以从相反方向进行，即从操作者右下侧向上喷涂。

纵向喷涂的方法和横向喷涂法相似，只是喷枪嘴图样改为水平方向，喷枪从左上方或

右上方向下往返运行。也可以从右下方或左下方向上往返运行。

纵横交叉喷涂。喷涂时第一遍纵向往返喷涂，第二遍横向往返喷涂，每遍都要改变图样的方向。

图 4-25　喷程的重叠方式

保持垂直喷涂角度。无论喷涂表面是平面、垂直面、斜面、侧面，喷涂的喷雾流应始终与被喷涂表面保持垂直。

(5) 喷枪的维护。要保持喷枪正常有效地工作，必须经常对喷枪进行维护，具体做法如下。

①用后清洗。为防止喷枪内漆道被喷涂后剩余漆料干固堵塞，喷枪每次喷涂完毕，必须将其清洗干净。

虹吸式喷枪的清洗方法。从喷枪上把喷杯卸下来，此时液体物料管仍然留在喷杯内，不要拿开；松开空气帽（一般 2～3 圈）。拿一块布罩在空气帽上，扣动扳机，此时空气从液体物料管内通过，将残留在管内的物料冲回到喷杯内。倒掉喷杯内的物料，用刷子蘸溶剂将喷杯刷洗干净，最后用蘸有清洁溶剂的抹布将喷杯擦拭干净。将清洁的溶剂倒入喷杯内（约 1/3），通过喷枪喷溶剂清洗液体物料管，最后用抹布蘸清洁剂将喷枪擦拭干净。

压送式喷枪的清洗方法：关闭油漆罐的压缩空气，从泄压阀或调压阀泄压，松开空气帽 3 圈，拿一块布罩在空气帽上，扣动扳机，使涂料由软管回到油漆罐内，清洗油漆罐；然后加一些清洁剂在油漆罐内，把油漆罐再安装好，打开所有的空气阀，扣动扳机，使清洁剂通过软管流动，以达到清洁软管的目的；再通压缩空气 10～15s，吹干软管，清洗喷枪和空气帽，再次清洗油漆罐，使用前装配好。

②定期清洗。除每次使用完毕进行清洗外，还应定期全面地拆洗喷枪。即将喷枪解体成零件、浸泡在稀释剂中，然后逐件清洗。在拆装清洗喷枪过程中，应用专用工具仔细操作，不得损坏零件。清洗喷枪只可用毛刷，清洗过的零件应用干净柔软的棉布拭擦。出气孔或出漆孔若有堵塞，应用溶剂小心冲洗，不得使用金属丝去疏通，以免损坏小孔，影响喷枪的正常使用。

③注油润滑。喷枪每天使用完毕，都要为喷枪各部位的零件注几滴轻型机械润滑油。如果每天都要使用喷枪，则要在有弹簧的部位（如控制液体物料的顶针弹簧和空气阀弹

簧）加一点轻型润滑脂，每年两次。如果每周使用喷枪 2～3 次，则每年加一次。

④涂油防锈。喷枪清洗完毕后，旋下气流喷嘴，在喷嘴上涂上防锈油，再旋上气流喷嘴。在针塞套筒和顶芯外露表面也涂上防锈油，防止针塞生锈而产生漏气现象，如果针塞漏气，将会使喷雾时断时续。

（6）喷枪故障、原因及排除方法。喷枪常见故障的现象、原因及排除方法如表 4－7 所示。

表 4－7　　喷枪常见故障的现象、原因及排除方法

故障现象	故障原因	排除方法
喷枪不工作（虹吸式）	1. 喷嘴使用错误（使用了内部混合喷嘴） 2. 没有空气供应 3. 涂料流量控制旋钮调节不当 4. 涂料没有过滤 5. 储料罐盖上的进气口堵塞 6. 储料罐垫圈磨损或错位 7. 筛网堵塞	1. 安装外部混合的喷嘴 2. 检查调节器 3. 正确调节 4. 工作前必须过滤干净 5. 确保进气口通畅 6. 检查清楚，必要时更换 7. 清洗或更换筛网
喷枪处涂料泄漏	1. 喷嘴堵塞 2. 喷嘴或控制针阀损坏 3. 控制针阀规格不合适 4. 控制针阀弹簧断裂 5. 控制针阀锁紧螺母过紧 6. 控制针阀套发干	1. 拆下喷嘴清洗干净 2. 更换喷嘴或控制针阀 3. 换上规格符合要求的控制针阀 4. 拆下并更换 5. 松开螺母 6. 润滑针阀和针阀套
锁紧螺母处涂料泄漏	1. 锁紧螺母松动 2. 针阀套磨损 3. 针阀套发干	1. 将锁紧螺母上紧 2. 更换针阀阀套 3. 拆下针阀套并用轻型润滑油润滑
压缩空气泄漏	1. 空气阀或阀座被脏物污染 2. 空气阀或阀座损坏 3. 空气阀弹簧断裂	1. 清洗空气阀或阀座 2. 修理空气阀或阀座，必要时更换 3. 更换空气阀弹簧
	4. 顶针缺润滑油 5. 顶针弯曲 6. 压盖螺帽太紧 7. 密封圈损坏或未装	4. 加轻型油润滑 5. 更换顶针 6. 调整压盖螺帽的紧度 7. 更换密封圈

续 表

故障现象	故障原因	排除方法
喷涂图案左偏（或右偏）	1. 空气帽损坏 2. 喷嘴堵塞或损坏 3. 喷雾形控制旋钮调节太低 4. 空气帽脏或量孔部分堵塞	1. 更换空气帽 2. 清洗或更换喷嘴 3. 调节设置 4. 清洗空气帽或量孔
喷涂图案中心过厚	1. 雾化压力过低 2. 涂料的黏度过大 3. 因磨损导致喷嘴直径增大 4. 中心量孔过大	1. 增加压力 2. 使用适当的稀释剂稀释 3. 更换喷嘴 4. 更换空气帽或喷嘴
喷涂图案分散	1. 涂料不足 2. 空气帽或涂料喷嘴过脏 3. 空气压力过高 4. 涂料黏度过小	1. 降低空气压力或增加涂料流动速度 2. 拆下清洗干净 3. 降低空气压力 4. 加大涂料的黏度
喷涂图案不均匀	1. 空气帽损坏或堵塞 2. 涂料喷嘴损坏或堵塞	1. 检查空气帽，然后进行清洗或更换 2. 检查涂料喷嘴，然后进行清洗或更换
喷枪的喷射持续呈脉冲状	1. 喷枪安装不当 2. 供料管或涂料控制针阀的连接处泄漏（虹吸式喷枪） 3. 储料杯内的涂料不足 4. 涂料通路堵塞 5. 储料罐顶部的进气口堵塞（虹吸式） 6. 涂料罐顶部的接头螺母过脏或损坏（虹吸式） 7. 供料管与压力储料罐或储料杯的连接不紧 8. 筛网堵塞 9. 密封螺母未上紧 10. 输料管没有上紧 11. 喷嘴上O形圈磨损或过脏 12. 从储料管接出的输料管未上紧 13. 锁紧螺母垫圈安装不正确或锁紧螺母未上紧	1. 按使用说明的要求安装 2. 上紧连接处，润滑针阀套 3. 料杯添加涂料 4. 洗涂料喷嘴、针阀或供料管 5. 清洗干净 6. 清洗或更换 7. 将其上紧 8. 清洗筛网 9. 确保密封螺母上紧 10. 按使用要求的转矩上紧 11. 更换O形圈 12. 上紧 13. 正确安装垫圈，上紧螺母

2. 喷漆烤漆房

喷漆烤漆房是将喷漆与烤漆合二为一的设备。由于这种设备具有占地面积少、设备利用率高、投资少、经济实用等特点，所以在汽车涂装行业中应用最为广泛。如中大集团工业公司生产的中大牌高级汽车喷漆烤漆房系列产品，现介绍如下。

（1）基本结构与性能特点。中大牌喷漆烤漆房主要由房体、通风系统、空气过滤系统、加热系统、照明系统、废气处理系统以及控制系统等组成，如图 4－26 所示。其性能特点如下。

①该产品采用意大利原装轻油燃烧器，升温快、耗油省、无污染。

②选用德国拼装式保温板做房体，采用西门子低噪声、外转式风机。

③采用了意大利原装空气过滤棉，空气净化率达国际标准。

④自动化程序控制系统操作简便，能满足喷漆、烤漆要求的任意温度。

图 4－26 喷漆、烤漆房

（2）操作方法。

①喷漆。首先，根据环境温度，确定是用升温喷漆还是常温喷漆。

其次，当环境温度低于 10℃时，先将温控仪的温度设定到 20℃，接通电源，将喷漆开关定在“升温喷漆”状态，风机、燃烧器等开始工作，房内的温度就保持在 20℃，这时处在最佳喷漆温度状态。

然后，当环境温度高于 20℃，可常温喷漆，房内不需升温，只需通风。

②烤漆。

a. 调节好烤漆时所需要的温度及时间，打开风机开关（喷漆开关调整到常温喷漆位置），再打开烤漆开关，即启动点火烤漆开始。

b. 新鲜空气经热交换器被加热后进入烤漆房内使温度升高，当温度升至设定温度时，燃烧器自动停机，15s 后，风机自动关闭。

c. 当温度降到设定温度以下 4℃～5℃时，风机和燃烧器自动工作，使房内温度保持恒定。

d. 当烤漆时间达到设定的工作时间时，烤漆房自动关机，烤漆结束。

e. 在烤漆过程中如需紧急停机时，应先关闭燃烧器点火开关，保持 20s 后再关风机开关，因热交换器工作时处于高温状态，为使其冷却而风机还应再工作一段时间。

（3）喷漆烤漆房的日常维护。

①必须按其使用说明书要求使用和维护。

②保持烤漆房周围的环境卫生，清洁情况下每 20 天清扫一次地网，以保证房内清洁。

③进气过滤网和房体内地网过滤棉一般使用100h后，应进行吸尘清理更换。

④房顶的过滤则一般使用两年或400h左右时，需要进行吸尘清理，如发现喷漆时漆雾排出不畅时，即需要更换顶部过滤棉。

⑤初级柴油滤清器一般工作100h需拆下清洁，200h更换滤芯；二次滤网一般使用200h将其拆下清洁。

⑥喷油嘴在正常情况下不会损坏，使用300h左右时，如发现火焰很小而且冒烟，将其拆下清洁即可使用，正常情况下不要经常拆洗。

⑦严禁在烤漆房内吸烟或使用明火。

（4）喷漆烤漆房故障及其排除。喷漆烤漆房常见故障的现象、原因及排除方法如表4－8所示。

表4－8　喷漆烤漆房常见故障的现象、原因及排除方法

故障现象	故障原因	排除方法
燃烧器不能正常点火	设备油管较长，如油管无油再加柴油时，一次无法着火	当正常点不着火时，燃油器上控制盒的红灯会亮，此时等待5min后再按一下红灯的开关，即可再次点火，有时要重复3～4次。如5次仍点不着火，不要点火，需将燃烧器从热交换器上拆下，用毛巾擦净热交换器上的柴油，否则将引起热交换器损坏
油管接头漏气	接头松动	拧紧接头即可
着火后15min自动熄火	1. 光感开关被黑灰污染 2. 油压过低以及风门调整不当	1. 擦净光感开关 2. 检查油路是否堵塞、检查调整螺钉、清洗喷油嘴 3. 检查并调整风门
点火后火焰不良	1. 燃油太冷，雾化压力太高或太低 2. 风门开得太大，油中有水 3. 柴油滤芯堵塞	1. 天冷时，使用高标号柴油 2. 清洁滤芯器，检查调整螺钉并调整使雾化压力正常
排气口冒黑烟	1. 风门开启太小 2. 风门压力过低	1. 按刻度线调整风门 2. 调整雾化压力使其正常

3. 喷漆间

喷漆间是汽车修补涂装作业必不可少的重要设备之一。设置喷漆间的目的是为汽车涂装操作提供干净、安全、照明良好的喷漆环境，使喷涂施工不受尘埃污染，保证喷漆质量，并把挥发性漆雾限制在有限空间内，减少环境污染。

（1）喷漆间的分类。喷漆间按其清除漆雾和防止灰尘混入的方式不同可分为干式和湿

式两大类。

①干式喷漆间：主要由室体、过滤器、排气管和通风机等组成。其特点是结构简单，涂料损耗小，涂装效率高，由于不使用水，减少了水处理设备，造价低，被国内中、小型美容企业广泛采用。

②湿式喷漆间：又分喷淋式、水帘式、文式和水旋式四种。对于高档汽车面漆的涂装，国外多采用文式或水旋式喷漆间，国内很少采用。

（2）喷漆间的技术要求。

①进入喷漆间的空气必须经过严格过滤，以确保空气中无杂质。

②喷漆间内空气流向必须沿重力方向由天花板流向地面，且空气从地面排出，并经过过滤变为清洁的空气。

③保证喷漆间空气完成转换的速度为 2 次/min，因此，室内空气流动速度应在 0.3～0.6m/s。空气流速过快，涂料损失过多，涂层状态不良；空气流速过小，影响溶剂的正常挥发。

④具有良好的照明条件。

⑤确保喷漆间内不出现负压。可以通过控制进排气量来实现，进入喷漆间的空气量应略多于排气量。

⑥喷漆间的作业噪声不允许超过 85dB。

⑦符合防火要求。

（3）喷漆间的维护保养。

①喷漆前的一切准备工作都要在喷漆间外进行。

②必须经常检查并按规定时间更换过滤器。

③每天检查气压表读数，掌握喷漆间气压范围，严禁出现负压。

④干式喷漆间在喷涂施工前要湿润地面，以利于防尘。

⑤定期检查照明情况，更换变弱或烧坏的灯具。

⑥定期对排风扇及电机进行润滑保养。

⑦注意个人卫生，严禁身着脏污工作服进入喷漆间。

⑧每次涂装作业结束后，应彻底清扫，维护和清洗喷漆间内有关设备。

4. 干燥设备

我国常用的干燥设备主要有对流式干燥设备和辐射式干燥设备。对流式干燥设备是利用热源以对流方式传递的原理制造而成的，如电热烘箱，如图 4－27 所示；辐射式干燥设备是以红外线为辐射热源，也称为红外线干燥设备，如金属板式红外线辐射器（如图 4－28所示）、碳化硅管红外线辐射器（如图 4－29 所示）等。

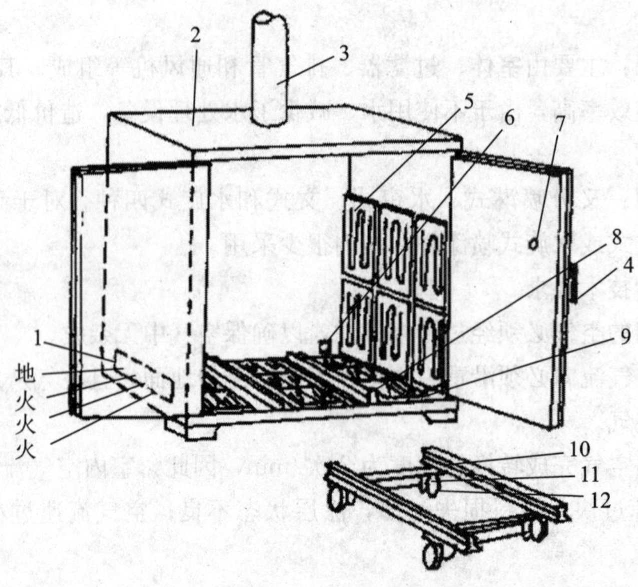

图 4－27　电热烘箱

1—绝缘胶木板与三相电源线；2—箱体；3—排雾管；4—拉手；5—电热丝；6—进气口；7—玻璃小窗；8—小钢轨；9—电炉板；10—活动推架；11—滚轴；12—滚轮

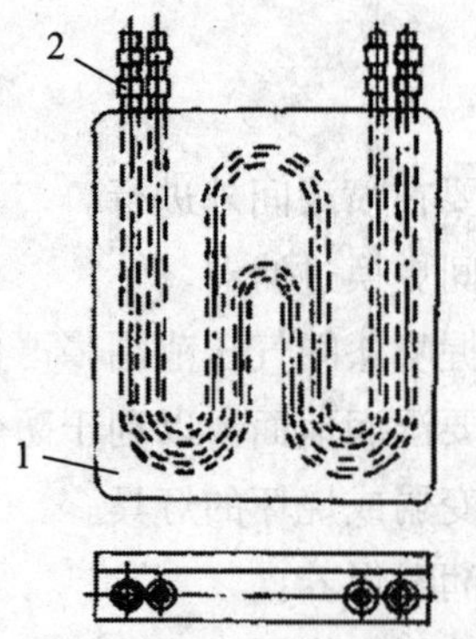

图 4－28　金属板式红外线辐射器

1—铸铁板；2—管状元件

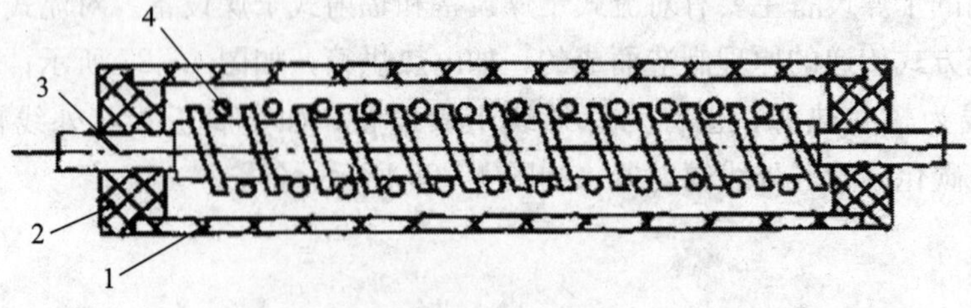

图 4－29　碳化硅管红外线辐射器

1—碳化硅管；2—堵头 ；3—螺杆；4—电热丝

（1）对流式干燥设备的特点。

①对流式干燥设备加热均匀，能保证涂层的颜色不变。

②烘干温度范围较大，基本能满足一般类型涂料烘干温度的要求。

③设备使用管理和维修较为方便，使用费用较低。

④热量的传导方向和溶剂蒸发的方向相反，漆膜的质量容易受到影响。漆层的表面受热后干燥成膜，使漆层下面的溶剂蒸汽不易逸出，干燥速度变慢。如果溶剂蒸汽的压力克服不了漆膜的阻力而留在里面，会使漆膜起泡或不干。若溶剂蒸汽的压力大于漆膜的阻力，冲破膜表面会产生针孔。

⑤烘干时，必须将烘室内的空气加热，热量消耗大。

⑥由于空气的导热性差，涂层的导热性也差，故对流式干燥的速度较慢。

（2）红外线辐射干燥器的特点。

①干燥速度快。由于自内向外干燥，油漆溶剂易于挥发，因而可大大缩短干燥时间，一般可提高效率 2～5 倍。

②干燥质量好。漆层干燥均匀，可避免或大大减少由于溶剂蒸发而产生的针孔、气泡现象。

③热损耗少。由于辐射不需中间媒介，可直接将热源传导到被加热物体上，所以没有因中间介质引起的热损耗。

④升温迅速，大大缩短了烘干的时间。

⑤设备结构简单，节约设备投资和占地面积。

⑥红外线辐射具有方向性，可用于局部加热。

⑦红外线以直线照射。因此，要尽量使工件表面受到红外线的直接照射，才能取得良好的效果。

5. 刷涂工具

刷涂主要用来涂装底漆、底盘零部件和总成、客车车身骨架等。刷涂工具主要有漆刷、画笔、毛笔、盛漆容器等。优点是工具简单、操作简便、节省涂料，不受作业场地和工件形状大小的限制，通用性和实用性较强；缺点是劳动强度大、工作效率低，漆膜质量不太理想、外观不太美观且受操作者技术水平影响较大。

（1）漆刷。漆刷有很多种类，按形状可分为圆形、扁形和歪脖形三种；按制作材料可分为硬毛刷和软毛刷两类。硬毛刷主要用猪鬃、马鬃制作，软毛刷用猫毛、绵羊和山羊毛等制作。按制作尺寸可分为 12mm、19mm、25mm、38mm、50mm、65mm、75mm 等。常用漆刷如图 4-30 所示。

圆形毛刷可分为大笔毛刷和椭圆毛刷两种。刷毛一般用猪鬃或马鬃制成，直径也分大小不同的尺寸，圆毛刷适用于涂刷粗糙的物面。

扁形刷也分为硬毛、软毛两种。硬毛刷多用猪鬃制成，软毛刷多用羊毛制成；以毛直、毛清的质量最好。软毛刷常用于刷涂稀涂料，由于含漆量大、刷痕轻、流展性好，适于品质要求较高的物面。

注意：在选购毛刷时，通常以毛直、口齐、刷毛与刷柄组合牢固、刷毛中无脱毛者为佳。

（2）毛笔和画笔。毛笔和画笔在涂装作业中用来描字、画线，涂刷不易涂到的部位或局部补漆使用。常用画笔主要为长杆画笔，毛笔以狼毛为好。画笔及毛笔拿法如图 4-31 所示。

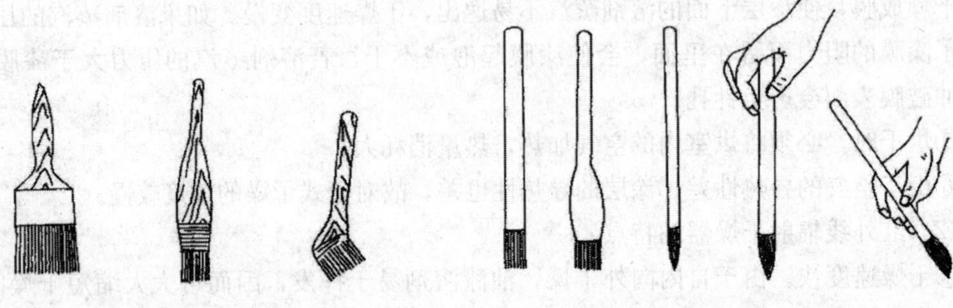

图 4-30　常用漆刷

图 4-31　画笔及毛笔拿法

（二）汽车底漆

1. 汽车底漆的性能要求

汽车底漆是直接涂装在经过表面处理的车身表面的基础涂料，因此，汽车底漆必须具有以下良好性能。

（1）底漆漆膜必须具有良好的耐腐蚀性、耐水性和抗化学药品的腐蚀性，有足够防止金属表面氧化腐蚀的防锈能力。

（2）底漆应对经过表面处理的车身表面有良好的附着能力，所形成的底漆漆膜应具有良好的机械强度（如硬度、弹性、耐冲击强度等）。

（3）底漆是增强工件表面与腻子（或面漆）、腻子与面漆之面的媒介层，为使两者牢固地结合，而不发生咬底、揭皮现象，底漆必须有合理的结合功能。再通过合理而高质量的涂装施工工艺，才能保证底漆的涂装质量。

（4）底漆应具有良好的操作性能，能适应先进的汽车涂装工艺。底漆的附着力和漆膜的强度除了与成膜物质有关，还与操作参数（如涂膜的厚度、均匀度、干燥程度、刷涂）、稀释剂的正确使用及施工环境、表面预处理（如除锈、去油等）等因素有关。

2. 常用国产汽车底漆

常用的国产汽车底漆性能、用途及使用方法如表 4-9 所示。

表 4-9　常用的国产汽车底漆性能、用途及使用方法

型号及名称	性　能	用　途	使用方法
T06—5 红、灰酯胶底漆	附着力强，干后无光，易打磨；货源广泛，价格便宜	多用于钢铁、木制品表面打底	用前充分搅拌均匀，用 200 号溶剂油稀释。喷、刷均可。自行干燥或 120℃以下烘干

续　表

型号及名称	性　能	用　途	使用方法
T06—6 各色酯胶二道底漆	含填充料较多，易打磨，干后无光	用于填补针孔和细小的缺陷	使用时充分搅拌均匀，用 200 号溶剂油稀释。可喷涂、刷涂。与油性漆配套使用
F06—1 各色酚醛底漆	有一定的防锈能力，附着力良好、易于打磨，能与硝基漆配套	用于钢铁表面防锈打底，也可用于木制品表面打底	用 200 号溶剂油或松节油稀释。喷、刷均可，一般喷涂两遍，24h 干燥
F06—8 锌黄、铁红、灰酚醛底漆	有良好的附着力和一定的防锈能力	锌黄色适于铝合金表面打底，铁红、灰色适于钢铁表面打底	用二甲苯或松节油稀释。喷、刷均可，一般喷涂两道。与醇酸酚醛氨基 L04—1 沥青磁漆配套
RD6—9 铁红酚醛底漆	附着力强，防锈性好	铁红色适于钢铁表面打底	不能与铁红醇酸底漆 C06—1 混合
F08—10 铁红纯酚醛电泳底漆	附着力好，防锈性强，涂膜平整；与面漆有良好的结合力	铁红纯酚醛电泳底漆	水作溶剂，水质要好。用电泳涂装法施工
F06—13 各色酚醛二道底漆	干燥快，易打磨	填平腻子表面砂眼、道痕及细小缺陷	用 200 号溶剂油稀释后使用。可喷涂或刷涂
F53—9 偏硼酸钡酚醛防锈漆	干燥快，防锈性和附着力良好，有一定的防霉性，耐溶剂、耐碱性差	用于钢铁和防腐设备的打底防锈，可代替红丹酚醛防锈漆使用	用 200 号溶剂油或松节油调稀均匀。喷刷均可。与脂胶调合漆、酚醛磁漆、醇酸磁漆等面漆配套
L06—33 沥青烘干底漆	附着力好，防潮，耐水耐热性好，耐润滑油性能良好	用于汽车车架、车轮挡泥板等	用 200 号溶剂油稀释后，喷、刷均可。涂在经磷化处理的金属表面最佳。烘烤干燥
L06—37 沥青烘干底漆	经高温烘干后，防潮耐水性良好，涂膜坚韧性、附着力和耐润滑油性良好	用于金属表面打底	用 200 号溶剂油或二甲苯稀释后喷涂
IA4—1 粉沥青底漆	有良好的耐水性和防锈能力，涂膜坚韧，附着力强，可常温干燥	汽车底盘、散热器和其他金属表面，可作铝质表面防锈用	用重质苯、煤焦油溶剂或 X—8 沥青漆稀释剂稀释，以刷涂为主。与沥青防锈漆、氯化橡胶配套
C06—1 铁红醇酸底漆	干燥快，有良好的附着力和防锈性，与硝、氨基等多种漆结合力好	用于各种车辆和机械设备的底漆	用 X—6 稀释剂或松节油、二甲苯稀释。喷、刷均可。可常温干燥或 105℃±20℃烘干

续 表

型号及名称	性 能	用 途	使用方法
C06—10 醇酸二道底漆	涂膜细腻，干后易打磨，对腻子或底漆有良好的结合力	主要用于腻子表面填补针孔、砂眼和细小缺陷	用 X—6 稀释剂或松节油、二甲苯稀释后，以喷涂为主。常温干燥或烘烤干燥
C06—17 铁红醇酸底漆	干燥快，附着力好，耐硝基漆性能良好。干后不易互溶或咬起	用于汽车或小五金等表面打底，也可在钢铁表面防锈打底用	用二甲苯或二甲苯与松节油混合剂稀释。可喷涂也可刷涂
Q06—4 各色硝基底漆	涂膜干燥快，易磨平	适用于汽车耐汽油和耐润滑油部件、铸件等金属表面打底	用 X—2 或 X—1 稀释剂调整稠度。适合喷涂。与硝基和醇酸面漆等配套使用
Q06—5 灰硝基二道底漆	喷涂在硝基底漆或腻子表面，干燥迅速，易打磨	主要用于腻子表面，填平砂眼，封闭底层	用 X—1 稀释剂调整稠度。以喷涂为主。与硝基磁漆等配套使用
C06—5 过氯乙烯二道底漆	干燥快，填孔性好，易打磨	用于腻子表面，填补细小针孔、道痕、封闭腻子层	用 X—3 过氯乙烯稀释剂。根据浓度配合 F—2 防潮剂使用，也可与过氯乙烯磁漆配套使用
H06—11 铁红、锌黄环氧醇酸底漆	涂膜坚韧，耐温性良好，附着力和防锈能力比酚醛底漆好	汽车、机械设备等打底用	用二甲苯稀释后，喷、刷、浸均可。可与环氧、氨基磁漆配套使用。自干、烘干均可；二甲苯：丁醇＝4：1
H06—33 铁红、锌黄环氧底漆	具有优良的附着力和耐水性，耐化学药品性涂膜烘干后坚韧、耐久	是轿车使用的环氧醇酸底漆；铁红环氧底漆用于黑色金属表面，锌黄环氧底漆用于有色金属表面	溶剂稀释，施工前充分搅拌均匀，常温干燥或烘干。与 A05—9 氨基烘漆、Q04—2 硝基外用磁漆、G04—9 过氯乙烯外用磁漆等配套使用
H06—43 铁红、锌黄脂烘干环氧底漆	附着力好；若与 X06－1 磷化底漆配套使用，涂膜的防潮、防盐雾、防锈性更好	用于汽车、机床等表面打底，铁红色多用于黑色金属表面，锌黄色多用于轻金属表面	用二甲苯稀释后，喷、刷、浸均可。可与环氧、氨基磁漆配套使用。自干、烘干均可
H06—5 铁红环氧脂电泳底漆	水溶性漆，无毒，不燃烧，其附着力、耐水防潮性与环氧底漆相同	主要用于汽车工业	自动流水线生产，与环氧、氨基等磁漆配套使用

续表

型号及名称	性　能	用　途	使用方法
H06—10 环氧脂富锌底漆	涂膜坚韧，附着力强，耐磨、耐潮、耐腐蚀性良好，有阴极保护作用	主要用于汽车底盘和零部件打底	用二甲苯溶剂稀释，可涂刷物件表面两道，每道间隔 24～48h；与环氧沥青面漆配套
H06—12 环氧脂醇酸二道底漆	涂膜附着力强，易打磨，常温干燥	作腻子封闭底漆和填孔用	用二甲苯稀释后以喷涂为主，与环氧氨基磁漆等配套

3. 汽车底漆的选择

（1）按一般原则来选择。

①要满足基本材料（金属、塑料等）对底漆的要求。

②要满足车辆使用地域气候条件的特殊要求。

③要满足各种车辆不同档次对底漆的要求。

④在车辆维修中，要满足面漆对底漆性能的配套要求。

（2）按不同金属基层对底漆的要求来选择。不同金属对底漆有不同的要求，如表4－10所示。

表 4－10　不同金属对底漆的要求

金属种类	适用底漆品种
黑色金属（铁、铸铁、钢）	铁红醇酸底漆，铁红纯酚醛底漆，铁红酯胶底漆，铁红过氯乙烯底漆，沥青底漆，磷化底漆，各种红丹防锈漆，铁红环氧底漆，铁红硝基底漆，富锌底漆，氨基底漆，丙烯酸底漆
铝及铝镁合金	锌黄纯酚醛底漆，环氧底漆，钙黄丙烯酸底漆，磷化底漆，锌黄醇酸底漆，锌黄酚醛底漆
锌金属	锌黄纯酚醛底漆，磷化底漆，钙黄丙烯酸底漆，环氧富锌底漆，环氧底漆，醇酸底漆，酚醛底漆
镉金属	锌黄纯酚醛底漆，环氧底漆
铜及铜合金	氰基底漆，磷化底漆，铁红环氧底漆，醇酸底漆，酚醛底漆
铬金属	铁红环氧底漆，醇酸底漆
锡金属	铁红醇酸底漆，环氧底漆，磷化底漆
铅金属	铁红环氧底漆，醇酸底漆
镉铜合金	铁红纯酚醛底漆，环氧底漆，磷化底漆，醇酸底漆，酚醛底漆，丙烯酸底漆
钛合金	钙黄氯酯—氯化橡胶底漆
镁及镁合金	锌黄纯酚醛底漆，锌黄环氧底漆，丙烯酸底漆，锌黄醇酸底漆，锌黄酚醛底漆

（3）按各种金属与底漆、面漆的合理配套来选择。各种金属与常用底漆、面漆的合理配套如表 4－11 所示。

表 4－11　　各种金属与常用底漆、面漆的合理配套

面漆类型	黑色金属	铝及铝合金	铜及铜合金	锌及锌合金	镁及镁合金	镉铜合金
油性漆	油性底漆、酚醛底漆、醇酸底漆	锌黄酚醛底漆、锌黄醇酸漆	酚醛底漆	酚醛底漆	锌黄酚醛底漆	酚醛底漆
醇酸漆	油性底漆、酚醛底漆、醇酸底漆、环氧底漆	锌黄酚醛底漆、锌黄醇酸底漆	磷化底漆、酚醛底漆	醇酸底漆	锌黄醇酸底漆	环氧底漆
酚醛漆	油性底漆、酚醛底漆、醇酸底漆	油性底漆、磷化底漆、锌黄酚醛底漆	酚醛底漆	锌黄环氧底漆	锌黄环氧底漆	磷化底漆
氨基漆	醇酸底漆、环氧底漆、氨基底漆	锌黄环氧底漆	环氧底漆	磷化底漆、酚醛底漆	醇酸底漆、酚醛底漆	醇酸底漆，酚醛底漆
沥青漆	沥青底漆	沥青底漆	沥青底漆	沥青底漆	沥青底漆	沥青底漆
过氯乙烯漆	醇酸底漆、酚醛底漆、丙烯酸底漆、过氯乙烯底漆、磷化底漆	锌黄酚醛底漆、锌黄醇酸底漆、丙烯酸底漆、环氧底漆、磷化底漆	酚醛底漆、磷化底漆、丙烯酸底漆、过氯乙烯底漆	酚醛底漆、醇酸底漆、磷化底漆、环氧底漆	锌黄酚醛底漆、锌黄醇酸底漆、锌黄环氧底漆、丙烯酸底漆	醇酸底漆、环氧底漆、丙烯酸底漆、磷化底漆

（4）按常用的进口汽车底漆、腻子和面漆的合理配套来选择。目前，进口面漆多以硝基漆、热塑性丙烯酸漆以及聚氨酯双组分漆为主，而且都是国外较大的涂料公司生产，基本上都有相配套使用的底漆、中涂层漆和面漆，产品使用说明书都有比较详细的技术要求、使用条件和产品质量检验方法等，这给合理配套选用提供了方便而可靠的条件。但在实际选用时，也要注意以下几点要求。

①最好选用同一国家的同一厂家的系列产品，即选用它的配套底漆、中涂层漆和面漆，甚至包括稀释剂、固化剂、防潮剂等。

②对于不同厂商的涂料，可根据同类型原料相同的性能产品互换原则选用，但必须注意产品的使用要求，认真阅读涂料产品的使用说明书，确保涂料产品的合理配套使用。

4. 汽车喷涂中常用辅料

在汽车的喷涂操作中常用的辅助材料有稀释剂、助剂、防潮剂、催干剂、脱漆剂、上光剂等。

（1）稀释剂。稀释剂是汽车喷漆主要辅助材料，作用是调整喷漆黏度，使之有利于喷涂操作。常用稀释剂可分为国产与进口两大类。国产稀释剂的种类、组成、性能及用途如

表 4-12 所示。

表 4-12　　国产稀释剂的种类、组成、性能及用途

型号与品名	组成、性能与用途
X—1 硝基漆稀释剂	又称甲级信那水、香蕉水、硝基稀料等，是由酯、酮、醇、苯类溶剂过滤而成，其中酯、酮类溶剂含量较高。对硝基漆有良好的溶解性能，也可溶于各种热塑性丙烯酸漆。主要用于硝基清漆、磁漆、底漆等黏度调整，也用于硝基清漆、磁漆、底漆等调稀，也用于稀释各种热塑性丙烯酸漆
X—2 硝基漆稀释剂	又称乙级信那水、香蕉水、冲淡剂等，是由酯、酮、醇、苯类溶剂组成，但酯、酮溶剂的含量比较低。溶解力次于 X—1，主要用于硝基底漆、腻子稀释或清洗硝基漆施工工具等，可节约 X—1 稀料，利于降低喷漆成本
X—3 过氯乙烯漆稀释剂	简称过氯乙烯稀料，由酯、酮、苯类溶剂混匀过滤而成。对过氯乙烯漆溶解力良好，挥发速度适中。主要用于稀释过氯乙烯底漆、磁漆、清漆及腻子，也可稀释各种热塑性丙烯酸漆
X—4 氨基漆稀释剂（氨基稀料）	由二甲苯与醇混合而成，对氨基漆的溶解性良好。主要用于氨基烘漆、氨基锤纹漆、氨基中涂漆及底漆的稀释，也可稀释环氧脂底漆或短油度醇酸漆，但不能用于稀释氨基静电漆
X—6 醇酸漆稀释剂（醇酸稀料）	由二甲苯与 200＃溶剂汽油或松节油调制而成，对醇酸漆有优良的溶解性。不但适于调稀各种长、中、短油度醇酸磁漆、清漆及底漆，也适于稀释酯胶与酚醛等低档漆
X—7 环氧漆稀释剂（环氧稀料）	由二甲苯、丁醇及酮类或醚类溶剂调制而成。对环氧漆有良好的溶解力和流平性。主要用于稀释环氧清漆、磁漆及底漆或腻子，也可稀释普通氨基烘漆
X—8 沥青稀释剂（沥青漆稀料）	由重质苯与煤油等溶剂混合而成，对沥青漆有较好的溶解性和流平性。主要用于稀释烘烤型沥青漆，但不能用于自干型沥青漆稀释，否则漆膜不易干透
X—19 氨基静电漆稀释剂（氨基静电稀料）	由苯类、石油溶剂或煤焦油溶剂及高沸点导电溶剂（如二丙酮醇等）调制而成。对氨基静电漆的溶解性良好，并能降低漆质的电阻。专用于氨基静电漆的稀释，使其具有良好的流平性：但不能用于稀释普通氨基漆，以防漆膜产生流淌、流挂现象
X—29 过氯乙烯漆稀释剂（无苯氯乙烯稀料）	由抽余油、200＃溶剂汽油、酯及酮类溶剂混合组成。对过氯乙烯漆稀释能力良好，挥发速度适中，低毒，主要稀释过氯乙烯磁漆、清漆、底漆及腻子等
X—5 丙烯酸漆稀释剂	由醋酸丁酯、醋酸乙酯、乙醇、丁醇及苯类溶剂混合过滤而成，对丙烯酸漆稀释能力良好，挥发适中。专供丙烯酸类漆的稀释，也可稀释硝基漆
X—10 聚氨漆稀释剂	由无水环己酮与无水二甲苯等组成。对聚氨酯漆溶解能力强但气味大，有毒。主要用于聚氨酯类的稀释

进口稀释剂产品主要有英国的P850—1275稀释剂、P850—1292稀释剂；荷兰的123慢干硝基稀料、123特慢干信那水；德国的352—91稀释剂等。

(2) 助剂。汽车喷漆常用助剂有增塑剂、增稠剂、防沉淀剂及防结皮剂等，用途及性能如表4-13所示。

表4-13　汽车喷漆常用助剂的用途、性能及产品举例

名称	用途及性能	产品举例
增塑剂（又称增韧剂）	用于硝基漆中，提高漆膜的弹性和抗张强度。防止漆膜发脆或龟裂	邻苯二甲酸二丁酯
增稠剂	用于醇酸类漆中，防止漆膜产生流挂	硬脂酸铝、有机膨润土
防沉淀剂	用于磁漆、底漆中，防止储存中颜料沉淀	硬脂酸铝、滑石粉
防结皮剂	用于氧化固化型清漆和色漆中，防止表面产生结皮或干皮	丙酮肟

(3) 防潮剂。主要用于硝基漆和过氧乙烯漆及挥发干燥型漆中。其主要作用是防止漆膜在潮湿环境中吸潮泛白。常用的防潮剂产品有F—1硝基漆和F—2过氯乙烯漆防潮剂。

(4) 催干剂。催干剂是使用醇酸漆、酚醛漆、酯胶漆及调制油性腻子等材料时不可缺少的一种辅助材料。

(5) 脱漆剂。主要用于对旧漆的消除。国产脱漆剂的组成及用途如表4-14所示。

表4-14　国产脱漆剂的组成及用途

名称	组成	用途
T—1脱漆剂	酮、醇、酯等强性溶剂混合后，再加入适量石蜡配制而成	主要用于清除酚醛及酯胶旧漆
T—2脱漆剂	酮、苯等有机溶剂混合而成	既适于清除醇酸、酚醛等自干漆，也适于清除硝基旧漆
T—3脱漆剂	由二氯甲烷、甲苯、乙醇等配制而成	脱漆效果优于T—1和T—2脱漆剂，而且毒性小，速度快，主要用于硝基旧漆的脱漆

进口脱漆剂如英国的P271—PJ—255脱漆剂，它适于进口硝基旧漆的脱漆。实际上，国外各大油漆厂家均有各种与油漆配套的脱漆剂，使用时可根据各品牌油漆的配套性要求进行选用。

5. 减振消声涂料

减振消声涂料是轿车车身涂装不可缺少的一种材料，其主要作用是抗振、隔热。目前，汽车涂料行业中常用的减振消声涂料的种类、特点及使用如表4-15所示。

表 4－15 常用国产减振消声涂料

种 类	基本组成	特 点	应 用
54—11 丙烯酸减振消声涂料	热固性丙烯酸树脂、环氧树脂、填料、发泡剂、防火剂等	黑色，减振消声，耐水性好，可刷涂也可喷涂，烘干	轿车的车门、翼子板、发动机罩、顶盖及底板
54—12 减振消声阻尼涂料	热固性丙烯酸树脂、环氧树脂、发泡剂、防火剂等	黑色浆状，附着力良好，抗冲击性较好、耐水性好	轿车车身涂漆
80—1 减振消声阻尼涂料	丙烯酸酯共聚体、环氧树脂、填料、发泡剂、防护剂等	附着力强，抗冲击、耐水性好，烘干	轿车车身涂漆

（三）底漆的喷涂方法

根据使用的先后顺序，底漆有第一道底漆、二道底漆及封闭底漆。底漆涂膜的强度和附着力除与其主要成膜物质有关外，与操作方法是否正确也有相当大的关系。如涂膜的厚薄、均匀度、干燥顺序、漏涂、流痕、稀释剂的正确使用与否及涂料的黏度、操作环境（温度、相对湿度）、涂装前预处理等，都能影响底漆涂装后的质量。

1. 第一道底漆的喷涂方法

（1）检查待喷涂金属表面质量，应达到无锈、无火、无水、无油及其他污物，并具有一定的粗糙度。

（2）稀释底漆，可按照底漆产品说明书的要求进行调整。

（3）在金属表面上喷涂一层薄薄的第一道底漆。

（4）待第一道底漆干燥后再进行二道底漆的喷涂。

由于第一道底漆很薄，一般不能打磨，如果底漆上确有瑕疵点需要处理，只能用 400 号或更细的砂纸轻轻地第一抛光即可。另外，底漆喷涂后，不要用手、抹布之类物品接触新喷涂的底漆表面。

2. 二道底漆的喷涂方法

（1）做好喷涂前准备工作。包括检查第一道底漆是否根据产品说明书所规定的干燥时间已经干透；是否使用指定的稀释剂稀释二道底漆；是否根据操作要求检查和调整喷枪；是否先在平板上进行试喷，观察扇弧形状、大小。

（2）先薄薄地喷涂一层二道底漆，并使其自然干燥。

（3）接着再喷 3～4 道，每道涂层的厚度 15μm 左右，且每道喷涂都要留足一定的干燥时间。

（4）放置，使其自然干燥。

（5）打磨。手工打磨时采用 400 号水砂纸，机械打磨时采用 320 号、360 号砂纸。一般说来，水砂纸打磨比干砂纸打磨好，但是干砂纸打磨快、省时。在打磨边角、脊背、折边等凸出部位时务必小心，打磨时用力要适度。如果打磨时不小心将部分二道底漆甚至第一道底漆都打磨掉了，则必须把上述工艺过程重复一遍，补上被打磨掉的底漆。

（6）用橡皮刮刀检查涂装质量。

3. 封闭底漆的施工

（1）在已涂二道底漆的表面，用清洗溶剂彻底清洗。

（2）按照产品说明书的要求稀释封闭底漆。

（3）按要求在适当的压力下喷 1～2 道封闭底漆，涂层的厚度不要超过产品说明书的指标。

（4）在喷涂面漆之前应使封闭底漆自干 30min。

三、腻子涂装

（一）腻子涂装的工具

腻子涂装施工主要用到的工具有刮涂工具和打磨工具。

1. 刮涂工具

常用的刮涂工具大致分为刮灰刀、牛角板、钢片刮板、橡胶刮板、腻子板、腻子托盘等，如表 4－16 所示。

表 4－16　常用刮涂工具及其特性、用途

名　称	示意图	特性及用途
刮灰刀		1. 由木柄和刀板构成，木柄通常用松木、桦木等制作；刀板由弹性较好的钢板制作 2. 宽灰刀有 100mm 和 75mm 两种宽度，适于木车厢、客车大板等平整大表面腻子刮涂或基层清理 3. 中号灰刀的宽度多为 50～65mm，主要用于调配腻子、小面积腻子补刮及清除旧漆等 4. 窄灰刀多用于调配腻子或清理腻子毛刺等
牛角板		由优质的水牛角制成，使用方便，可来回刮涂（左右刮涂），主要用于修饰腻子的补刮等
钢片刮板		1. 由弹性极好的薄钢片制成，弹性好、刮涂轻便、效率高，刮后的腻子层平整 2. 局部刮涂、全面刮涂均可。较适于小轿车、大型客车等表面的腻子刮平

续　表

名　称	示意图	特性及用途
橡胶刮板		1. 采用耐油、耐溶剂和膨胀系数小的橡胶板制成，弹性极好，刮涂方便 2. 可刮涂复杂形状（如凸形、圆形、椭圆形等）表面，适于刮涂弧形车门、翼子板、驾驶室顶等
腻子板		用于调配腻子
腻子托盘		用钢板或木板制成，操作中暂存腻子

2. 打磨工具

（1）手工打磨工具。手工打磨主要是用“砂布包垫板”进行打磨，垫板有木制的，也有硬橡胶制的。木块可选用长 180～20mm，宽 50～60mm，厚 25～30mm 的平直木板，橡胶块可使用厚 18～20mm，长宽合适的厚橡胶板剪制而成，如图 4－32 所示。

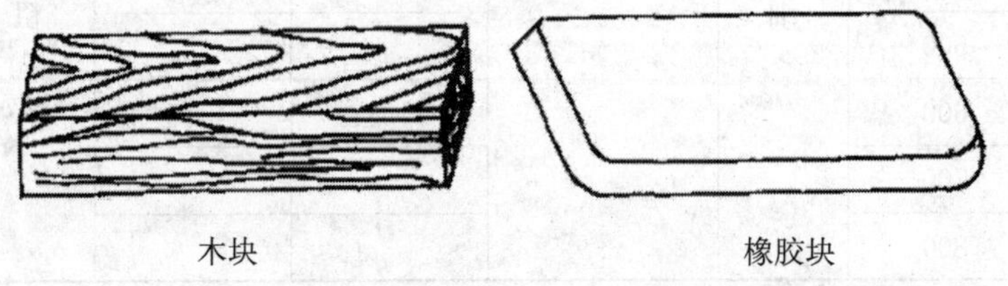

图 4－32　打磨木块与橡胶块

砂纸、砂布是打磨工具的辅助材料，砂纸分水砂纸和木砂纸两种，是将磨料黏结在纸上制成的。木砂纸主要用于磨光木制品表面；水砂纸由于涂有耐水涂料，所以不怕水，可以水磨。砂布一般用布、胶、砂子制成。水砂纸、砂布的规格和用途如表 4－17 所示。

对于质地较硬的油质腻子，也可用水磨石或油石蘸水打磨，以便提高工作效率和质量。

表 4-17 水砂纸、砂布规格和用途

水砂纸				砂布			
规格代号	粒度（目）		用　途	规格代号	粒度（目）		用　途
60		粗↓细	打磨腻子层及涂膜表面，打磨时湿磨施工	4/0	200	细↓粗	打磨腻子层及钢铁表面
80				3/0	180		
100				2/0	160		
120				0	140		
150	100			1/0	120		
180	120			1	100		
200	140			1.5	80		
220	150			2	60		
240	160			2.5	46		
260	170			3	36		
280	180			4	30		
300	200			5	24		
320	220			6	18		
360	240						
400	260						
500	320						
600	400						
700	500						
800	600						
900	700						
1000	800						

（2）机械打磨工具。常用机械打磨工具的种类很多，按动力装置不同可分为气动打磨工具和电动打磨工具两类。

①气动打磨工具。气（风）动打磨工具主要有风磨机、风动砂轮、钢丝轮等。风磨机如图 4-33 所示。气动打磨工具主要用于清除钢铁表面上的铁锈、旧涂层及打磨腻子等，具有体积小、重量轻、速度快、磨平质量好、使用安全、可干磨也可水磨等优点。

②电动打磨工具。电动打磨工具主要有电动软轴磨盘式打磨机、电动软轴带吸尘袋磨盘式打磨机、A0N3 型电动磨灰机等，如图 4-34 所示。其主要作用同气动打磨工具相似，具有噪声小、震动轻、粉尘飞扬少等优点，但质量通常比气动打磨工具大些，且不适于水磨。

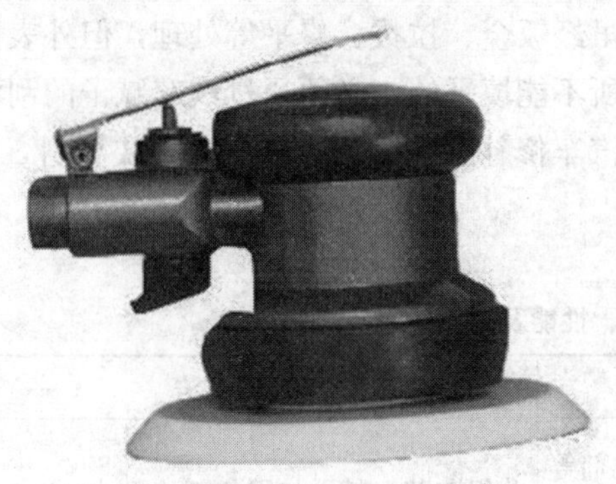

图 4－33　风磨机

图 4－34　电动磨灰机

（3）辅助打磨工具。在实际打磨过程中，还需使用毛刷扫净、刮灰刀清理毛刺、棉纱（或破布、软布）擦净，以及用压缩空气吹净涂层表面等。

（二）常用的汽车中涂层涂料

中涂层涂料是介于底漆层与面漆层之间涂层所用的涂料。主要作用是提高被涂物表面的平整度和光滑度，封闭底漆涂层的缺陷，提高涂膜质量。为提高现代汽车制造中的涂膜质量，中涂层喷涂已是必不可少的，所以在汽车维修涂装中也必须采用中涂层涂装，中涂层涂料类别如表 4－18 所示。

表 4－18　　中涂层涂料类别、用途和特点

类别名称	用途和特点	作用说明
通用底漆（底漆二道浆）	可直接涂装在金属表面上	具有底漆的功能，又具有一定的填平能力。一般采用“湿碰湿”工艺涂布两道，以代替底漆和二道浆，达到简化工艺的目的
腻子（填密）	是一种专供填平表面用的含有颜料较多的涂料，刮涂在底涂层上	刮腻子能提高工件表面的平整度和装饰性，而对整车涂装工艺不利。腻子涂层易老化、开裂、脱落，手工刮涂和打磨劳动强度大。现代化生产整车涂装基本上不用刮干，一般维修涂装时常需刮腻子
二道浆（喷涂腻子）	颜料和填料含量比底漆多，比腻子少，一般为灰色。可采用手工喷涂或自动静电喷涂施工，具有良好的湿打磨性，打磨后可得到很平滑的表面	其作用介于通用底漆和腻子之间，对被涂工件表面的微小缺陷或不平之处有一定的填平能力，可提高总涂层厚度，提高面漆的光泽
封底漆	是涂装面漆前的最后一道中间层涂料，其漆基含量介于底漆和面漆之间，涂膜呈光亮或半光亮	其作用是辅助底漆和腻子填平细微的缺陷，提高被涂物表面的平整度和光亮度

当汽车车身出现损伤或变形时，在修复中虽经钣金、拉拔、修平等处理，但外表面仍有凸起、凹陷、焊缝等痕迹，这些痕迹是底漆所不能填平的，必须通过汽车腻子的刮涂及打磨，才能形成平整光滑的表面，因此腻子是汽车修补涂装中不可缺少的重要材料，常用腻子的品种、性能及用途如表4-19所示。

表4-19　常用腻子的品种、性能及用途

型号名称	性能及用途	使用方法
原子灰系列腻子	由树脂颜料填装乙烯类单体及硬化剂等组成，干燥迅速，体积收缩率小，涂膜机械强度高，与底材附着力强，利于操作，多用于汽车维修时使用	分组包装，腻子与固化剂比例为100：1或100：3～100：4（质量比），混合均匀后即可使用。一次不能调配过多，防止固化
Q07—5各色硝基腻子	干燥快，易打磨，用于填补细小缺陷，或补找腻子上的小针孔	一次不能刮涂较厚，需要稀释时可用X—1或X—2硝基稀料调整
C07—5各色醇酸腻子	腻子坚硬，附着力好，易刮涂，用于车辆、机械、机床、木器等表面填平	一次刮涂厚度不超过0.5mm，可自干或烘干。与醇酸氨基、硝基等面漆配套
F07—6各色酚醛腻子	干燥快，刮涂性好，易打磨，用于金属和木制品表面填平	可自然干燥或烘干，可连续刮涂2～3道，每道厚度为0.3～0.5mm，用200号溶剂汽油稀释
C07—6	自然干燥较快，耐水，耐潮，水磨性能好，不易被硝基漆咬起，用于温热带交通车辆、机械设备及木制品表面填平	用X—6醇酸稀料或用200号溶剂汽油与二甲苯混合溶剂调整浓稠度，每道干后可连续刮涂2～3道，每道厚度不超过0.5mm
G07—3各色过氯乙烯腻子	干燥快，具有耐候性，耐油、防潮、防霉性能好，用于汽车、机床表面填平	先用稠腻子填平较大缺陷处，干后全面填刮，刮涂是往返1～2次，以防腻子卷起。可用X—3过氯乙烯稀料调节浓稠度
A07—1各色氨基烘干腻子	附着力好，易打磨，刮涂不起卷，用于车辆和金属表面填平	每道刮涂厚度为0.3～0.5mm，用二甲苯调节浓稠度，烘烤温度为80℃～100℃，半小时干燥
H07—4各色环氧脂烘干腻子	腻子烘干后坚硬，附着力强，耐水、耐潮性好，用于各种车辆金属表面填平	每道刮涂厚度不超过0.5mm，用二甲苯调稀后刮涂在物件表面
H07—6环氧腻子（分装）	附着力好，耐水、耐化学腐蚀性能良好，涂层坚硬，不易打磨，用于金属表面填平	按比例将两罐混合均匀，根据用量调配，一次用完。一次可以刮涂较厚，可用二甲苯稀释

（三）腻子刮涂的方法

刮涂腻子主要是为了填补已涂过底漆物体表面的缺陷，如凹坑、裂纹、焊接缝、锈眼等，以便取得平整光滑的表面，增强物体外观平整度。

1. 中涂层涂料的选择原则

（1）中涂层涂料要满足与底漆和面漆附着特性的要求。

（2）在保证涂装质量的条件下，操作方便，生产率高，效益好。

2. 腻子的刮涂方法

常用的腻子刮涂工具有油灰刀、牛角板、钢片刮板与橡胶刮板等。刮涂腻子的层数根据表面情况、涂层精度的等级标准及对操作人员技术水平的要求而定。腻子刮涂技术性很强，具体操作方法如下。

（1）右手握刮刀，左手持托板，用刮刀从腻子桶中取出腻子，在托板上调匀。

（2）用刮刀从托板上刮出少许腻子，刮在物面上，刮刀与物面倾斜角以 50°～60°比较适宜。

（3）刮腻子时先将凹坑等处填平再普遍刮，先上后下。对孔隙要填满、压实，表面要平整。

（4）第一层腻子要稠，要用较宽的硬刮刀具，对车身表面较大的凹坑先填刮平整，此层腻子只求平整，不需光滑。

（5）第二层腻子稍稀，刮涂厚度应比第一层薄。但面积要略大于第一层，车身的大平面用硬刮刀具刮平，圆弯处可用橡胶刮具。刮涂时还是以填平低凹处为主。满刮时注意方向，应顺流线形方向（按汽车造型水平方向），从右到左，从上到下。刮涂时尽可能拉长一些，以减少接口。

（6）第三层腻子再稀些，并加入少许漆，腻子调制时不能太松散，要有一定韧性。刮涂时以手的压力与刮具弹性相配合，使刮涂的腻子层光滑。

（7）刮涂时第一刀的往返次数不宜过多，尽量一下刮成或允许有一个往返。各层腻子的接口应错开，即不要使各层腻子的接口都在同一部位，以免产生缺陷。

3. 腻子的打磨方法

打磨腻子层主要是为了取得平整光滑的表面。打磨腻子层有手工打磨、机械打磨两种方法。

（1）手工打磨。用砂布包木块，主要用于干磨腻子，借助木块的平度，将不平整的腻子层打磨平整。用水砂纸包橡胶块，主要用于水磨细腻子（毛病腻子）。除此以外，对桐油腻子或原子灰腻子，也可用油磨石或水磨石进行打磨。油磨石打磨时，可蘸汽油进行油磨，水磨石可直接在物面上淋水进行水磨。

手工打磨通常需配合灰刀、毛刷、棉纱或棉布等工具。如干磨腻子，可先用灰刀将腻子层表面的毛刺、粗糙裂痕等清理平整，再进行打磨。在打磨过程中，对打磨掉的浮灰，应随时用毛刷清扫干净。每次打磨合格后，先用毛刷清扫或压缩空气吹净，再用棉纱或抹布擦净。

（2）机械打磨。手工打磨腻子层劳动强度高，工作效率低，因此可采用机械工具打磨腻子层。打磨机械有电动磨灰机和风动磨灰机等。用机械工具打磨可降低劳动强度，提高工作效率，节省打磨材料。但对于弯角、边棱及弯曲等部位的打磨不适用，往往需配合手工打磨，才能较完整地完成打磨作业。

4. 腻子的刮涂程序

腻子一般用刮具涂刮，涂刮次数（层数）视物面情况及施工要求而定，一般刮 1～5 层，直至达到涂漆要求。刮涂腻子程序如下。

(1) 表面经过预处理或已涂装底漆，干燥。

(2) 刮第一层腻子，干燥。

(3) 用磨石或用木块衬 100 号水砂纸湿磨，湿磨后擦干净，干燥。

(4) 涂底漆、干燥。

(5) 刮第二层腻子，干燥。

(6) 用木块作衬 120～180 号水砂纸湿磨，湿磨后接干净，干燥。

(7) 涂底漆，干燥。

(8) 刮第三层腻子，直至表面达到平整光滑无缺陷，符合喷涂前的底层要求。

四、面漆喷涂

汽车面漆喷涂是汽车涂装中的最后一道工序，它的各项指标直接影响到汽车涂膜的使用寿命和车身的价值。因此，既要正确选择喷涂设备，又要科学合理地选择车身涂装面漆，且要选择正确的工艺进行操作，才能保证面漆的喷涂质量。

(一) 常用的汽车面漆

(1) 面漆的性能要求，如表 4-20 所示。

表 4-20　　面漆的性能要求

项　目	性能要求
外 观	在标准膜厚条件下，测定光泽、色差、丰满度和鲜映性等应达到标准要求
硬度和抗石击性	涂膜应坚硬耐磨，有足够的抗石击性和硬度，保证涂膜在汽车行驶中不会由于路面沙石的冲击和摩擦而产生划纹
耐候性及耐老化性能	耐候性及耐老化性能是选择面漆的重要指标之一。要求汽车面漆涂膜在阳光下长期暴晒后，只有轻微的失光和变色，不能有起泡、开裂和锈蚀等现象发生
耐湿热和防腐蚀性	面漆涂膜在湿热条件下（如温度 40℃，相对湿度大于 90%），应不起泡、不变色、不失光。与底漆层配套后，应能增强整个涂膜的防腐蚀性
耐化学药品性	面漆涂膜在使用过程中，如与蓄电池酸液、润滑油和制动液、汽油及各种清洗剂等直接接触，擦净后接触面不应有变色、起泡或失光等现象发生
操作性能	对操作工艺应有良好的适应性；若装饰性要求较高，面漆涂层还应有优良的抛光性能。同时，面漆还应具有较好的重涂性和修补性

(2) 常用的国产汽车面漆。常用的国产汽车面漆的特性及使用范围，如表 4-21 所示。

表 4－21　　常用的国产汽车面漆的特性及使用范围

型号及名称	特　性	适用范围	用量（mL/m^2）
Q01—1 硝基清漆	干燥快，有良好的光泽和硬度，涂膜耐久性好，可抛光	与汽车外用硝基漆配套使用，调入色漆内罩光，也可用于木制品罩光	50～70
Q01—18 硝基皮革清漆	干燥快，光泽较好，柔韧性较强	皮革、人造皮革表面罩光	120～50
Q01—23 硝基清烘漆	涂膜烘干后硬度高，光泽好，耐汽油、耐润滑油性能强，可抛光	空气滤清器、汽油滤清器等	50～100
Q04—2 各色硝基外用磁漆	干燥快，涂膜较硬，光亮，可抛光上蜡	汽车车身和汽车总成大修使用漆	240～360
Q04—17 各色硝基醇酸磁漆	光泽好，3 个月内不宜打蜡	车身用漆或其他机械设备用漆	120～240
Q04—31、Q04—34 各色硝基磁漆	涂膜光亮平滑，涂膜经 100℃～110℃、2h 烘烤，机械强度更好。耐候性比 Q04—2 漆好，能抛光打蜡	中、高级轿车车身	160～200
Q04—32 各色硝基平滑磁漆	漆膜反光性小，不刺激眼睛，但在户外易粉化	用于军用车辆	180～270
Q04—35 硝基静电磁漆	涂膜干燥快，光泽好，硬度较高，适于抛光	汽车金属表面静电喷涂	120～200
Q04—9 各色过氯乙烯磁漆	干燥快，涂膜光亮，色泽鲜艳，能打磨抛光。耐候性、抗老化性优于硝基涂料，但耐汽油性差	适用于大客车车身、电车、机床、医疗设备，用于热带地区	
G04—10 各色过氯乙烯半光磁漆	涂膜光亮平整，户外耐久性好，机械强度高，耐海洋气候和湿热带气候比硝基外用磁漆强，耐水、耐汽油性比过氯乙烯外用磁漆好，但干燥时间较长	适于工程车和军用车辆	
C04—13 过氯乙烯静电磁漆	干燥快，涂膜硬度好、光亮，有良好的耐水性、耐油性，可用静电或手工喷涂	适用于大型货车、工程车，农业机械	
C04—2 各色醇酸磁漆	有较好的光亮度和机械强度，附着力良好，耐水性好，可自然干燥	常用于汽车驾驶室、车箱和大客车外表涂装	60～80
C04—18 各色醇酸磁漆	涂膜坚硬光亮，干燥快，有良好的机械强度，不易起皱，耐水性好于 C04—2 漆	用于货车驾驶覆盖件和车箱，也可用于大客车内外涂装	50～80
C04—42 各色醇酸磁漆	比 C04—2 漆附着力、耐候性、耐久性强，实际干燥时间较长	汽车车身和汽车总成大修使用	240～360

（3）对面漆的选择原则。

①满足各档次汽车外表的不同要求。

②满足与中涂层漆和底漆结合力的要求。

③满足地区环境对面漆的“三防”要求。

④在保证面漆性能质量原则下，要求面漆喷涂方便，涂装效果好。

（二）面漆喷涂的方法

1. 喷涂前准备

（1）检查。对待喷涂表面进行全面检查，如发现底漆层不平整、不光滑，应进行打磨；对残留腻子和其他污物应清除干净，并打磨光滑；然后用压缩空气吹除灰尘，晾干。

（2）遮盖。对不需要喷涂的部位应用遮盖纸和胶带遮盖封闭，以防止漆雾喷到不需喷涂的地方。

（3）调漆。根据车主的要求调配好相应色漆涂料。如果是斑点修补，首先要根据汽车生产厂家的漆码获得原色，以减少修补漆配方与汽车原厂所用面漆配方的差异；几乎所有品牌汽车的漆码都可以在各种汽车牌号漆码位置图上找到，最好将色卡与汽车本身的颜色进行对比。调漆时必须充分搅拌，使各处色漆一致。

（4）调压。按照施工要求调整好喷涂压力，一般为0.4～0.5MPa；也可根据喷涂过程中漆膜的情况进行适当调整。

2. 面漆的涂装顺序

汽车表面整体翻修涂装中，面漆喷涂的一般顺序是车顶—后盖—左侧面—发动机—前盖—右侧面。这样有利于各板面的喷涂衔接，并可减少水平表面上飞漆，防止漆雾沉积到已干的部位，造成砂状表面。

3. 面漆的喷涂工艺

汽车常用的面漆根据其颜色不同可分为金属色彩漆（金、银粉漆）、普通单色漆（素色漆、纯色漆）、清漆三种。每种颜色都有许多类型，如单组分涂料、双组分涂料、烘干型涂料等。现以硝基型面漆为例，其喷涂工艺如下。

（1）金属色彩涂料喷涂。

①薄层预喷。要形成连片的一张涂膜，轻度薄薄地喷涂；确认有无缩孔，对小缩孔可用喷雾法喷涂修正，对大的缩孔部位，经干燥并采用600号砂纸打磨后，用喷雾法修正。

②着色喷涂。为避免涂膜颜色产生不均匀现象，每道喷幅重叠3/4，均匀地喷涂，要注意喷枪保持适当的距离。

③修整不匀部位。着色工序时，如无不匀，可省去这道工序。产生不匀时，应充分间隔一段时间，降低涂料黏度，以小于着色工序喷涂量及以较快的速度，喷幅重叠3/4，均匀地喷涂。

④清漆稳定涂层喷涂。涂层不能厚，应均匀地进行喷涂，此工序中清漆使用量大约是清漆总量的40%。

⑤清漆罩光喷涂。注意涂面情况，均匀地喷涂，清漆使用量为清漆总量的60%。

（2）普通单色涂料喷涂。

①薄层预喷。轻轻薄薄地喷涂，确认有无缩孔，有缩孔参照金属色漆喷涂时的修正方法进行。

②着色喷涂。每道喷幅重叠2/3，均匀地喷涂，要使涂面伸展得平滑，可加5%～10%稀释剂于漆料中，多喷涂一层。

③清漆罩光喷涂。可进行混合罩光或单独罩光，混合罩光清漆加入量为30%左右，用清漆单独罩光参照金属色彩涂料涂装中的清漆喷涂工序。

任务三　汽车漆面缺陷处理

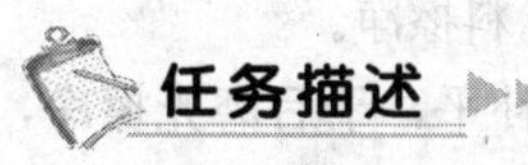

任务描述

某车在4S店做完钣金喷涂后，发现车身某区域漆面有流挂现象，且有多处针孔缺陷，要求根据车漆缺陷实际情况，制订修复计划，恢复车身漆面，使其外观平滑、充满光泽。

任务分析与实施

一、漆面缺陷的形成原因及类型

漆面缺陷的形成原因很多，主要有以下三个方面的原因。

（1）外界因素导致的涂膜缺陷，如由酸雨、飞石损伤、紫外线照射等引起，包括水斑、花粉斑、酸雨斑、黑点、鸟类粪便、铁粉、油斑、蓄电池液斑、染料斑、塑化或硫化剂污染、飞石损伤、褪色或变白、烟灰斑、生锈、散光或光圈等。

（2）在涂装过程中产生的漆面缺陷，如由于在没有专用喷烤设备的车间喷烤、喷漆房的通风净化不洁、过滤系统失效或喷漆房内的空气压差不稳等引起，包括流挂、收缩、起颗粒、橘皮、拉丝、金属光泽不均匀等。

（3）漆膜干燥中或干燥后产生的漆膜缺陷，如由涂装过程中操作人员选用的涂料性能不好或操作不当等引起，如发花、浮色、渗色、起皱、针孔、气泡、失光、遮盖力差或丰满度差等。

若缺陷不严重时可以用研磨抛光的方法消除；若研磨抛光无法消除时，则研磨涂膜表面至缺陷完全去除后，再进行重新喷涂。大多数情况下都是采用重新喷涂对涂膜缺陷进行修补。

二、补漆的方法

汽车喷漆后，如发现因喷涂或安装不慎，造成局部漆膜产生流淌、流挂、粗糙无光、咬底起皱、碰擦损坏等质量缺陷，应通过补漆进行修饰。其方法有手工补漆和喷涂补漆两种。

1. 手工补漆法

当漆膜损坏面积较小可用手工补漆进行修饰。

(1) 补漆前，先要选择与整车漆膜颜色一致并且性能相同的面漆，然后将其加适量的配套稀树脂调至需要黏度，经过滤后待用。

(2) 用干净的毛笔，蘸少许漆液，先轻点涂（薄涂）一次，待漆膜晾干后，再轻而细致地补涂一次，使补后的漆膜颜色与整车漆膜颜色一致，无明显的补痕即可。

(3) 如果补后的漆膜颜色与整车漆膜颜色出现色差，应在最后一次补涂时，将该漆加少许该色漆调匀，重新补涂，直至与整车颜色一致为止。

(4) 如果补后的部位出现明显的补痕时，应用毛笔蘸少许稀料，将补痕轻轻描涂至补痕消失。

(5) 对于补后的漆膜产少流淌、流挂时，应及时用干净棉布蘸稀料擦净。

(6) 损坏的漆膜部位出现明显的凹坑时，应先用原子灰腻子等补平，干后磨光擦净，再用毛笔蘸该漆补涂平整。

2. 喷涂补漆法

喷涂补漆法对操作人员的操作技术要求很高，只有具备丰富操作经验和熟练喷涂技术的专业人员，才能获得理想的喷涂效果。

(1) 局部漆膜产生流淌、流挂或咬底起皱时的喷涂补漆。

①待漆膜彻底干透后，用水砂纸将缺陷反复水磨平整，然后擦净晾干。

②刮一道薄薄的原子灰快干腻子，干后再水磨平滑，擦净并彻底晾干。

③由于腻子的颜色与整车漆膜颜色的色差较大，应先薄喷一道该色面漆，干后再水磨平滑，使基层的漆膜颜色基本能遮盖腻子层后，再精心补喷 1～2 次该色面漆。

(2) 局部漆膜粗糙无光或颗粒杂质较多时的喷涂补漆。

①打磨。待漆膜彻底干燥后，用细水砂纸或水砂纸包橡胶块，将该部位的漆膜水磨至平整光滑，擦净并彻底晾干后，再用干净布进行一次擦净。

②调整黏度。根据面漆种类将黏度适当调稀，如醇酸面漆，黏度以 16～18s 为宜，聚氨酯漆黏度以 14～16s 为宜。应注意黏度不能过稠，否则喷补后易产生明显的补痕，影响补漆质量。黏度调好后，用细筛网过滤洁净，再进行喷补。

③喷涂。喷涂时的空气压力应尽量小些，喷涂间距也应尽量远些，反之，由于漆料较稀，喷涂时易产生流淌、流挂，会造成二次返工。

④消除补痕。补漆部位的漆膜喷涂均匀后，其补喷后的漆膜会出现明显的补痕（即残漆雾），这时可顺残漆雾的边缘、将喷枪倾斜朝补漆部位轻轻喷涂一次，再用驳口水朝周围雾痕薄喷一次，即可基本消除明显的补痕。原理是喷后漆膜能重新将残漆雾溶解，使补后的漆膜边缘的平整度与颜色和其他部位一致，基本无明显的补痕。

上述两种补漆方法，仅适于单一颜色的汽车的局部补漆，而对于多种颜色汽车的局部补漆，还必须视实际情况而定，如补漆部位产生在彩带漆膜上，应先按部位进行贴纸覆盖，然后再进行补喷，以防漆雾污染其他颜色的漆膜。对于高级轿车的补漆，为获得与整车漆膜一样的效果，最好进行整块喷补。

三、漆面涂膜的常见缺陷及处理方法

(一) 外界因素导致的涂膜缺陷处理方法

1. 水斑

车辆水平面经常会有白色环状的水滴痕形成，但极少出现在车辆侧面；也偶尔有水滴掉落后，在涂膜上干燥而产生条纹痕。水斑也会出现在车窗或饰条上。

形成原因是由于水滴（雨水、洗车所使用的自来水或井水）中含有钙和硅等矿物质，当水分蒸发后，所残留下来的白色沉淀物（即矿物质）集中在水滴的周围。

处理方法是首先彻底清洗车辆，从涂膜表面去除污物和尘垢；然后使用抛光剂抛光涂膜表面，去除洗车后残留在车辆上的水斑。

防治对策是在阴凉处清洗车辆，而且擦掉洗车后残留在车辆上的所有水滴。对汽车表面喷涂后，要将车辆停放在室内直到涂膜完全干燥为止，避免涂膜面与雨水接触。

2. 花粉斑

花粉斑会在涂膜表面形成轻微的皱纹和白色的污物。虽然大多发生在车辆的水平面，也会依照花粉飘散的方向而在车辆侧面形成。

形成原因是由于当花粉掉落在涂膜表面与水接触时，会导致花粉壳破裂使果胶流出，而果胶一般都具有高酸度和高甜度，果胶干燥后会收缩而使涂膜表面变形。

处理方法首先是清洗车辆，去除残留在涂膜面上的花粉；然后，加热涂膜表面（70℃～80℃，10min）释放应力去除损伤；最后使用抛光剂抛光涂膜表面，去除全部残留的污物。

防治对策是在涂膜表面打上一层保护蜡可以有效的保护漆面。

3. 酸雨斑

在涂膜面形成不均匀的水滴般的凹陷。通常发生在车辆的水平部位，尤其是容易积水的车身钢板上。很少发生在倾斜面的部位，例如引擎盖前端。

形成原因是由于与涂膜面接触的酸雨中所含的酸性成分在水分蒸发时，会使酸性浓缩，导致涂膜内的三聚氰胺链接（三聚氰胺链接是新车涂膜内丙烯酸树脂间的连接方式，耐酸性的涂料已经不再使用三聚氰胺链接）脱离。涂膜内分子的分散会导致涂膜分解形成凹坑。这种形式的损伤在高温下最容易产生，因为高温会帮助湿气的蒸发且促进化学反应速度。

处理方法是先用2000号砂纸研磨损伤表面，直到表面平滑为止。通过抛光表面（用2000号砂纸研磨掉刮痕）来去除损伤；再使用约400号砂纸研磨后，再重新喷涂损伤表面。

防治对策是在涂膜表面打上一层保护蜡可以有效地保护漆面。若车辆淋到雨水，应尽快将车清洗擦干。

4. 黑点

黑点大多形成在有银粉漆面的保险杠或车外后视镜上。没有喷涂清漆的银粉漆更容易形成，且多出现于水平面。

形成原因是由于当没有喷涂清漆的银粉漆面与酸雨接触后，浓缩后的酸会使铝颜料氧化，因此形成圆形的黑点。高温会让水分更容易蒸发，增加黑点的产生。

处理方法是先使用约 400 号砂纸研磨损伤部位；再使用调好的涂料来喷涂补修部位。

防治对策是若车辆淋到雨水，应尽快将车清洗。打上一层保护蜡可以有效地保护新漆面。

5. 鸟类粪便

这类的损伤是由于鸟或昆虫的排泄物与涂膜接触所导致，会在涂膜面上形成漆面隆起、龟裂或剥落的现象，因为排泄物中含有不同的成分。涂膜表面的隆起是由昆虫的排泄物所导致的，会在涂膜上形成圆顶的形状。龟裂最初的阶段，小裂痕会聚集在一起且呈现白色。虽然缺陷大多形成在车辆的水平表面，也会因为风向的影响而形成在垂直面上。昆虫的虫卵和尸体会导致涂膜产生相似的问题。

形成原因是由于各类排泄物中的有机酸渗透入涂膜导致涂膜隆起。此外，有机酸会使涂膜的分子结构分离，加上温度的变化、紫外线和湿气的影响，最后会导致涂膜龟裂和剥落。涂膜面上的损伤范围和形状将会由于鸟或昆虫的种类及它们食物的不同而有不同变化。

处理方法是先加热涂膜表面以使渗入涂膜的湿气和有机酸蒸发出来；若有残余的隆起部位，研磨凸起部位并搭配抛光剂来抛光；若出现龟裂、剥落现象，使用约 400 号砂纸磨除缺陷部位，并重新喷涂。

防治对策是在鸟或昆虫的排泄物接触到涂膜后，应立即将其去除。

6. 铁粉

这类的损伤是在车辆的水平表面显露出红色小锈斑，摸起来有粗糙的感觉，且无法用水洗去。当在涂膜面涂抹除锈剂时，锈斑的颜色会变成微红紫色。

形成原因，若车辆停放在靠近会产生铁粉的铁路或钢铁工厂旁的位置时，铁粉就可能与车身涂膜接触而附着在涂膜上，由于环境的长期作用就会生锈，进而侵蚀涂膜。

处理方法是若有大损伤首先使用除锈剂，除锈剂利用化学反应将铁粉转换成铁锈（氧化铁），去除涂膜面上的铁粉；若是小损伤直接使用除铁粉黏土，去除已经深入涂膜面生锈的铁粉；然后进行抛光去除涂膜面上的轻微刮伤。

7. 油斑

涂膜面的颜色若与油渍接触就会变为褐色。有时涂膜面还会发生隆起现象。

形成原因是由于焦油、沥青或机油渗透入涂膜面形成褐色的油斑。若涂膜面接触了有色的油渍（例如自动变速器油），油渍的颜色将会残留在涂膜面上。

处理方法是先使用浸泡溶剂的抹布去除油斑；若损伤较大时使用研磨的方法去除缺陷的部位；若油斑仍无法被去除，则重新喷涂该区域。

8. 蓄电池液斑

涂膜面被蓄电池液溶解。在银粉漆的实例中，铝颜料被氧化而变黑。若钢板已曝露时，则会导致生锈。若车辆的蓄电池破损，将会从引擎室内部损害至底盘部位。

形成原因是由硫酸溶液泄漏所导致的，这种损伤的形式基本上与酸雨相同。

处理方法是先将损伤部位周围的涂膜彻底去除，即使还没有出现损伤，但该部位仍然

要整个研磨至钢板，因为这类损伤会延伸至涂膜面。若已经生锈，则将铁锈彻底去除；然后从底漆作业开始重新喷涂该区域。

9. 塑化或硫化剂污染

当塑胶板或橡胶材质的物体长期被放置在涂膜上，根据塑胶或橡胶物体的形状涂膜会隆起或变色。

形成原因是由于塑胶板中含有塑化剂（一种添加剂，具有挠曲性，增进材料的耐冲击性和抗弯性）或橡胶材质含有的硫化剂（一种添加剂，由分子的链接形成桥式结构，将橡胶转换成弹性体）转移至涂膜表面，导致涂膜有隆起或变色现象的产生。隆起现象大多发生于塑胶材质，变色现象大多发生于橡胶材质。

处理方法，若损伤较小，将浸泡有脱脂剂、溶剂或煤油的抹布放置在损伤痕上，并将其加热到40℃～50℃，去除斑痕；若以上述步骤无法去除损伤时，则用抛光去除损伤；若损伤较大，用研磨法将损伤痕迹去除后，重新喷涂该区域。

10. 飞石损伤

当车辆行驶时，会有一些小石子撞击涂膜而导致涂膜剥落，这种情形经常发生在车辆引擎盖或车顶的前端边缘部位。小石子弹跳起来也可能损伤到、车门下围板或轮弧外板部位，涂膜剥落的部位通常会形成锐利或锯齿状的表面。有时小石子还会导致损伤的中间部位产生轻度凹陷的现象。

形成原因是由于小石子冲击涂膜面使涂膜剥落。

处理方法是先研磨缺陷部位直到表面平顺为止。若有生锈现象，须将锈迹完全去除；再使用调好颜色的涂料，重新喷涂该部位。

一个简单的方法，就是在损伤的区域实施局部修补，修补后将凸出部位磨除并抛光。

11. 褪色或变白

车辆长期使用后，涂膜会有失光的现象（褪色）。浅色系可能会转变为微黄色。涂膜表面会变白、粉化且没有光泽。

形成原因是由于紫外线、高温和湿气导致涂膜中的树脂和颜料变质。褪色是由于颜料变质所导致的，变黄是由于紫外线照射导致树脂的变质，变白和粉化则是由于树脂变质后变成粉状。

处理方法是若损伤较小，使用抛光作业去除损伤部位；若抛光仍无法修复损伤部位或修复不久后又再度发生时，则将损伤部位磨除并重新喷涂该区域。

防治对策是尽可能将车辆停放在有遮阳板的地方。重新喷涂时，使用双组分的氨基甲酸乙酯涂料取代硝基涂料。

12. 散光或光圈

出现漆膜反向光线不一致称为散光；出现光线射入后四面反向并有光圈称为光圈。

形成原因，一是抛光操作不正确；二是抛光材料选用不当。

处理方法，换用新海绵盘（抛光盘）并作镜面釉—镜面蜡处理。

13. 太阳纹

出现不易发现的纹路，在折射时会使汽车车漆发乌，失去原有光泽的现象称为太阳纹。

形成原因是由于车漆在高速行驶时与风沙长期摩擦积累下的纹路。

处理方法：用波浪绵配以增艳剂进行抛光处理，使车漆还原原有光泽。

（二）在涂装过程中产生的漆面损伤及其处理工艺

1. 流挂

涂于垂直表面的漆料流淌使漆膜厚薄不均匀、成股或挂幕下垂的状态，称为流挂，如图 4－35 所示。

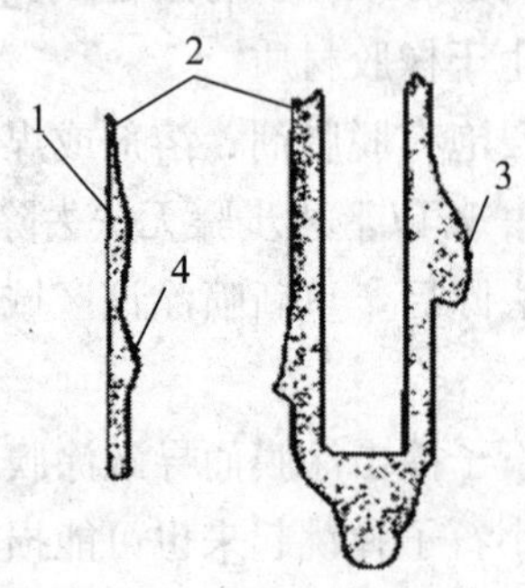

图 4－35　流挂

1—底材；2—涂层；3—流挂；4—垂流或下沉

形成原因有多种，包括稀释剂挥发慢；漆膜过厚；喷涂时喷嘴距工件的距离过近且喷涂角度不当；漆料黏度过低；喷涂环境温度过低，温差大；漆料中使用重质颜料搅拌不均或颜料湿润不良。

处理方法，若垂流较小，使用磨石或 2000 号砂纸研磨流挂部位，直到表面平顺；然后，使用抛光剂抛光去除砂纸痕；若垂流的区域过大或含有气泡时，则将流挂部位研磨平顺，然后重新喷涂该区域。

2. 收缩

收缩是指在涂装过程中出现漆膜不均匀，表面有局部收缩形成露底的麻点、花脸等，漆膜均失去平滑状态的现象，如图 4－36 所示。

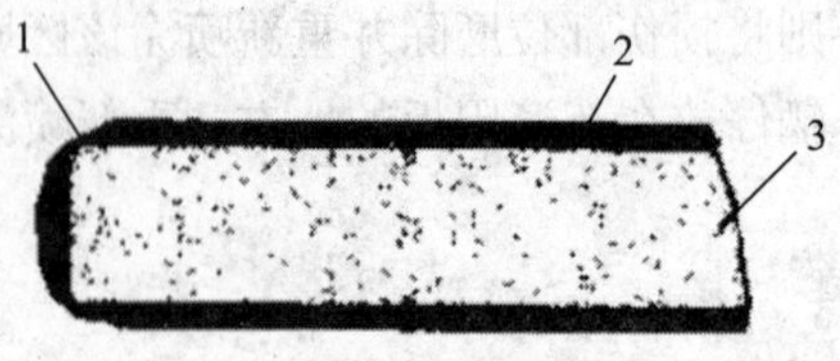

图 4－36　缩边

1—缩边；2—涂层；3—底材

形成原因可能有几种，包括表面残存有润滑油、油、肥皂、水、石蜡、灰尘等；溶剂挥发速度与烘烤温度不相适应，如烘干漆面用慢干溶剂等；黏着有不同涂料而喷漆；残存

遮蔽胶带或修补涂装过程中旧漆层吸漆；底漆过于平滑；喷涂过程中空气含有水、油等。

处理方法是应彻底干燥涂膜；然后彻底去除缺陷部位的涂膜；再使用已经调好色的涂料，重新喷涂该部位。

3. 起颗粒

在漆面涂装过程中出现的漆面不平滑、整个表面或局部出现颗粒，影响漆面外观光泽的现象称为起颗粒。

形成原因可能有以下几方面，喷漆作业场所有灰尘；沉淀的涂料搅拌不均匀或过滤不彻底；喷涂挥发性漆时，喷枪直径小，压力大，喷枪与被涂物的距离太大，导致漆膜含有粗颗粒。

处理方法，先使用磨石或2000号砂纸，将粒物磨除；再搭配抛光剂来抛光，将砂纸痕去除；若研磨后呈现出不同的颜色，则使用适当型号的砂纸（约400号砂纸）来研磨该部位，然后重新喷涂该区域。

4. 橘皮

在喷涂涂料时形成的不平滑的像橘皮般凹凸不平的漆膜称为橘皮，如图4－37所示。

图4－37 橘皮

形成原因有以下几种：稀释剂挥发过快；涂料黏度大、流动性差；喷涂压力不足使涂料雾化不良；喷涂距离过远；喷涂厚度不足；喷涂室的风速过快；气温过高或过低；被涂物温度过高。

处理方法是若损伤较小，使用2000号砂纸研磨涂膜纹路，直到表面平顺为止；然后，用抛光作业来调整纹路，若以前已实施研磨作业，则须去除砂纸痕；若损伤较大，使用适当型号的砂纸（约400号砂纸）研磨须研磨的部位，然后使用调好颜色的涂料，重新喷涂该部位。

5. 发白

喷涂时出现的漆膜发白而无光泽的现象称为发白。

形成原因可能有空气湿度高（80％以上）；稀释剂挥发过快；被涂物温度过低；压缩空气和稀释剂中有水分。

处理方法：若损伤较小，使用抛光作业去除损伤；若抛光仍无法修复损伤或修复不久后又再度发生时，则将损伤层磨除并重新喷涂该区域。

注意：喷漆过程中应添加防白剂或防潮剂。

6. 拉丝

喷涂时漆面成丝状的现象称为拉丝。

形成原因有涂料黏度过高；稀释剂溶解能力不足。

处理方法：严重时，干燥后打磨重新喷漆。

7. 金属光泽不均匀

喷涂过程中出现的金属粉（主要是铝粉）的流动使漆膜表面不均匀的现象称为金属光泽不均匀。

形成原因包括稀释剂挥发慢；涂料黏度过高或过低；喷涂压力过低；一次漆膜过厚，漆膜厚薄不均匀；喷枪的雾化性差。

处理方法：严重时，干燥后打磨重新喷漆。

（三）漆膜干燥中或干燥后产生的漆膜缺陷及其处理

1. 发花

漆膜中的颜色分离、局部与整体颜色不一致，生成斑点和条纹的现象称为发花。

形成原因包括涂料的颜料分散性差；稀释剂的溶解力不强；漆膜过厚；涂料黏度不适当。

处理方法：先用1500号水砂纸进行打磨，然后按如下步骤处理：抛光剂－漆面还原剂－镜面釉－色彩增艳剂－镜面釉－色彩增艳剂－镜面蜡或三重蜡。

2. 浮色

浮色是指在漆膜的表面没有斑纹，漆膜色调一致，但表面与内部的色调不一致的现象。

形成原因包括颜料的密度不同；使用不同的涂漆设备。

处理方法：严重时，干燥后打磨重新喷漆。

3. 渗色

渗色是指面漆将底漆溶解，使底漆的颜色渗透到面漆上，使面漆颜色不均匀的现象，如图4－38所示。

形成原因是底漆的颜料被面漆的溶剂溶解，浸出面漆。

处理方法是先将损伤部位涂膜去除；然后使用调好颜色的涂料，重新喷涂该部位。

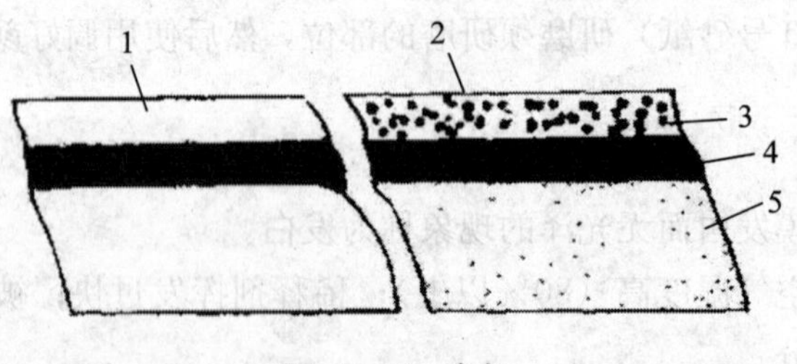

图4－38　渗色

1—湿漆膜；2—干漆膜；3—面涂层；4—底涂层；5—底材

4. 起皱

起皱是指成膜不光滑，收缩成很多弯曲的棱脊，犹如老人脸上的皱纹，日久棱脊上易开裂的现象，如图4－39所示。

形成原因包括漆膜过厚；面漆的溶剂把底漆漆膜溶解；底层未干燥彻底即喷涂面漆；

烘房内的酸性气体过多形成网纹；烘干加热过快。

处理方法是先给予涂膜彻底的干燥；然后，彻底去除缺陷部位的涂膜；再使用已经调好颜色的涂料，重新喷涂该部位。

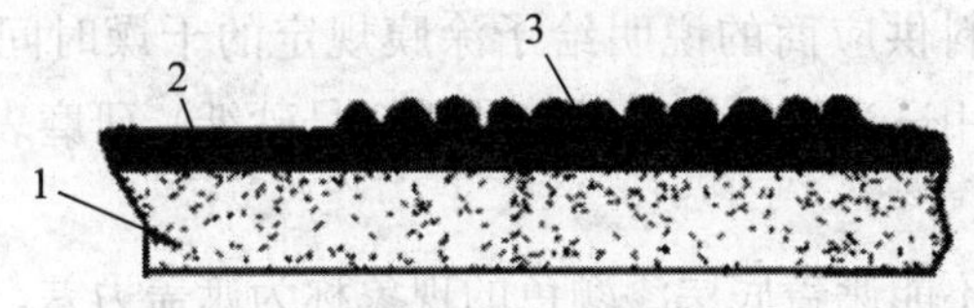

图 4-39 起皱

1—底材；2—涂层；3—起皱

5. 针孔

针孔是指在漆膜表面产生针状孔的现象，如图 4-40 所示。

形成原因包括在底层上已经有针孔的表面涂覆；漆膜厚，加热快；固化不充分；涂料黏度高；喷涂环境空气中存在水分。

处理方法：若损伤较小，使用 2000 号砂纸将损伤部位研磨平顺；再用抛光作业将损伤及砂纸痕去除；若损伤较大，使用适当型号的砂纸（约 400 号砂纸）研磨该部位，然后使用调好颜色的涂料，重新喷涂该部位。

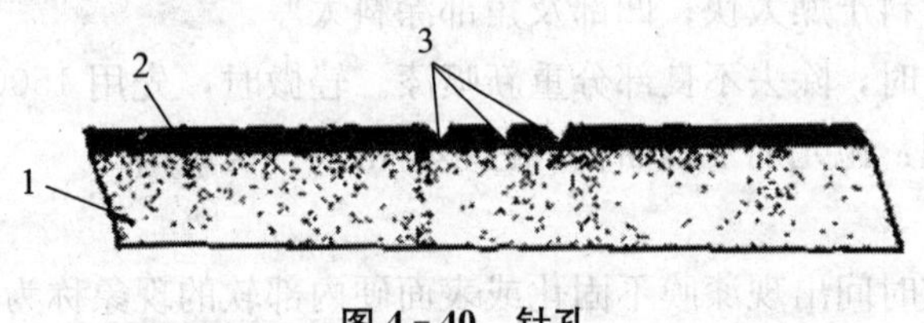

图 4-40 针孔

1—底材；2—涂层；3—针孔

6. 气泡

气泡指在漆膜上产生气泡及气孔的现象，见图 4-41。

形成原因包括稀释剂挥发太快；漆膜厚，加热快；涂料黏度高。

处理方法是先将旧涂膜磨除到钢板；然后，由底漆作业开始，重新喷涂底漆、腻子、面漆。

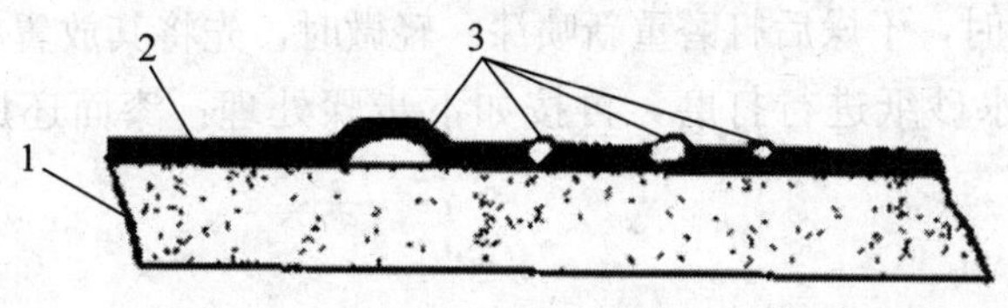

图 4-41 气泡

1—底材；2—涂层；3—气泡

7. 失光

漆膜干燥后没有光泽的现象称为失光。

形成原因包括打磨不够或有打磨残留物；砂纸太粗糙；残余有石蜡、润滑油、油、水分；烘烤过度；稀释剂使用不当；附着有喷涂灰尘；烘房内换气不良；底漆吸附多。

处理方法先依照涂料供应商的说明给予涂膜规定的干燥时间；再抛光表面使光泽呈现。若涂膜太薄，则使用适当型号的砂纸（约400号砂纸）研磨表面，然后重新喷涂。

8. 遮盖力差

中间层漆与面层漆不能遮盖底层漆颜色的现象称为遮盖力差。

形成原因包括涂料的遮盖力不足；底漆与面漆的颜色相差太大；涂料搅拌不均匀或喷漆不均匀；涂层厚度不够；涂料黏度低。

处理方法：重新喷漆。

9. 丰满度差

漆膜的厚度不足，丰满度不好的现象称为丰满度差。

形成原因包括涂料过稀；漆膜薄；底漆打磨不好（砂纸太粗）。

处理方法：严重时，再涂装一层涂料。轻微时，先用1000～1500号水砂纸进行打磨，然后按“抛光剂—镜面还原剂—镜面釉—色彩增艳剂—镜面蜡”顺序进行处理。

10. 漆腹部分扩起

在漆膜的凹部及角部浮出粉末状漆膜的现象称为漆腹部分扩起。

形成原因包括涂料干燥太快；凹部及角部涂料太厚。

处理方法：严重时，除去不良部分重新喷漆。轻微时，先用1500号水砂纸进行打磨，然后按如下步骤处理：抛光剂—镜面釉—色彩增艳剂—镜面蜡。

11. 慢干

涂装后经过一定时间出现漆膜不固化或表面硬内部软的现象称为慢干。

形成原因包括表面残存石蜡、硅油、油、水分等；喷涂时空气中浸入油；稀释剂使用不当；一次涂装过厚；高温且换气不良；油性涂料储存时间长，影响使用效果。

处理方法：严重时，干燥后（加热促进干燥）打磨重新喷漆。轻微时，先加热促进干燥，再用1500号水砂纸进行打磨，然后按以下步骤处理：漆面还原剂—镜面釉—镜面蜡。

12. 回黏

回黏是指硬化的漆膜带有软化的黏着性的现象。

形成原因包括使用了含有鱼油等半干性的涂料；干燥后通风不足，湿度高；由于灰尘、水泥、墙壁的碱性等使油性涂料皂化而产生回黏。

处理方法：严重时，干燥后打磨重新喷漆。轻微时，先将其放置在通风良好的位置干燥，然后用1500号水砂纸进行打磨，再按如下步骤处理：漆面还原剂—镜面釉—增艳剂—镜面蜡。

13. 污斑

污斑是指漆膜黏附有污垢的现象。

形成原因是由于漆膜黏附有灰尘、水泥、粉尘、煤灰、酸性杂物、树脂、昆虫、化学

药品等。

处理方法：严重时，干燥后打磨重新喷漆。轻微时，先用1500号水砂纸进行打磨，然后按如下步骤处理：漆面还原剂—镜面釉—镜面蜡。

14. 泛金光

泛金光是指漆膜忽绿忽蓝的变色现象。

形成原因包括颜料色泽有转移性，特别是蓝绿深色涂料有这种倾向；喷涂时空气中有油。

处理方法：严重时，用不易产生金光的涂料重新喷漆，并应注意采用同质的清漆进行涂装。轻微时，先用1500号水砂纸进行打磨，然后按如下步骤处理：漆面还原剂—镜面釉—镜面蜡。

15. 起泡

起泡是指部分漆膜离开底面形成泡状，有的甚至浮在表面的现象。

形成原因包括在涂装表面残留有油污、指纹、打磨渣粒等；在涂装表面残存水气；漆膜干燥不充分；在高温下长期放置。

处理方法：重新喷漆。

16. 龟裂、小开裂

漆膜发生像龟甲或树叶叶脉状开裂的现象称为龟裂、小开裂。

形成原因包括底漆凹面漆软；底漆过厚；在底漆干燥不足时喷涂面漆；面漆厚，特别在修补涂装后，易在旧漆边缘出现小裂纹。

处理方法：重新喷漆。

17. 剥落

剥落是指漆膜的附着力差，漆膜的一部分或全部剥落的现象。

形成原因包括漆膜有石蜡、硅油、油、水等；底漆干燥不充分；底层过于平滑；底漆烘烤过度。

处理方法：重新喷漆。

任务四 汽车漆面划痕修复

某车在进行车身清洗后发现漆面上有各种轻微刮伤、蹭伤，个别地方有恶意划伤、硬物刮伤等已露底漆的情况，要求针对实际的划痕进行区分鉴别，采用恰当的方法对汽车漆面进行修复。

任务分析与实施

一、漆面划痕的类型

汽车漆面划痕根据其深浅程度不同分为浅度划痕、中度划痕和深度划痕三种类型，如图 4－42 所示。浅度划痕是指表层面漆轻微刮伤，划痕穿过清漆层已伤及色漆层，但色漆层未刮进；中度划痕是指色漆层已经刮透，但未伤及底漆层；深度划痕是指底漆层已刮透，可见车身的金属表面。

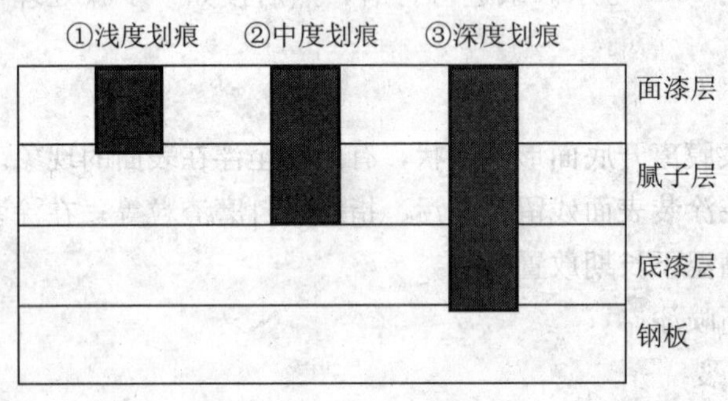

图 4－42　汽车漆面示意

二、漆面划痕产生的原因

汽车漆面划痕产生的原因有很多，但主要有以下三类。

1. 擦洗不当

进行汽车清洗时，若清洗剂、水或擦洗工具（海绵、毛巾等）中有硬质颗粒，都会使漆面产生划痕。

2. 护理不当

进行漆面抛光时，如选择的打磨盘粒度较大，打磨用力较重或打磨失误，都会在漆面上留下不同程度的划痕。在打蜡时，如蜡的品种选择错误，误把砂蜡用在新车上，会打出一圈圈的划痕。

3. 意外刮蹭

汽车在行驶中与其他汽车产生刮蹭或与路边树枝产生刮蹭，以及暴风、沙尘天气与“飞沙走石”产生刮蹭都会造成漆面划痕。

对汽车划痕的处理要根据受损程度不同，选用合理的处理方法和工艺，合适的工具和涂料，这样才能达到去除漆面划痕的目的。

三、浅度划痕的处理

（一）浅度划痕的处理工艺

对表层漆面浅度划痕的车身采用下列修补工艺进行修复。

1. 脱蜡洗车

脱蜡洗车可以保证获得良好的研磨抛光效果；其方法是使用专用脱蜡清洗剂，去除原有漆面的蜡质层，但不损伤漆面及塑料部件；其工序为高压冲洗—喷脱蜡清洗剂—擦拭—清洁—擦干五个步骤，其具体操作方法详见模块三任务一。

2. 漆面研磨抛光

根据车身漆面的厚度、硬度、耐磨性等选择适当的抛光剂；再根据划痕的大小和深浅，选用适当的打磨工具对刮伤的表面层进行研磨抛光。研磨既可采用人工作业，也可用研磨抛光机或打磨机进行机器研磨抛光。其工序为深切研磨—中切研磨—微切研磨—抛光。

(1) 深切研磨。深切研磨的目的是去除漆面较深的划痕，提高作业效率，保证抛光质量；一般要求能够去除漆面95%左右的划痕，故研磨剂粒度为320～400目。操作方法如下。

①先用小块毛巾将研磨剂均匀涂抹在待抛光的漆面上（涂抹面积以操作员能够自如抛光为好）。

②再将海绵抛光盘安装在抛光机上，蘸满水，保持抛光盘表面与待抛漆面基本平行（局部抛光除外），设置抛光转速为1500～1800r/min，启动抛光机。

抛光时，为保证抛光盘湿润，应该边抛光边洒洁净清水，降低摩擦表面温度，避免抛光盘焦化或漆面损坏。直至抛完作业表面，最后用清水冲洗干净，擦去残留物，检查抛光效果。

(2) 中切研磨。目的是清除深切研磨留下的砂痕。研磨剂的粒度应在400～600目。操作方法与深切研磨类似。

(3) 微切研磨。主要目的是清除中切研磨留下的细微砂痕，进行表面磨光处理，以进一步提高光泽度。研磨剂的粒度一般选择600目以上。操作方法与深切研磨类似，不再重复。

(4) 抛光。主要目的是清除研磨留下的细微划痕。操作方法与前面讲述相同。

注意：打磨时不能磨穿面漆层，如面漆层被磨穿，露出中涂漆层，必须喷涂面漆进行补救。

3. 漆面还原增艳

经研磨抛光的漆面已基本消除浅度划痕，对研磨抛光作业中残留的一些发丝划痕、旋印等，可通过漆面还原进行处理。其方法是用一小块无纺布将还原剂均匀涂抹于漆面，然后用无纺布/毛巾抛光，直至面漆层与原来的涂层颜色完全一致为止。

4. 上蜡

漆面还原后还应进行上蜡处理。其方法是先将固体抛光蜡碾碎放入汽油中热溶后备用，修补部位用洁净的棉纱先蘸汽油润湿，再蘸蜡涂满后进行擦拭，要反复多次擦拭直至漆膜平整光亮为止。

在上蜡时，也可将汽车整个表面同时打蜡抛光一遍。方法是先用洁净的棉纱将蜡质全部擦净后；再涂上光蜡，直至漆膜清晰光泽透亮；最后用绒布均匀擦拭一遍即可。

5. 质检

上述工序完成后，对修补表面外观质量要进行检查，检查的重点是涂层的色泽必须与原漆膜完全一样，若有差异说明表面清理和打蜡抛光操作不到位，必要时应进行返工。

(二) 漆面浅划痕处理的注意事项

上面介绍了浅划痕处理的基本程序及方法，应该注意的是不同美容产品在使用上存在一定差异，千万不可千篇一律、生搬硬套，应根据具体情况灵活掌握。

(1) 在漆面浅划痕处理前，被处理表面必须进行清洁和开蜡。

(2) 抛光剂不可涂在抛光轮上，应用小块毛巾均匀涂抹于漆面被处理部位。

(3) 抛光剂涂抹面积要适当，既便于抛光操作，又可避免未及时抛光出现干燥现象。

(4) 抛光时要掌握好力度和速度，漆面瑕疵多的地方要重且缓慢，用力要“去时重、回时轻”，棱角边处抛光要轻，来回抛光速度要快。

(5) 抛光时及时洒水，洒水最好以雾状喷洒，防止因水流过大，冲去抛光剂。

(6) 欧美汽车的面漆涂层一般较厚，而日本、韩国及国产车辆面漆涂层一般较薄。在抛光时要注意把握好分寸，千万别抛露面漆。

(7) 抛光作业可以手工完成，在手工抛光时应注意抛光运动路线，不可胡乱抹擦、环形运动。应该以车身纵向平行线为准往复运动。

总之，抛光作业是面漆划痕处理的核心技术，抛光剂的选择及用量，抛光机的正确使用，以及抛光程度的鉴定等事宜，要在操作实践中不断探索，不断总结经验，提高自身的技术水平，详见本模块的任务一。

四、中度划痕的处理

当色漆层已被刮透，但未伤及底层涂漆，其修复程序如下。

1. 打磨

先检查底层涂漆是否附着完好；再对中涂层及面漆层的刮伤部分进行打磨，使之平整、光滑；然后对损伤部位的边缘进行修整，使其边缘不见刮伤的涂层为止，必要时可适当扩大打磨面积。

2. 清洗、干燥

先用专用清洗剂去除打磨表面的油污、异物；再用烘干设备将清洗表面干燥。

3. 中涂层涂装

(1) 确定操作工艺参数。根据不同的涂料确定实际使用黏度、雾化压力、涂装距离、干燥温度、干燥时间等参数。

(2) 遮盖。对不喷涂的部位进行遮盖。

(3) 中涂层漆膜干燥。若修补面积不大，可采用室温自然干燥，但时间较长；一般常用远红外线干燥灯或远红外线干燥箱（反射式）进行局部干燥。

(4) 中涂层漆膜打磨清洁。中涂层漆膜干燥后，用 320 号砂纸对补涂的漆膜进行轻轻打磨，使之光滑平整，直至用手触摸无粗糙感觉为止。

打磨方法有干式打磨和湿式打磨两种。干式打磨时，用压缩空气吹净打磨部位，再用

清洁的黏性抹布把浮灰等彻底擦净；湿打磨时，用 320 号的水磨砂纸对修补的中涂层进行表面打磨，同样打磨到用手触摸无粗糙感为止，并用水冲洗干净，将水擦净、晾干或用压缩空气吹干，最好还是用远红外线灯箱烘干。

4. 面漆涂装

（1）第一道面漆。

①喷漆。将已选好的面漆，按操作条件的要求，调配到规定的工艺条件允许范围内，然后进行喷涂，涂层厚度达到 30～40μm。

②烘干。一般采用特制的远红外烘烤灯或烘烤箱进行局部烘干。烘烤的温度和时间取决于现场的实际状况，但必须要达到烘烤的质量要求。可用棉球法测定漆膜表面是否实际干燥。

③打磨。用 280～320 号砂纸进行面漆表面湿打磨。使面漆涂层表面平整光滑，并用抹布、压缩空气边吹边擦，最后用带黏性的抹布将表面彻底擦净。

（2）第二道面漆。

①喷漆、烘干。方法与第一道面漆相同。

②打磨。此次面漆打磨是直接影响到涂层表面质量的最后打磨工序。应特别注意打磨质量。采用 500～600 号砂纸轻轻湿打磨，消除涂膜损伤，然后再进行烘干。

5. 清漆涂装

第二道面漆喷涂打磨干燥后，应再喷涂一层清漆。

（1）施工条件。以清漆 KH－24 为例，采用专用稀释剂 KH—24；稀释率 14%～16%；稀释黏度 24～25s，固体质量分数 46%；稳定性静置 48h。

（2）涂装方法。喷涂次数 5～6 次，目标厚度 35～40μm；每次流平时间 3～5min；最后一次流平时间 7～10min。

（3）干燥。干燥温度 140℃，干燥时间 30min。若在干燥室内采用保持式干燥时间为 20min。若是局部小范围的干燥，采用远红外线加热器进行烘烤，时间至实际干透为止。

6. 抛光上蜡

抛光打蜡的操作方法是先用棉布、呢绒、海绵等浸润抛光剂进行抛光；然后擦净；再涂上光蜡，并抛出光泽。

五、深度划痕的处理

对深度划痕先应清除损伤板面的旧漆层，用钣金或焊装等方法，修复好已损伤车身的板面，达到与原来的形状尺寸轮廓相等要求，然后进行修补涂装，其工艺是表面处理—刮涂腻子—喷涂中涂层—喷涂面漆—抛光上蜡。

1. 表面处理

表面处理（如图 4－43、图 4－44 所示）的步骤如下。

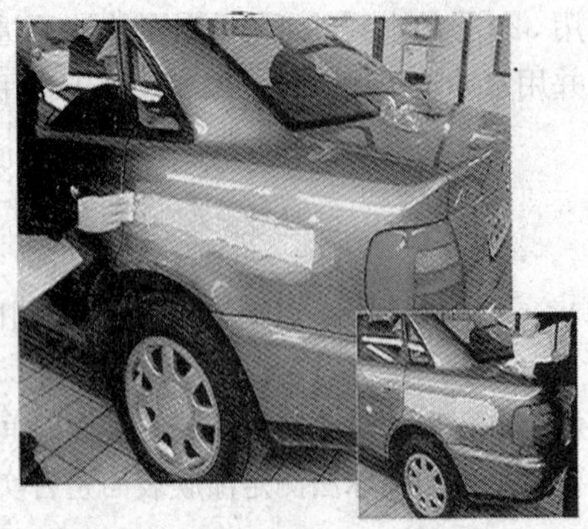
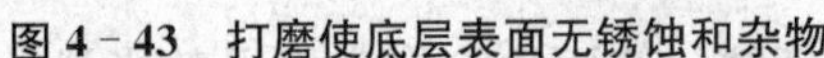

图 4-43　打磨使底层表面无锈蚀和杂物

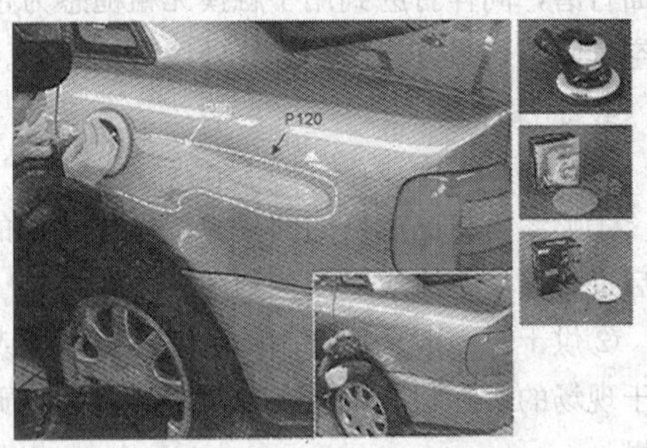

图 4-44　打磨使其平整

(1) 用铲刀、钢丝刷等清除表面涂层、铁锈、焊渣，焊口较大处用砂轮打磨平整，用 1.5～2.5 号砂布打磨，清除底层表面锈蚀和杂物。

(2) 用溶剂将划痕处洗净、晾干。

(3) 涂上一层薄薄的底漆。

(4) 在底漆膜上涂一层防锈漆。

2. 刮涂腻子

如果划痕经表面处理后未露金属基材，且底漆层附着良好，则可以在原有底漆层基础上直接喷涂封闭底漆或中涂层；如果金属基材外露，则须进行腻子的刮涂施工，然后喷涂封闭底漆或中涂层。刮涂腻子的程序如下。

(1) 将速干原子灰腻子覆盖在金属层上。

(2) 原子灰腻子干燥后，用 400 号干砂纸将原子灰腻子打平，操作如图 4-45 所示。

(3) 用脱蜡清洗剂将划痕处擦净。

图 4-45　打磨已刮涂的腻子使其成型

3. 喷涂中涂层

进行中涂层喷涂的程序如下。

（1）将不喷漆的地方用专用胶纸遮盖。

（2）先用喷枪轻轻地喷上两道底漆，然后再喷第二层较厚的底漆，并使其干燥。

（3）用 600 号砂纸将底漆磨平。

（4）如果划痕处仍低于漆面，可再喷涂 3～5 层底漆，并重复清洁步骤。

（5）用 1500～2000 号砂纸将周围部分打平，再用溶剂擦净。

4. 喷涂面漆

（1）喷漆。选用与原车色漆配套的面漆，按原车颜色调配，并调至符合使用要求的黏度。

经过滤后再进行喷涂作业（如图 4－46、图 4－47 所示）。每喷涂一遍之后，应留有涂膜需要的流平时间，然后再一遍一遍地进行喷涂。使第一次面漆涂层达到 30～40μm 厚度。涂料在涂覆后有足够的流平和晾干的时间，常温干燥一般 2h 以上。

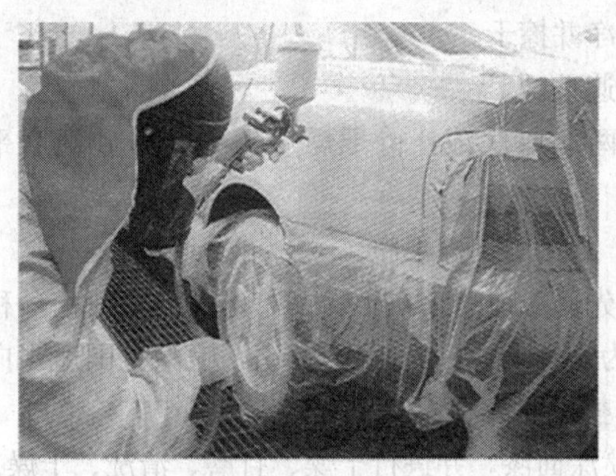

图 4－46 遮盖与喷漆

图 4－47 修整漆面

（2）湿磨。用 280～320 号水磨砂纸在喷涂面层的涂膜基础上将涂膜打磨平整光滑。用抹布、压缩空气边吹边擦拭干净。并使表面干烘，可加热干燥，也可自然晾干。但自然晾干时，时间较长，应注意防止粉尘污染涂膜表面。

（3）罩光。在原有面漆内，加 20％以下清漆，再适当加入稀释剂混合，以增加光洁度。其黏度以 15s/25℃为宜。经过滤后再喷涂。喷后流平性要好，以便第二天易于抛光打蜡。总厚度为 80～110μm。

5. 抛光上蜡

抛光上蜡的程序如下。

（1）将喷涂完并干燥的车身，拆除遮盖物。

（2）用 400～500 号水磨砂纸带水将车身表面打磨至涂膜表面光滑平整为止。打磨长度来回在 100mm 以内。

（3）用抛光剂打磨。先用抹布将涂层表面擦净；再用呢绒、海绵等浸润抛光剂进行抛光。

（4）抛光之后上光蜡抛出光泽，使其表面光亮如新。

六、创伤划痕的修复

1. 划痕状态

由于碰撞擦伤严重而出现的划痕。

2. 修复措施

底材金属表面有划痕，若金属有变形，则应先修复金属变形（可按汽车钣金修复工艺进行具体修复），可按如下措施修复。

（1）用深切研磨剂，将划伤部位整块研磨。

（2）用 80～150 号水砂纸。将划痕及周围的金属表面进行打磨。

（3）用脱蜡水或溶剂，将划痕处进行清洗并擦干或用压缩空气吹干。

（4）用速干原子灰腻子刮涂在划痕打磨部位，待干燥后进行打磨，用 100 号干砂纸打磨平整。

（5）再次用脱蜡洗车液，将打磨处清洗干净并擦干。

（6）用遮盖纸和胶带，将不需喷涂处进行遮盖。

（7）用喷枪喷涂两层底漆，然后再喷涂两层厚底漆；待干燥后用 600 号砂纸磨平底漆。

（8）用 1500 号砂纸将周围部分打磨平整，并用溶剂擦干净。

（9）将调好的与原中涂层漆一样的漆料，先薄薄地喷涂在干燥并打磨好的底漆上，稍干后再喷涂中涂层漆 2～3 层。每层间隔时间为 5～15min，每喷涂一次，喷涂范围适当向外延伸 25mm 左右：干燥后将中涂层漆打磨平整，并清洗干燥。

（10）喷涂面漆层，按面漆的实际要求，喷涂面漆，并进行干燥、打磨、清洗、干燥。

（11）喷涂清漆，按清漆的实际要求，喷涂清漆，并进行干燥、打磨及抛光，然后清洗、干燥。

（12）涂护理美容车蜡并抛光，使划痕得到彻底清理，可使漆膜光泽如新。

（13）拆除遮盖纸，并擦拭漆膜，消除胶带印。

七、塑料件漆膜划痕的修复

1. 塑料件划痕的修复特点

塑料件漆膜划伤后，若直接喷涂面漆进行修复，只能保持很短一段时间，过一段时间后会出现漆膜断裂、脱落现象，保持时间很短。

2. 塑料件漆膜划痕的正确修复措施

塑料件漆膜划伤后，若直接修补喷涂面漆，会造成漆膜断裂或脱落现象，其根本原因是补漆工艺错误所致。

塑料件因外界环境温度变化影响而自然伸展或弯曲时，由于修补漆膜的硬度和弹性与原塑料件的硬度和弹性不一致，所以出现漆膜断裂和脱落。其正确的修复工艺如下。

（1）打磨划痕部位，用 600 号砂纸打磨漆膜划痕部位，并清洗擦拭干净，凉干或吹干。

(2) 先在打磨部位喷涂一层塑料底漆，并使其干燥。

(3) 在面漆修补漆中，加入专用塑料柔软剂，并调合均匀，然后喷涂在塑料底漆上。

(4) 待塑料修补漆干燥后，进行打磨抛光，并清洗干燥。

(5) 涂面漆美容护理蜡，抛光护理，即可使漆膜色泽光亮如新。

(6) 经过正确地修补工艺加工后，可提高漆膜使用寿命，克服了断裂和脱落现象，并提高了塑料件漆膜的装饰效果。

任务五　汽车漆面失光与翻新处理

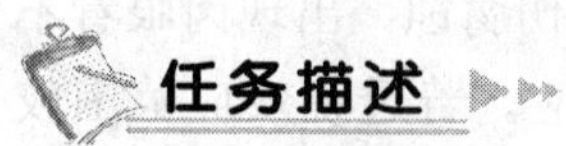

任务描述

车辆长期停驶在露天环境，由于毫无遮掩地遭受风吹雨淋、日晒及酸雨等化学物质的侵蚀，使漆面逐渐粗糙失光，漆面变黄老化。需要分析漆面失光的原因、采用恰当的翻新工艺进行处理，恢复汽车漆面原有光泽。

任务分析与实施

失光是指漆膜表面最初有光泽，在使用过程中逐渐失去光泽或者光泽涂料干燥成膜后，出现无光泽或光泽不足现象。另外，有光泽的涂料干燥后涂膜发暗，即光泽偏低，也称失光。

汽车漆膜在使用过程中，经受日光、风雨、冰雪等的侵蚀；空气中的有害气体、紫外线照射、酸雨、鸟类粪便等侵蚀；以及汽车在高速行驶中与空气摩擦，产生静电将有害气体的分子和灰尘吸附黏结在车身漆膜上，从而形成一层氧化膜，使车身漆膜颜色变暗、失光，严重影响了车蜡的质量。为解决汽车漆膜的上述损伤而进行的护理美容，称为汽车漆面翻新美容。

一、漆膜失光的原因

导致漆面失光的原因主要有日常保养不当、透镜效应、自然老化、划痕四类。

1. 日常保养不当

(1) 洗车不当。洗车时，由于水质不当是造成漆膜失光的诱发因素。例如，水质不清洁，含有腐蚀性物质或含有酸、碱性物质，这样会直接造成对漆膜的侵蚀，使漆膜失光；有的洗车液，质量不稳定，甚至碱性较强，直接侵蚀车身漆膜；此外，冲洗时水压过高，也可使车身漆膜的光亮层受到冲刷而失光。

(2) 擦车不当。在清洗车时，一般都是先冲洗，后擦拭，如不冲洗就擦拭，往往因车身漆膜上有浮尘、砂粒，这样就会使漆膜被擦伤而出现划痕，因而使漆膜失色失光。

(3) 日常护理不当。日常护理不当，主要有两种，一是不重视日常护理，使汽车处于未护理的状态运行，所以车身漆膜受到腐蚀，损伤较重；二是日常护理的方法、时间和护理品选用不当，不但没有达到护理的目的，反而加重了车身漆膜的腐蚀和损伤，从而产生失光并日渐加重。

(4) 使用环境不良。汽车如果行驶在烟尘严重的矿区、工地、工业污染严重的地方，盐雾严重的沿海地区，或在温差变化大或气候变化大等地区行驶或停放，均会使车身漆膜遭受腐蚀和损伤，造成漆膜失光。

(5) 汽车运行腐蚀。汽车在运行时，由于环境原因、光电作用、酸雨影响、静电吸附等原因，使车身漆膜腐蚀损伤加重，也是造成漆膜失光的原因之一。

2. 透镜效应

当车身漆膜上存在有小雨滴时，水滴呈扁平凸透镜状，在阳光的照射下，对日光产生聚焦作用，焦点处的温度高达800℃～1000℃，从而使漆膜受到灼伤腐蚀，出现肉眼看不见的小孔洞，有的孔洞可深及底材。这种腐蚀现象，称为透镜效应。若透镜效应范围较大，分布密度较高，漆膜将会出现严重的失光。

判断方法是用放大镜仔细观察清洁后的漆膜表面，如发现较多斑点，则说明漆面受透镜效应灼蚀严重，漆面有不同程度的失光。

3. 自然老化

车身的涂料也有一定的使用寿命，当使用到一定的时间后，无论如何护理，总会出现漆膜氧化、失光、粉化等问题。这就是自然老化，也是不可避免的。

判断方法是用放大镜观察清洗后的车身漆膜，当车身漆膜无明显划痕，斑点较少，是属氧化还原反应所致，属于自然老化失光。

4. 划痕导致失光

当漆膜上分布较多的微细划痕，而未伤及底漆层，特别是在强光照射下更容易造成失光。

二、车身漆面翻新抛光的作用原理

车身漆面在进行翻新抛光处理时，是通过静电、摩擦和抛光的作用原理来消除和改善漆面的一些损伤。处理时在抛光机上安装抛光盘并抹上抛光剂，由于抛光盘配合抛光剂与车漆摩擦而产生静电，摩擦的同时产生热量使漆膜变软，毛细孔变大。在这种情况下，静电将漆面毛孔内的脏物吸出，抛光盘将漆面氧化层磨掉，并将细微的伤痕填满，同时抛光剂的一些成分溶入漆膜，所以漆面通过抛光处理会改善失光的情况而变得光滑亮丽。

三、车身漆面翻新抛光处理

(一) 漆膜失光的处理方法

1. 以预防为主，进行正确的日常护理

从漆膜失光原因的分析中得知，日常护理时洗车不当以及选用的清洗剂、护理剂和清洗护理的方法不当等，均可导致漆膜失光。若采用正确的日常护理方法，即可预防漆膜失光；为停放较长时间的车辆罩上防尘罩，并选择合适的车库停放；加强护理、加装汽车防静电装置，解决汽车运行中形成所谓“交通膜”；及时擦拭，消除残存于漆膜表面的雨滴，

防止透视效应的发生。以上这些措施，可在一定程度上防止漆面失光。

2. 轻度自然老化及浅划痕导致的失光处理方法

对于此类失光，可先清洗打磨，消除表层的失光；然后上蜡抛光，即可恢复漆膜光泽。自然氧化不严重或漆面无明显划痕的漆面失光，用放大镜仔细观察会发现漆面斑点较小，这种漆面失光通常可采用抛光研磨的方法进行处理。首先用小块毛巾将抛光剂均匀涂抹在待抛漆面上，将海绵或羊毛抛光盘安装在抛光机上，蘸满水，保持抛光盘平面与待抛漆面基本平行（局部抛光除外），启动抛光机，将其转速设置在2000～2500r/min。抛光时为保持抛光盘湿润，应不断向抛光盘上撒洁净清水，以降低摩擦表面温度，避免由于摩擦升温过快使抛光盘焦化或灼伤面漆。抛光作业完毕后，用清洁水冲洗抛光表面，擦去残余物，检查抛光效果，最后上蜡。

3. 严重自然老化及透镜效应引起的失光处理方法

若由自然老化或透镜效应严重引起的失光，用放大镜观察漆面，会发现漆面有较多的斑点，说明漆面受侵蚀严重。由于这种原因导致的漆面失光，要重新进行喷涂操作。

（二）漆面翻新处理工艺

汽车漆膜的翻新美容，实质上就是对旧车身漆膜的损伤进行修复的护理处治。因车况损伤的程度不同，使用条件不同，所以必须针对具体的汽车漆膜的损伤状态，确定损伤原因及损伤程度，采用相应的美容措施，进行适当的美容处理。

1. 确认车身漆膜的损伤程度及护理措施

（1）清洗车身。除掉车身的氧化膜，对车身表面用清洁液进行彻底清洗。

（2）对清洗后的车身漆膜缺陷或损伤表面进行检查。若漆膜损伤严重，划痕较深或局部露底等，均需经过维修处理后，才能转入护理美容的操作工序进行修复；若漆膜只有轻微腐蚀或表面只有微细划痕等缺陷，可进行打磨、打蜡及抛光美容护理。

（3）确定漆膜损伤产生的原因及处理措施。

详见本模块任务三。

2. 漆面翻新美容的施工工艺

（1）清洗车身表面。在确认没有严重的刮伤后，用清洗液彻底清洗车身表面。可选用电动细磨机或气动细磨机配合专用超软接垫和超软尼龙细砂网S120，用中低速除掉氧化膜后，再用快干清洁剂清洁。

（2）去除氧化膜。用抛光机和粗海绵球，配合水溶性抛光粗蜡，将抛光蜡涂于海绵球表面，用1600r/min中速扩散研磨一遍，可消除漆膜纹理。

（3）抛光处理。将水溶性抛光细蜡加少许水分，均匀地涂抹在需抛光部位，然后改用羊毛球，将抛光机调至中高速1900～2200r/min进行抛光，可将砂纸纹痕抛掉，使漆膜产生光泽；在抛光过程中，应尽量使羊毛球保持湿润，防止过热损伤漆膜。

（4）上光封闭保护处理。用水溶性漆膜上光保护蜡和细海绵球，再用清洁的羊毛球进行抛光，即可使漆膜焕然一新。

（5）镜面釉镀膜处理。当整车漆面处理完毕后，漆面会很平滑、光亮，但有时会有一些极其细小的划痕和花痕或光环，为了保持漆面的平滑和光亮，则需上镜面釉。

使用镜面釉，需先用干净软布将抛光残留物清除干净，再摇匀用品，用软布或海绵将其涂在漆面上，停留 60s 后用手工或机器抛光。机器抛光保持速度在 1000r/min，手工处理时直线抛光抛亮即可。最后用干净软布擦去残留物。

抛光注意事项如下。

①控制抛光机的转速，不可超过选定速度的范围。

②保持抛光的方向性，不可乱抛，应按一定的次序进行。

③更换抛光剂的同时需更换海绵轮，不可滥用海绵轮。

④严禁使用羊毛轮进行镜面处理。

练习题

一、填空题

1. 汽车面漆的类型主要有_______、_______、_______、_______、_______。

2. 喷漆车间常用的类型有_________、_________、_______________四种。

3. 汽车的涂装修补主要包括_______、_______、_______和_______等。

4. 汽车失光的处理方法有_________和_________。

5. 常见的汽车失光的原因主要有_________、_________和_________。

二、选择题

1. 国内汽车修补漆中间涂层可分为（　　）。

A. 底漆　　B. 腻子　　C. 二道浆　　D. 封闭底漆

2. 喷涂中常用的喷枪类型是（　　）。

A. 虹吸式　　B. 重力式　　C. 压力式　　D. 压送式

3. 喷漆前，对车身旧漆膜的清除最常采用（　　）方法。

A. 手工清除法　　B. 机械清除法　　C. 碱液清除法　　D. 化学清除法

三、简答题

1. 汽车补漆后易产生哪些缺陷？

2. 如何正确使用和调整喷枪？

3. 试述底漆涂装工艺过程？

4. 如何修复汽车漆面的深划痕？

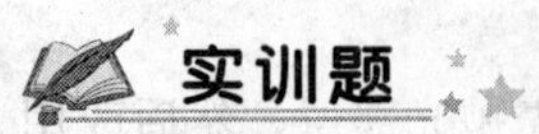

实训题

实训项目名称

汽车漆面美容

实训目的

1. 了解汽车漆面美容用品的选用及工具的使用；

2. 掌握汽车车身表面打蜡、抛光工艺的实施方法；

3. 掌握汽车车身漆面浅划痕处理方法。

实训要求

对一辆旧车进行整车的抛光打蜡，要求恢复其漆面的光泽度并对其上的浅划痕进行处理。

1. 制订整车抛光打蜡工艺方案，实施整车漆面美容作业，包括对车身漆面现状的分析报告，车蜡的选用、工艺流程的制定和实施以及人员的计划和分工。

2. 制订车身漆面浅划痕处理方案并执行，包括对划痕的鉴别报告，漆面处理材料的选用，浅划痕处理工艺流程以及人员的计划和分工。

实训时间

四周实训课程，教师指导和点评。

模块五　汽车外部装饰

汽车的外部装饰，主要对汽车顶盖、车窗、车身周围及车轮等部位进行装饰，它能体现车主的个性特点，满足人们审美需求，部分装饰还能延长汽车的使用寿命。本模块主要介绍的外部装饰包括车身的普通装饰、漆面特种喷涂装饰及大包围装饰，天窗的选装，车轮及车灯装饰等。本模块的学习目标和能力目标如下。

学习目标

1. 了解汽车装饰所需的工具及其作用，掌握其使用方法。
2. 了解汽车车身装饰方式及方法。掌握彩条及保护膜装饰的工艺流程。
3. 了解漆面特种喷涂装饰的方法，掌握美术油漆装饰的施工方法。
4. 了解天窗的作用及分类，掌握汽车天窗的选购方法、安装工艺流程及使用保养注意事项。
5. 了解汽车大包围的分类及作用，掌握大包围的设计原则及安装工艺流程。
6. 了解车轮盖的设计要求及分类，掌握车轮饰盖装饰的操作工艺。
7. 了解保护底盘的作用，及进行底盘封塑、装甲所需的材料；掌握底盘保护装饰的操作工艺流程。
8. 了解前照灯的设计要求、灯泡的特点；掌握升级前照大灯的方法和改装氙气大灯的流程及注意事项。

能力目标

1. 能独立完成汽车车身彩条装饰及保护膜装饰。
2. 能独立完成美术油漆装饰。
3. 能独立完成天窗的选购、安装。
4. 能独立完成汽车大包围的安装。
5. 能独立完成底盘的保护性装饰。

任务一　认识汽车装饰工具

参观汽车装饰店，了解汽车装饰的通用工具及部分特殊的装饰工具。

任务分析与实施

汽车的装饰工具主要包括以下几种比较常用的通用及专用工具。

一、通用工具

1. 扳手

扳手是用来扭转螺母的工具，以爪口的宽度来确定扳手的尺寸。成套的英制扳手包括1/6～1in的尺寸范围；米制扳手通常包括6～19mm的尺寸范围，也有更小或更大尺寸的扳手。常用扳手的种类如图5-1所示。

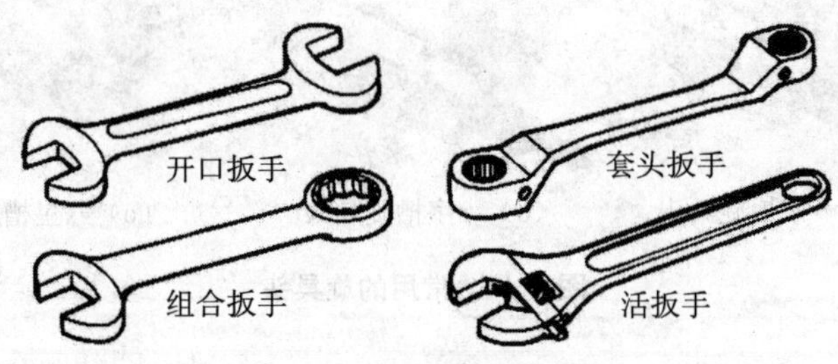

图5-1　常用的各类扳手

2. 旋具

旋具是用于旋紧和松开各种花型槽螺钉的工具，有一体式的旋具，如图5-2所示；也有套筒及旋具头组合旋具，如图5-3所示。常用的旋具头主要包括一字槽、十字槽及六星槽旋具（也叫花形旋具）头，如图5-4所示。其中，六星槽旋具主要用于拆装汽车灯具和反射镜，尤其在进口汽车维修中经常使用。

3. 钳子

汽车装饰中所用的钳子主要有组合钳、尖嘴钳、管钳三类。

（1）组合钳。汽车维修与装饰最常用的钳子，如图5-5（a）所示，有两个张开的爪，一个爪可以在另一个爪的销钉上移动，借以调整钳口尺寸的变化。钳爪既有平直的表面，也有弯曲的表面，用于夹持平的或圆形的工件。

（2）尖嘴钳。尖嘴钳是汽车电器拆装及维修中不可缺少的工具，如图5-5（b）所示，头部的钳爪呈锥形，便于夹持小的零件或是伸入到狭窄空间作业，有的尖嘴爪做成一定的角度，能在障碍物后面或绕过障碍物进行操作，使用时还可用来为导线切头或剥皮。

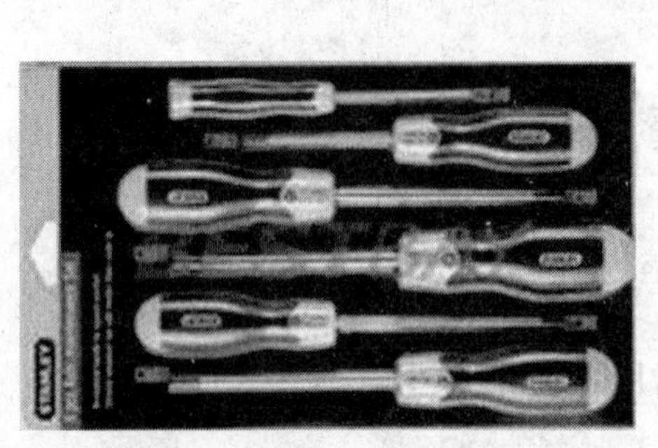
图 5-2　一体式旋具套装

图 5-3　套筒及旋具头套装

（a）一字槽旋具头

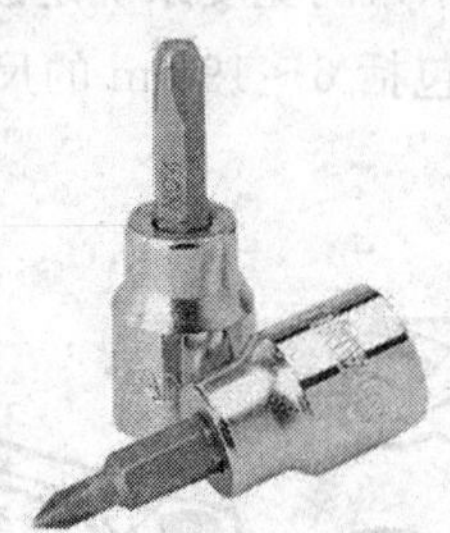
（b）十字槽旋具头

（c）六星槽旋具头

图 5-4　常用的旋具头

（3）管钳。管钳允许有多种钳口张开量，因钳口可调，又称可调钳，如图 5-5（c）所示。使用特点是其把手较长，利于抓握或转动大的工件，提供充分的转动杠杆作用，钳口有平面和曲面之分。

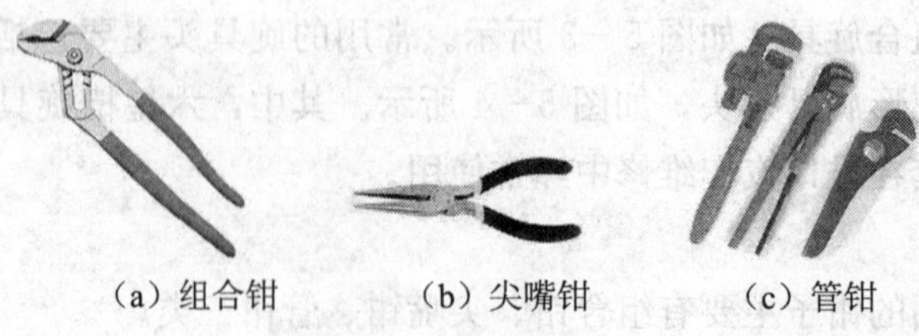
（a）组合钳　（b）尖嘴钳　（c）管钳

图 5-5　常用的钳子

4. 锤子

汽车装饰中常用的锤子主要有球头锤和橡胶锤，如图 5-6 所示。其中橡胶锤是精密表面的作业工具，在钢锤的一端装上橡胶头，成为橡胶锤，还可用于拆装玻璃门等。

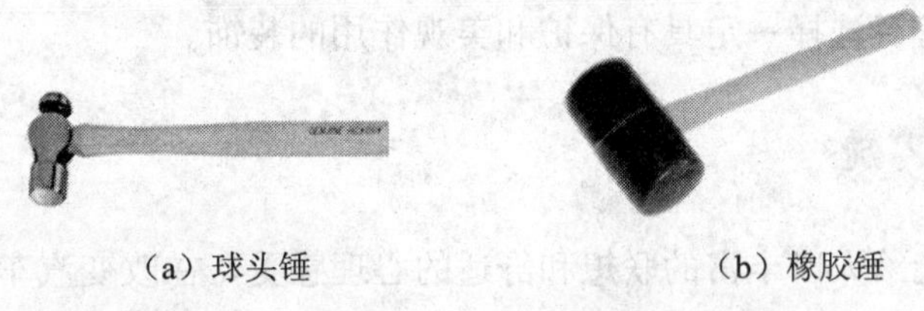

（a）球头锤　　（b）橡胶锤

图 5-6　常用的锤子

5. 其他工具

汽车装饰作业中使用的工具还有钢卷尺、钢直尺、工具刀、刮刀、皮尺、曲尺、剪刀及画线笔等。

二、专用工具

1. 特种喷涂装饰专用工具

喷枪是适用于从简单到复杂的面漆喷涂。经常用于复杂面的精密喷涂作业，已在模块四任务二中详细介绍，这里不再重复。

2. 铆钉铆接专用工具

拉铆枪是铆接的专用工具，如图 5-7 所示，适用于装饰和维修中对于永久性连接或暂时性坚固部件的铆接。铆接后不会留有加工孔，整个过程简易方便。在拉铆时，配钻铆钉孔后，拉铆枪顶在工件上，用力拉铆枪，把需要铆接的工件铆接上，铆钉顶部被拉断，从拉铆枪中落出，即完成一个铆接过程。

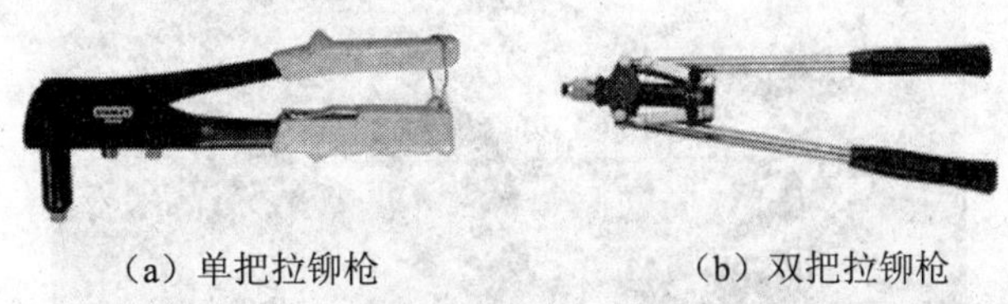

（a）单把拉铆枪　　（b）双把拉铆枪

图 5-7　拉铆枪

3. 各类拆装工具

这些拆装工具可用来拆装一些装饰件，属于汽车必备常用工具，一般配备在汽车随身工具箱中，随车型的不同而异。如装饰件拆装工具、门手柄装拆专用工具、门窗装饰工具等。

任务二　汽车车身装饰

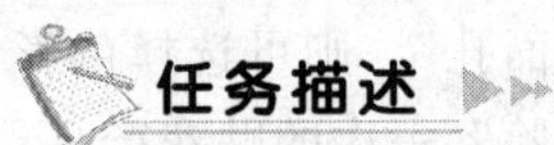

任务描述

现代汽车大多是批量生产的，不管生产厂商如何变换色彩造型，始终无法满足所有车主追求时尚个性外观的需求。此外，汽车在使用过程中，难免会受到刮蹭、碰撞，影响车身的美观，需要为车身选择一定具有保护和美观作用的装饰。

任务分析与实施

汽车车身装饰能给人以丰富的联想和舒适的心理感受，在改变汽车外观的同时，还能起到改变汽车形象的作用。汽车车身装饰主要包括贴花、彩条贴饰、保护膜装贴以及车身局部的轮弧装饰和全车的装饰条装饰等。

在车身贴饰中，贴花的粘贴工艺比较简单，只要撕下背纸然后贴上即可。而彩条的粘贴和保护膜的粘贴过程则相对复杂，但工艺基本类似，因此，本任务重点介绍彩条和保护膜的粘贴方法。

一、车身贴花装饰

图 5-8 所示为飞度全车贴花装饰，车身贴花装饰工艺实质是彩条装饰、贴膜装饰的一种，其制作材料和品质与贴膜有所不同。从产品的品质看，贴花比较随意、简便，而彩条和贴膜比较正规；贴膜和彩条是由汽车配套厂家生产，有严格的技术工艺要求，而贴花的质量则相差较大，有的贴花甚至是印刷厂生产的，品质差异较大。

图 5-8　飞度全车贴花装饰

（一）贴花的选择依据

目前市面上的贴花产品形式多样，色彩、样式千姿百态，应有尽有。选择贴花材料时应依据以下几点进行选择。

（1）根据车主的个性化需求选择。

（2）选择知名厂家的正规优质贴花产品。

（3）把握贴花装饰的寿命与变换周期。若需经常变换车身“面孔”，则可选择色彩鲜明，寿命不需太长，可两三个月“变脸”一次或四五个月“变脸”一次的贴花产品；若短期不需变换，则可选购寿命长、质量好的贴花产品，好的贴花产品一般可使用8~10年。

（二）贴花装饰的工艺流程

（1）清洗贴花装饰部位。用车身专用清洗剂清洗车身装饰部位；若为全身装饰，则清洗全车车身外部，清除车身污垢、异物，使车身清洁干燥。

（2）涂胶粘贴。根据贴花产品的使用要求，将黏胶涂布在粘贴部位，然后将贴花的衬纸撕掉，贴在车身表面上，将贴花粘贴平整，保证粘贴质量，不得有褶皱或气泡。

如果贴花产品没有说明黏胶的品种和具体操作方法，可根据贴花的材质和车身面漆材料，选用适用的黏胶剂进行粘贴。

（三）贴花装饰的注意事项

（1）注意贴花质量的差异。一些进口贴花产品的质量担保可达 8～10 年，主要集中在汽车生产厂家或厂家指定的服务维修站里，市场上少见；部分质量较差，使用寿命短的贴花产品，极易出现脱落和变色等问题，脱落后，车身表面会留下难看的胶状物，有的甚至使车身漆膜遭到腐蚀破坏。

（2）选择正规的汽车装饰公司。正规的装饰公司对贴花产品质量有一定的信誉保证，对贴花产品质量、黏胶性能及使用方法有比较清楚的了解，能够保证粘贴质量，不会因为贴花装饰失误而造成车身漆膜的腐蚀损坏。

二、车身彩条装饰

（一）彩条的分类

车身彩条是一种有彩色图案的条形贴膜，贴膜有如下两种基本类型。

（1）没有可撕离表层的贴膜。它由彩条层和背纸层（底纸）组成，彩条层正面是彩条图案，背面是黏性贴面。

（2）有可撕离表层的贴膜。如图 5－9 所示，由背纸层（底纸）、彩条层及外保护层（转移膜）组成，彩条层也有彩条图案和黏性贴面两面。

图 5－9　可撕离表层贴膜结构示意

(二) 彩条装饰的工艺流程

1. 粘贴前的准备工作

(1) 温度。粘贴贴膜只能在16℃～27℃进行。温度过高，会导致贴膜变大，湿溶液迅速蒸发；温度过低，则会影响贴膜的柔性，从而影响附着效果。

(2) 彻底清洁车身。用专用清洗剂将车身表面彻底清洗干净，彻底去除灰尘、车蜡及其他污物，必要时可进行抛光处理。

(3) 撕除旧彩条。撕除旧彩条时，使用吹风机可减弱其附着力，如果残留有贴痕，可用推荐的清洗剂清洗干净。

2. 小型贴纸装贴方法

小型贴纸装饰通常采用干贴法，装贴方法如下。

(1) 直接将贴纸底纸撕去，贴在要装贴的部位。

(2) 用刮板刮平。

(3) 小心将贴纸最上面的转移膜移除。

3. 大型贴纸装贴法

大型贴纸是指100cm以上的贴纸，通常采用湿贴法，具体装贴方法如下。

(1) 如图5-10所示，用带有清洗液的水将待装贴的部位均匀地喷洒一遍，保持湿润。

(2) 将贴纸背面的底纸撕去，贴在装贴部位，因为是较大贴纸，应先固定一边，再固定另一边。

(3) 以贴纸的中心为原点，用塑胶刮板向四周均匀刮开，其目的是将水刮出来，以免留下气泡；若发现有少量的沙粒，可将贴纸一角轻轻掀起，将沙粒取出后，再继续刮匀，如图5-11所示。

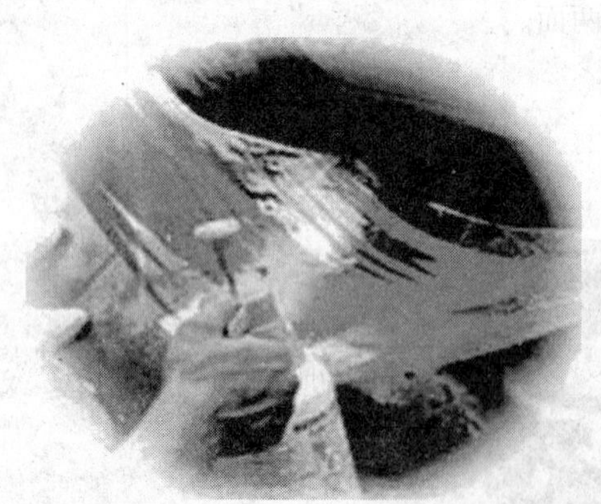

图5-10 喷洒洗洁精

图5-11 刮水去气泡

(4) 全部刮好后，保持15～20min，让贴纸完全干后，再将贴纸表面的转移膜撕去；若要使贴纸快速干燥，可按图5-12所示用热风枪轻轻吹干，但需注意距离不能太近，待贴纸干了之后即可将转移膜撕去，如图5-13所示。

图 5－12　快速风干贴纸

图 5－13　去除转移膜

4. 彩条贴膜注意事项

（1）装贴时应当小心，注意避免不要让贴纸自身粘贴在一起。

（2）三天内不要洗车，由于贴纸还没有完全粘贴牢固，不能抵挡洗车时高压水柱对其产生的影响。

三、漆面保护膜

汽车漆面保护膜，俗称“犀牛皮”，如图 5－14 所示。它是一种高性能聚氨酯薄膜，具有超强的韧性，能够抗刮划，抗碰撞，使汽车漆面高磨损区域表面免遭损坏，被形象的称为犀牛皮。汽车的碰撞、刮划痕迹、易划伤的部位有门把凹处、车前后保险杠四周、后视镜背面、四门踏板、车轮罩周围等位置，如图 5－15 所示。在这些部位上贴上犀牛皮就能使汽车漆面最大限度降低刮划的伤害，令汽车更长时间保持崭新形象。

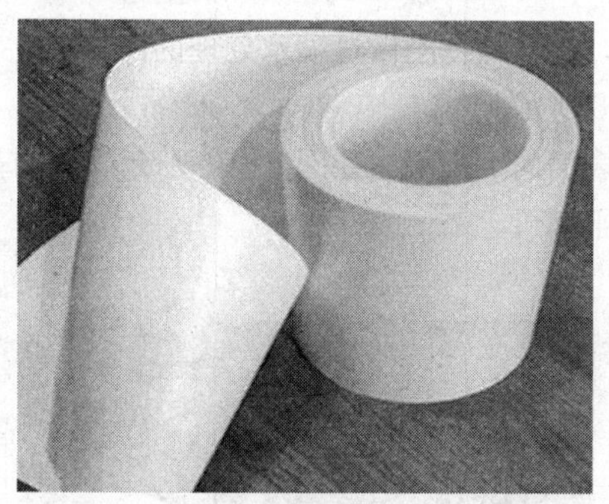
图 5－14　犀牛皮

图 5－15　犀牛皮全身可粘贴部位示意

（一）保护贴膜的特点

（1）坚韧性很强，能有效抗击碎石的碰撞。

（2）耐磨性和耐擦拭性很强，可以有效抵御金属器件的轻微刮蹭。

（3）抗氧化性能好，可以阻隔空气中有害物质的侵蚀，有效延缓面漆和金属的氧化。

(4) 抗紫外线性能良好，对面漆有一定的保护作用。

(5) 透明度好，对汽车面漆的原色和外观几乎不会产生任何影响，粘贴后如不仔细观察很难被觉察到。

(6) 装贴方便，其单面涂有黏结力较强的水溶性亚克力胶，撕下外层的薄膜后便可以粘贴；良好的柔性，无须特殊的专用工具，就可以使其粘贴于任何曲面和拐角处。

(二) 保护贴膜装贴的工艺流程

保护贴膜分成型性和通用性两种，以下分别以成型性保护贴膜装贴车门把手和通用性保护膜装贴后视镜为例详细介绍保护膜的装贴工艺。

1. 成型性保护贴膜装贴车门把手

(1) 如图 5－16 所示，先将需要贴的车门把手处漆面的尘土和杂质清理干净。

(2) 如图 5－17 所示将清水喷在门把手处，以便贴歪时能够及时修正。

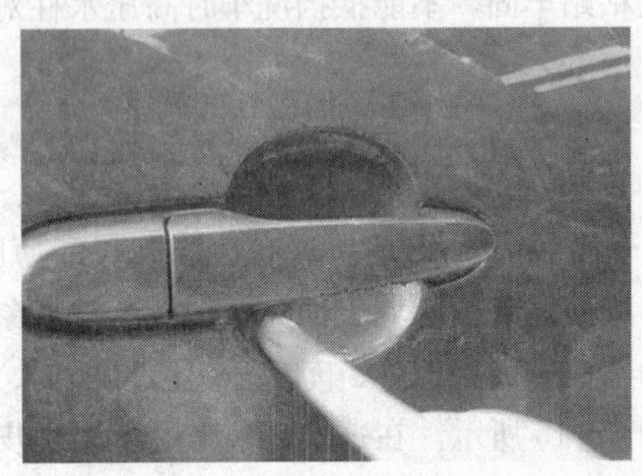

图 5－16　清除尘土和杂质

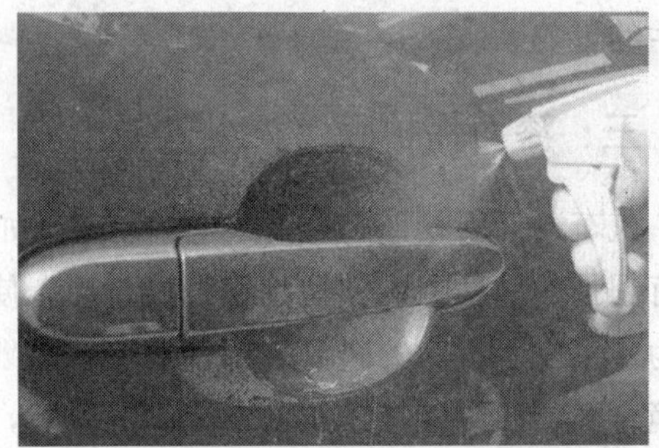

图 5－17　喷淋清水

(3) 取出拉手保护贴膜，撕开底层牛皮纸，将其贴在刚做过喷水处理的门把手上，利用清水作用，及时修正贴歪的地方，如图 5－18 所示。

(4) 用手紧压使贴膜服贴。手指紧压中间表面向下推平，如图 5－19 所示，遇有翘起或者起皱的地方，用热吹风稍微加热，同时抚平即可。

图 5－18　粘贴保护膜

图 5－19　抚平保护膜

(5) 自然风干后，贴膜便牢牢贴在门把手处，可以防止日常开关门时指甲划伤漆面，粘贴效果如图 5－20 所示。

图 5－20　粘贴好的效果

2. 通用保护贴膜装贴后视镜

(1) 选择保护膜。选择优质、品牌好的保护膜为原则，如 3M 漆膜保护膜。

(2) 清洁装饰部位。用专用清洁剂清洗需要装饰的部位，清除油污、尘土及异物等，使表面清洁、干燥。

(3) 粘贴保护膜。撕去保护膜衬纸，将涂胶面直接粘贴于已清洁的部位，如图 5－21 所示；再用塑料刮刀压实，去除内部的气泡，如图 5－22 所示；最后裁剪去多余的部分，如图 5－23 所示。

(4) 装贴完保护膜的后视镜如图 5－24 所示。

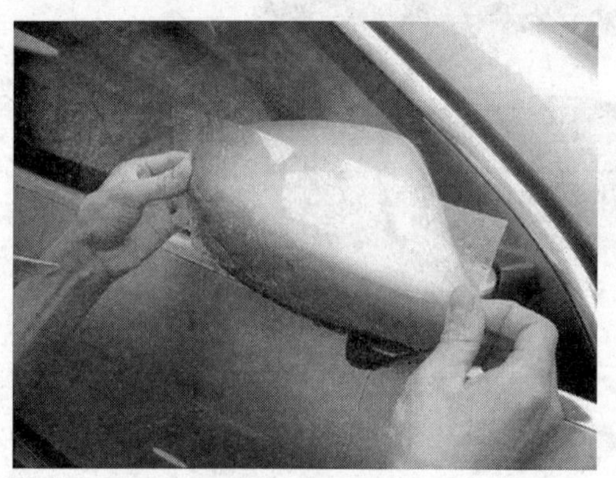

图 5－21　粘贴

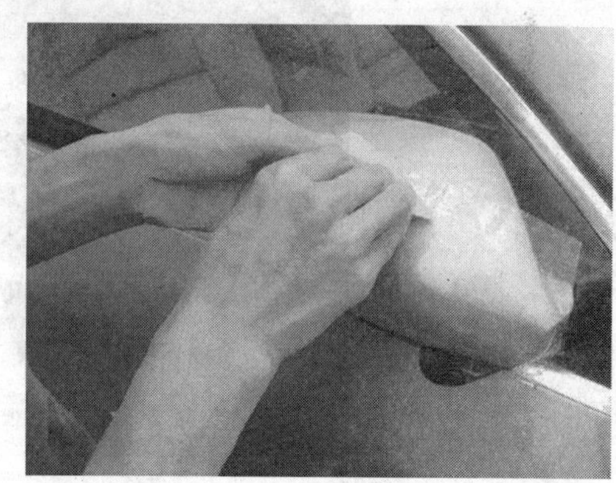

图 5－22　压膜

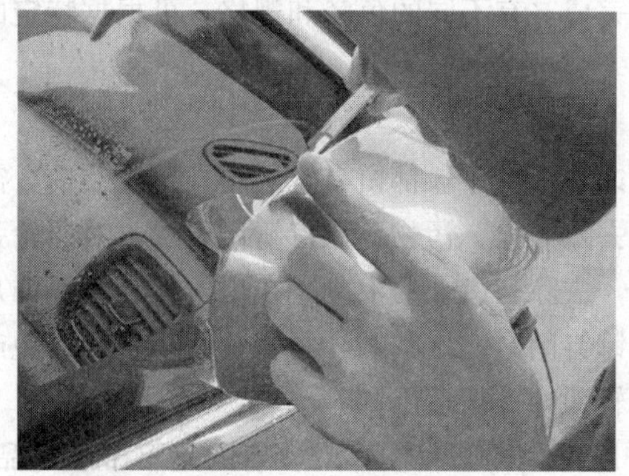

图 5－23　裁剪

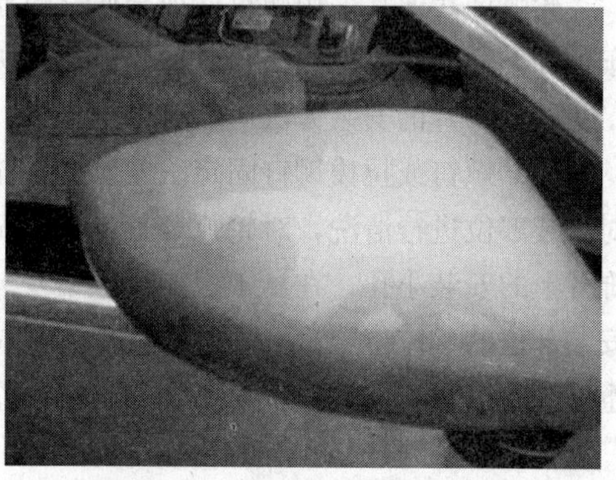

图 5－24　贴好膜的后视镜效果

(5) 通用保护膜安装注意事项。

①选择合适的尺寸。通用保护膜的宽度尺寸有 70mm、80mm、100mm、150mm 和

200mm 等多种，装贴前应根据待贴部位的宽度选择合适的尺寸，以免浪费。

②严重刮碰后请及时更换。汽车受到严重的刮碰时，也会损坏，为避免影响外观，必要时应予以更换。由于犀牛皮的黏结力很强，撕膜时应注意避免将面漆涂层一起剥离下来，因此，更换时可用电热吹风机对粘贴部位进行均匀加热，降低胶的黏结力，一边加热，一边小心将其撕下。最后，将新的保护膜按正确的工艺流程换上。

四、轮弧饰片装饰

轮弧饰片，也叫轮眉，是装配件厂针对一些车型而设计制造出的装饰件，主要是轮弧翼子板受轻微或中度擦撞时，使其伤痕减至最低限度，也兼具美观的功用。安装时一般都使用四片装。图 5－25 所示为某车安装的轮眉效果图。

图 5－25　轮弧饰片

轮弧饰片通常采用塑料件或金属材料制作完成，有不同的色泽和规格，可根据特定的车型和车辆的状态，选择合适的轮弧饰件进行安装。

轮弧饰片的安装方法一般有以下两种。

（1）螺钉或拉拔铆钉固定法安装。在轮弧饰片上，一般都留有安装小孔。安装前，需对安装部位进行清洗，对轮弧饰片进行擦拭，去除尘土、污物，保持清洁干燥。对照轮弧饰片上的安装小孔，在翼子板凸缘上钻安装孔，去除孔边上的毛刺。在翼子板和轮弧饰片安装部位的相应位置涂上硅胶，将螺钉或拉拔铆钉固紧，使其结合紧密，无积水，以免产生锈蚀。这种安装方法，对用金属材料制作的轮弧饰件很适用。

（2）胶黏法安装。有的轮弧饰片是用保护膜之类的塑料制作的，有的是不干胶产品。对这样的轮弧饰片，用粘贴法安装非常容易。先将安装部位擦拭干净，清除污物、尘垢，并使表面干燥。撕掉轮弧饰片上的衬纸，将轮弧饰片平整地贴在轮弧上即可。

五、汽车装饰条装饰

汽车装饰条（图 5－26）也叫门条，它一般安装在车身的“腰部”，起到保护和装饰车身的作用。装饰条一般采用高光树脂材料，有红色、银色、蓝色、橙色、黄色 5 种颜色，安装部位分布在车身各部位，如后视镜、车身顶棚、车窗胶条、车门、车门下裙边前后保险杠大包围（又可以做防擦条）、后窗窗边等，如图 5－27 所示。

图 5－26　汽车装饰条

图 5－27　汽车装饰条不同安装部分的效果

装饰条的安装通常比较简单，一般是粘黏结在车身上的，也有用塑料卡扣卡在车身上的。

对于黏结型的，撕下不干胶条后，用电吹枪（或电吹风）调到加热挡，面对胶面来回吹几下，以发挥胶的最大黏度，让线条在转弯处更易弯曲。粘贴时选择车身轮廓线作为参考，如果不够平直，小心地把装饰条撕开，再试一次。

任务三　汽车漆面的特种喷涂装饰

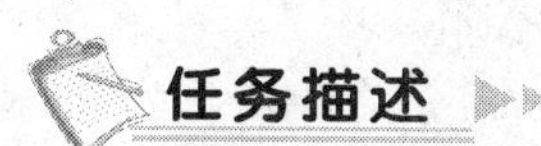

任务描述

汽车是最便利的交通工具之一，同时也是一道流动的风景线，借助汽车车身可以进行广告宣传，如将单位的名称、产品标识标示在车身上；以特殊的语言表示对某些明星或体育活动的支持等。这种宣传方式无疑会产生广泛的宣传效果，带来可观的经济收益，是一种非常普遍而实用的外观装饰。

任务分析与实施

借助车身实现宣传功能通常采用漆面的特种喷涂装饰，具体是指对汽车的外表面进行特殊的漆面处理，包括多种花纹喷漆处理、美术油漆装饰工艺或采用镜面漆实现漆面的高档装饰。在此重点介绍最常用的美术油漆装饰工艺，它能很好表达特殊装饰的需求，图5－28所示为采用文字和图案装饰的F1赛车。

图5－28　采用文字和图案装饰的F1赛车

一、美术油漆装饰的方法

美术油漆装饰方法主要有以下3种。

（1）直接书写或绘画涂装。具有相当书写和绘画水平的操作者，可利用油漆笔或油漆刷，选择适当的色漆，直接将文字或图案书写或绘画到汽车外表特定的部位，但如果没有较高的技术水平容易出现各种问题，影响装饰效果。

（2）刷涂法涂装。将需要的文字或图案在车身表面上描绘出底线，然后按底线进行涂刷文字或图案，这种做法比较简单，容易操作，但需要做出文字或图案的样板。过去这些样板主要由高水平的美工和绘画人员事先完成，随着计算机技术的快速发展，利用计算机制图软件制作涂装样板已经得到了广泛应用。

（3）漏版喷涂法涂装。事先将需要的文字用薄纸板或薄铁板刻划成漏版，把漏版紧贴在需要喷涂的车身表面上，用微型喷枪或喷漆器进行喷涂，使漆雾穿过有缝隙的漏版喷射到车身表面，形成需要的文字或图案。

二、美术漆装饰工艺的注意事项

（1）选择合适的工具和材料。在绘画时需选用大小规格适当的排笔、漆刷、油画笔、毛笔、粉笔、铅笔和直尺等有关工具，还应准备一些辅助材料，如纸张、颜料和必需的涂料。材料和工具的选用原则是以方便和保证绘画质量为依据，与装饰的具体要求有关，例如，装饰文字或图案较大，所选用的油画笔和漆刷就要大些，反之则应小些。

（2）调整适当的涂料黏度。涂料必须是适合车辆原漆膜的配套涂料。喷涂黏度应适当，黏度过大，不易流平，也不易操作，影响装饰效果；黏度过小或蘸漆过多，易产生流

挂，不能保证装饰质量。

(3) 选择适当的涂料颜色。因装饰的车辆原漆膜有一定的颜色，在其上面涂装文字或图案，要求装饰后的文字或图案鲜艳并与原车颜色协调，给人舒适的感觉，而且还要不易退色。一般常用的颜色搭配关系为：大红底配白字、黄字，枣红底配黄字，黄底配红字、黑字，正蓝底配白字、黄字，淡粉红底配大红字，肉红底配黑字，粉红底配酱色字，水绿底配黑字，蛋壳青底配黑字（即鸭蛋青底配黑字），浅绿底配黄字，正绿底配白字，橘红底配白字，橘黄底配黑字，玫瑰红底配黄字，朱红底配白字等。一般忌用蓝底配红字、正绿底配红字和大红底配黑字等。

任务四　天窗的选配、安装与保养

任务描述

经济型乘用车由于受成本控制，通常没有天窗，主要靠打开侧窗或空调换气，遇到车内空气污浊时，新鲜空气较难流入车内，会使乘客感到不舒服，同时车外的噪声也会进入车内，使车内产生空气旋涡、风噪，尤其在高速行驶时，开侧窗会增加行车阻力，同时会增加车辆空气提升力，影响操纵稳定性。因此，需要选装天窗，解决以上问题。

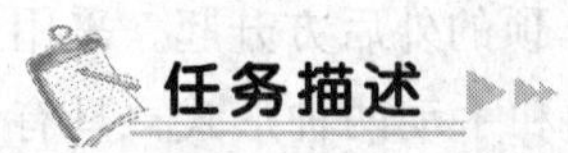

任务分析与实施

为了加强车内空气的流通，增加新鲜空气的进入，在汽车顶部加装天窗，不仅可节省空调油耗，还可使车内光线变得更加明亮，也可以使驾乘者心情更加舒畅。

一、汽车天窗的作用

1. 通风换气

换气是汽车加装天窗最主要的目的。汽车天窗利用负压换气的原理，依靠汽车在行驶时气流在车顶快速流动形成负压，将车内污浊的空气抽出；新鲜空气从进气口补充的方式进行通风换气，车内气流极其柔和，没有风直接刮在驾乘者身上的不适感，也不会有尘土卷入。

2. 节能

夏季车内温度最高可达 60℃，特别是车辆露天停放时，温度更高。汽车开动时，打开天窗对车内进行降温，速度比开空调降温快 2～3 倍，可有效节约行车能耗。

3. 除雾

春夏两季雨水多、湿度大，前挡风玻璃常有雾气，车内空气也容易污浊，这时打开天窗至后翘通风位置，可迅速使雾气消失，空气清新，又无雨水进入车内，给行车增加了舒适感和安全性。

4. 开阔视野

天窗可以开阔视野，并且能够亲近自然、沐浴阳光，驱除被封闭在车厢内的压抑感。

可避免独自长时间高速驾车时，令人心烦意乱的噪声和让人感觉不舒服的侧窗风，享受没有噪声干扰的自然环境。

5. 提高档次

天窗可以增加汽车的美观，提高汽车的档次和装饰效果。因为一般进口高档汽车上基本都配有天窗，在国产轿车还未普及前，选择自己喜欢的天窗，可有效提升汽车的形象。

二、天窗的类型

1. 按动力形式分类

（1）手动式。用手动操作开启和关闭的天窗，称为手动式天窗。

（2）电动式。以电路控制进行开启和关闭的天窗，称为电动式天窗。

2. 按结构形式分类

（1）外掀式天窗。外掀式天窗如图 5－29 所示，在开启后向车顶的外后方升起。采用绿水晶玻璃，可阻隔 99.9%的紫外线和 96%以上的热能；分电动和手动两种形式；具有防夹功能和自动关闭功能；配有可拆式遮阳板。比较适合夏利、捷达、富康、宝来、普通桑塔纳等中小型轿车和金杯、全顺等中型客车。

（2）敞篷式天窗。敞篷式天窗如图 5－30 所示，在开启时分段折叠在一起，在开启后天窗完全打开，敞开的空间大，结构紧凑。使用三层高品质的特殊材料组合而成，外层采用特殊的 PVC 材料，具有防紫外线和隔热的效果。比较适合红旗、捷达、桑塔纳、富康等中型轿车。

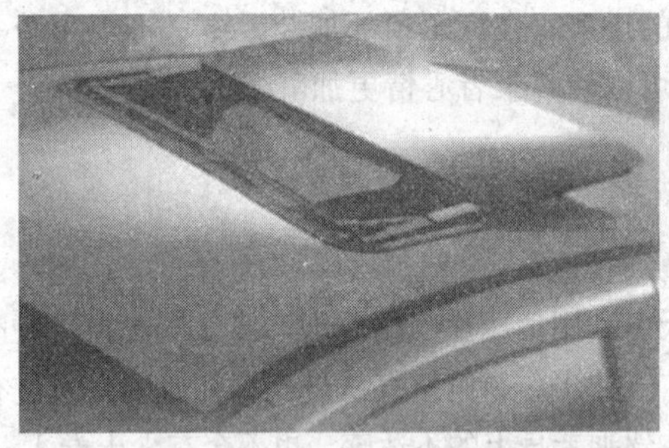

图 5－29　外掀式天窗

图 5－30　敞篷式天窗

（3）内藏式天窗。内藏式天窗如图 5－31 所示，在开启后可以保持不同的弧度，采用绿水晶玻璃，可阻隔 99.9%的紫外线和 96%以上的热能；具有防夹功能和自动关闭功能，并采用自动控制，当发动机熄火后 3s 内自动关闭天窗，具有防盗功能。配合独立的内藏式太阳挡板。此类天窗结构复杂，功能齐全，使用方便，

图 5－31　内藏式天窗

为豪华装饰精品。比较适合别克、桑塔纳2000、帕萨特、广本、现代、奥迪、红旗等豪华商务型轿车。

专业天窗安装店会根据汽车的售价和车内空间、车顶尺寸引导车主选择天窗。一般来说，外掀式的手动天窗多用于经济型轿车，而内藏式的电动天窗则多用于商务车、高档车。

三、天窗的选择与安装

1. 选择好质量的天窗

天窗的质量是保证正常使用的关键，挑选时应从天窗的外观、框架刚度、机械结构及电控装置等方面认真判别，高质量的天窗应具有外观光滑平顺、框架刚度较好、机械结构合理、工艺精致、使用舒畅的特点。

2. 准备专业的设备

安装天窗的关键工序是开天窗口，必须使用专用电剪进行操作。内藏式天窗一般在边框口有4～6个固定支撑点，用螺钉固定在车门纵梁上，无须车顶承重。外倾式天窗，安装后要保证大窗的内外框架用12～16个螺钉夹紧在车顶上，使天窗与车顶基本连成一体。

3. 确认车身结构状况

轿车加装天窗应考虑车身的结构因素、开天窗的轿车车身必须具有安全加固、防腐、密封等措施。轿车在原设计中若没有考虑开天窗，开天窗后会破坏车顶的整体结构，不仅会影响到车身质量，而且对天窗的可靠性也有影响。所以选择开天窗时应该慎重。

4. 安装天窗

(1) 彻底清洁汽车。

(2) 开大灯、音响等电器，进行车况检查。

(3) 套好车门和座椅用保护套，防止污损。

(4) 定位。利用胶带将加工图固定在准备开天窗的位置。开天窗的位置与前挡风玻璃最好相距250mm，以照顾到前后排乘客的需要。

(5) 画线开孔。这是安装天窗最关键的工序，用刀片将车子内饰板切割下来，再用专用电剪将天窗位置剪出来。

(6) 打磨、清洁切口，涂防锈漆。

(7) 拆开仪表台，布线并安装电机。

(8) 加装天窗。

(9) 淋水测试天窗的密封性。

四、天窗使用的注意事项

(1) 在开启天窗前应注意车顶是否有阻碍天窗滑行的障碍物。

(2) 在颠簸道路上行驶时，尽量不要使用天窗，避免因振动引起天窗和滑轨相关部件的损坏。

（3）下雨天或清洗车辆时严禁打开天窗，以免雨水或水滴加速天窗内的胶条和金属部件的老化和生锈。

（4）在下雨后若要打开天窗，需先将车顶的水珠擦干后再开启。一方面可避免雨水弄湿车内，另一方面也可避免雨水渗入机械内部缩短其使用寿命。

（5）寒冷季节，户外出现结冻时，切勿强行开启天窗，因冰冻所造成的阻力可能会对机械组件造成伤害，甚至损坏发动机。开启时，需先打开暖气，同时打开一点两侧的车窗，待车内空气预热到一定温度后，再打开天窗。

（6）使用天窗的频率不能太高，容易加速天窗的老化与损坏。

（7）关闭天窗时要确认天窗已完全无误的到达关闭位置。

五、天窗的保养事项

（1）如果经常在风沙大的地方使用天窗，最好每个月用湿海绵轻擦天窗滑轨上的灰尘或泥沙。

（2）如果车辆长期停放或天窗长期不使用，需彻底清洁天窗，以免因时间过长造成胶条在空气中发生化学变化而老化。清洁时，可用细细的滑石粉或专用的润滑剂涂抹天窗周围的胶条；如果天窗周围是绒质的，只要用清水和干净的布擦拭即可。

（3）清洁汽车时可顺便检查一下天窗的胶条及凹槽内有无沙尘、树叶或小树技等脏东西。

（4）每2～3个月用湿海绵轻擦天窗滑轨和密封胶条，再喷上橡胶保护剂，并对天窗的传动机构和轨道进行润滑。在涂完润滑剂后，将天窗完全打开再完全关闭几次，然后用软布擦掉多余的润滑剂，以免弄脏车内。

（5）天窗的玻璃面板有隔热和防紫外线的功能，一般采用软布和专用清洁剂清洗，切勿用黏性清洗剂清洗。

（6）使用高压水枪洗车时，不要直接将水柱对准天窗周围的密封圈喷射，避免密封圈在高压水柱的喷压下变形，使车内容易进水。

任务五　大包围的选配与安装

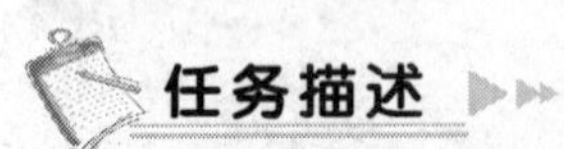

任务描述

在赛车运动中，随着车速的提高，汽车车身周围的气流对运动中汽车的稳定性产生了较大的影响，为改善这种现象，在车身下部加装了宽大的裙边组件，即通常所说的大包围，专业名称是空气扰流组件。

在民用车中上，由于汽车的功能及结构性改装受到法律的限制，在越来越多车主追求个性的今天，为车主选装恰当的大包围装饰，会使汽车更加醒目具有动感。

任务分析与实施

汽车大包围主要用于降低汽车行驶时所产生的气流阻力，同时增加汽车向下的正压力，使汽车高速行驶时更加平稳。但民用车上的大包围不再那么看重功能性，更强调的是外形的美观协调和个性化。一般汽车的大包围包括前保险杠和后保险杠下方的扰流气坝（前后包围，也叫前后导流板），还有车身左右两侧的导流裙脚（侧包围），以及后行李箱的尾翼（扰流板）这几个部分，在一些车型上还包括轮眉、挡泥板和门饰板等。

目前，一般的大包围是由生产厂家根据不同的车型设计而成的，通常会有几种型号，每一种型号包含几个车身不同部位的组件，选用大包围时根据车型及汽车的具体情况（如颜色），按照与车身协调并且不影响汽车安全性的原则，通用性不高。随着人们对汽车消费理念的提高，现在有一些大型的汽车装饰店已经具有为顾客专门制作大包围的能力，迎合了消费者要求汽车外貌独一无二的需要。

一、大包围的分类

大包围基本分为泵把款（即全包围）和唇款（即半包围）两大类。

泵把款类的包围如图 5－32 所示，将原来的前后保险杠整个拆下，然后再装上大包围，还有一种是将大包围套在原保险杠表面，覆盖原保险杠。此类大包围安装较为容易，可以大幅度地改变外观，更具个性化。

图 5－32　标志 206 大包围的效果图

唇款类的包围如图 5－33 所示，不需要改动原车，在原来的保险杠上加上半截的下唇，此类大包围的质量与安装技术要求极高，密合度不能超过 1.5mm，否则会影响外观，而且高速行驶时还有脱落的危险。

图 5－33　马自达 6 半包围的效果图

二、大包围的作用

1. 前（后）包围

前（后）包围是前（后）方保险杠下方加装的导流气坝，也叫前（后）导流板，如图5-34所示，它与车身前裙板连成一体，主要是让气流从车身正面下方的底盘快速通过，让车身的下方形成一个接近真空的地带，使车身受到一个向下的正压力，提高汽车的抓地性能。

图5-34 宝马M6的前后导流板

2. 尾翼

尾翼也叫扰流板，主要用于引导车顶的气流流动，降低气流对车身的提升力，以提高行车的安全性。但在大部分普通轿车上，加装尾翼最大目的是美化车身外观。根据车型的不同，尾翼有鸭尾式和平行板式两种，安装位置根据车型不同也有所不同。

（1）鸭尾式尾翼。通常安装在后行李箱盖上后端，做成像鸭尾似的突出物，如图5-35（a）所示。如果没有行李箱，如旅行轿车及两厢车等，尾翼则安装在顶盖后缘，既能降低后窗后部的升力，又可引导气流将后窗表面浮尘带走，避免尘污附着而影响汽车后视野，如图5-35（b）所示。

（2）平行板式尾翼。受飞机机翼的启发而产生，在轿车的尾端上安装一个与水平方向呈一定角度的平行板，其横截面与机翼的横截面相同，平滑面在上、抛物面在下，如图5-35（c）所示。当发动机盖上方的气流在经过它后，因为速度的不同造成不同数值的压降，抵消车身上的升力，保障行车的安全。这种尾翼通常安装在时速比较高的轿车或跑车上。

（a）科鲁兹的尾翼

（b）奥德赛的尾翼

（c）斯巴鲁翼豹的尾翼

图5-35 汽车的尾翼

3. 侧包围

侧包围是左右两侧的导流裙脚，如图 5－36 所示，主要是让车身下方两侧紊乱的气流尽快地清除，或是将气流引到后轮的制动系统以达到降温的目的。

图 5－36　奔驰 SMART 侧包围

从空气动力学的原理来讲，大包围对汽车性能的提高也有着一定的作用。不过目前国内市场上的大包围大多不具备这种功能，主要是为美观而设计的。

三、大包围套件的主要材料

目前国内市场大包围的主要材料有以下几种。

(1) 玻璃纤维材料。此类产品最常见，款式多选择多，价格较便宜，但重量大韧性不好，若发生擦碰容易断裂。

(2) ABS 塑料。此类产品因为是以真空吸塑成形，厚度较薄，所以不能作泵把款的包围，只能制作唇款的大包围。

(3) 合成树脂材料。此类材料收缩性较小，韧性较好，耐热不变形，所以制作出的产品表面光滑，价格相对较高。

(4) 聚酯塑料。此类产品是高压注塑成形，有很高的柔韧性与强度。它与大多数汽车的原装保险杠材质相同，所以与车身的密合度是最佳的，寿命也较长，但价格较高。

(5) 碳纤维。此类产品是由碳元素组成的一种特种纤维，是由含碳量较高、在热处理过程中不熔融的人造化学纤维，经热稳定氧化处理、碳化处理及石墨化等工艺制成的。碳纤维的主要用途是与树脂、金属、陶瓷等基体复合，做成结构材料。多用于汽车尾翼的制造。

四、大包围设计的原则

(1) 整体性原则。要将汽车前、后、左、右各包围件作为一个整体进行设计。

(2) 协调性原则。各包围件的造型和颜色要与车身相协调。

(3) 安全性原则。汽车安装大包围后绝不能影响整车性能和行车安全，设计中要考虑路面状况，所有饰件离地面间隙至少 20cm 以上。

（4）标准性原则。设计的大包围组件要符合国家有关规定。

（5）观赏性原则。设计的大包围组件要美观大方，符合消费者审美需求。

五、加装大包围的注意事项

（1）应选用高质量的产品。大包围安装在车上与车成为一个整体，在日常的磕碰中，如果包围材质脆弱，刚性过大，就很容易碎裂。这样不仅会增加更换成本，也平添了不少麻烦。高质量的玻璃钢包围其坚固程度和表面光洁程度都超过一般产品。

（2）最好不要选用需要拆掉原车保险杠才能安装的大包围。因为大包围所用的材料抗撞击能力不如原车保险杠，所以，宜选用将原杠包裹其中的大包围，以免影响车辆的安全性；但如果一定要选用泵把款的大包围，可将原保险杠中的缓冲区移植到大包围中，起到保护作用。

（3）加装大包围应该到有经验的改装店，因为这些改装店有制作维修各种大包围的能力，大都会免费为车主修复不慎碰坏的包围，售后服务质量较好。

六、前后侧包围的安装

大包围的安装过程相对来说比较简单，前包围、后包围、侧包围的安装步骤基本相同。

1. 准备工作

（1）备料。选择与车型配套的大包围总成的各种零件，也可到有经验的改装店定制玻璃钢型的大包围，然后对车身颜色进行调漆，对校好车身颜色后，再将包围部件逐一喷上面漆（切忌把 PP、PU 包围进行烤漆，喷漆房内温度必须控制在 35℃以内），放在烤漆房通风处烘干，通常情况下放置 12 小时，如图 5－37 所示。面漆风干后，再进行装车作业。反之，先装车作业，再进行喷面漆也可以。

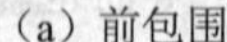

（a）前包围

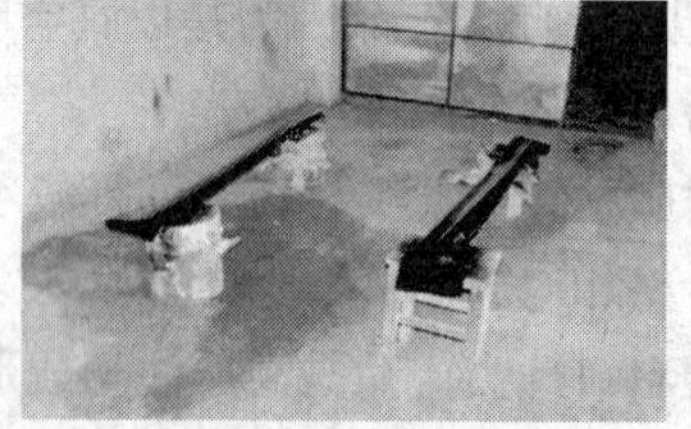

（b）侧包围

图 5－37　晾晒制作好的大包围

（2）清洗。在进行包围安装作业前，最好先洗车。在需要安装包围的车身位置，用专用清洗剂清洗，再用干净无纤维脱落的布或纸巾擦拭干净。

（3）工具准备。安装大包围一般常用的工具有手电钻、锤子、旋具、活扳手、钳子等。

2. 贴保护纸或保护膜

如图 5－38 所示，在车身上安装大包围及其附件的部位应贴上保护用的皱纹纸或者不

伤漆面的保护膜，以防止安装过程中碰坏车身漆面。

3. 试贴

如图 5-39 所示，将大包围在车身上相应位置试贴一下，观察两者的贴合程度。注意安装侧包围应把车门打开，安装后包围时注意排气管。

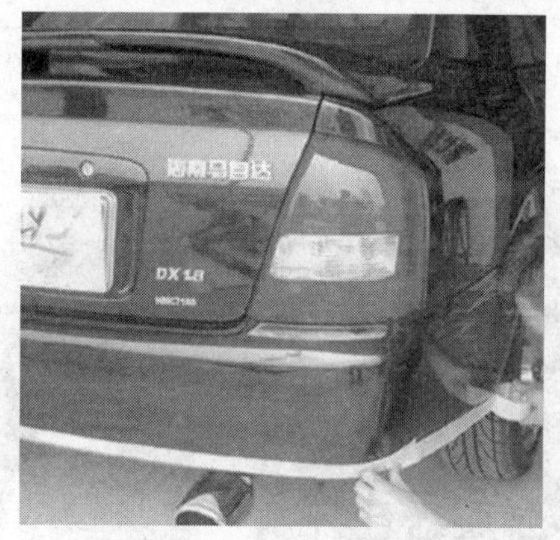

图 5-38 粘贴皱纹纸

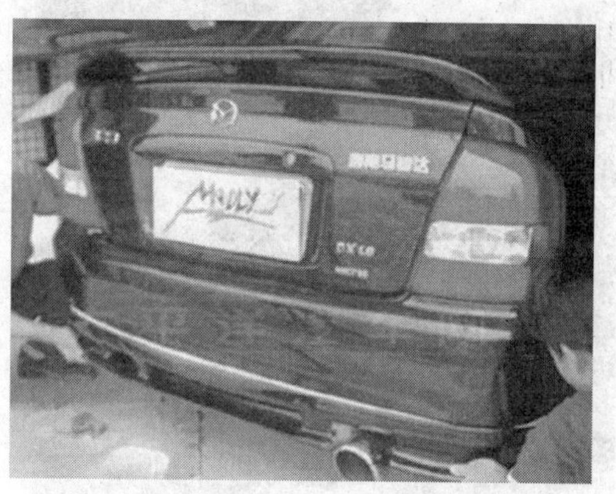

图 5-39 后包围定位

4. 修整

取下大包围，按照试贴的效果对大包围进行整修，修边角和去毛刺，如图 5-40 所示，按照安装要求在车身下端钻好安装孔，并去除孔边毛刺。

图 5-40 修整大包围

5. 定位安装

确保两边距离相对车身位置准确后，撕除保护膜或去掉皱纹纸，如图 5-41 所示，用力按紧包围确保其牢固粘贴在车身上 15～20min。但用力不宜过猛，必要时可使用专用胶水进行粘贴，如图 5-42所示。

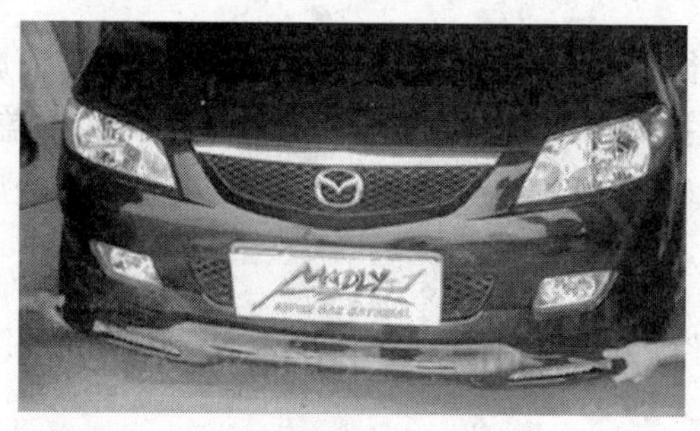

图 5-41 定位安装

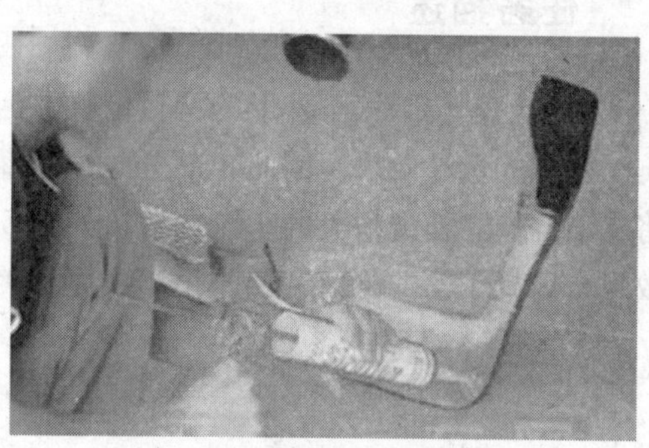

图 5-42 粘涂胶水

6. 完成安装并检查

在前围、后围、侧围两边（底部和侧面）钻孔上螺钉，如图 5－43 所示，并检查安装是否稳固及与车身的吻合程度。为求完美，可在螺丝上涂上与车身协调的油漆，如图 5－44所示。

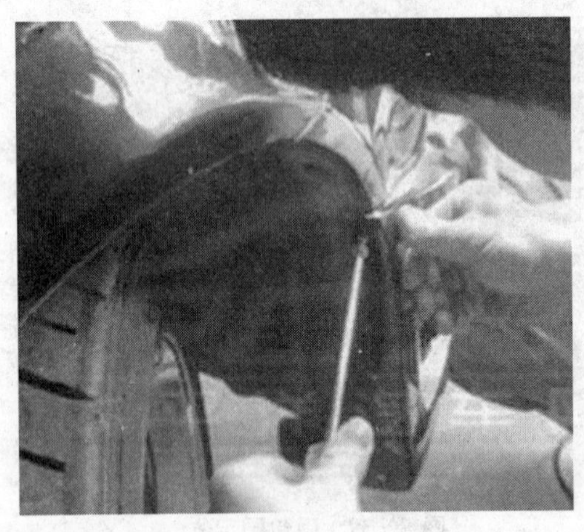
图 5－43　安装固定螺丝

图 5－44　螺丝上涂油漆

七、尾翼（扰流板）的安装方法

（1）在行李舱盖上，找到合适的位置，再与扰流板上的螺钉孔配合，做好记号。

（2）用手电钻在做记号处钻贯穿孔。

（3）在钻孔位置与扰流板接合处注上硅胶，以防漏水现象的产生。

（4）锁紧固定螺钉，锁紧时由行李舱内侧向外操作。

任务六　车轮装饰

任务描述

车轮轮辋位于汽车外形的醒目位置，但往往是汽车厂家容易忽略的设计弱点，从而影响了整车的造型效果。因此，部分车主希望遮挡低档的轮辋或更换不合心意的车轮饰盖，将造型各异，外观精美的车轮饰盖，如图 5－45 所示，安装在车轮上，烘托出整车的造型效果，提高车辆的价值，使整个车身更加美观。

图 5-45　车轮饰盖

任务分析与实施

一、对车轮饰盖的要求

（1）造型优美。因为饰盖的位置醒目，若造型欠佳，则会降低整车的装饰效果。

（2）质量可靠。饰盖必须有足够的强度，结构可靠，装卡牢固，不能轻易掉下。否则，饰盖容易破裂。饰盖破裂掉落后容易引起不安全事故。特别是在城市，车辆行人都较多，飞落的饰盖易碰伤其他车辆或行人，后果不堪设想。

（3）色泽配合要协调。装饰的饰盖色泽必须与车轮和整车协调一致，达到和谐美观。

二、车轮饰盖的类型

车轮饰盖按材料区分主要有铝合金罩和塑料罩两种。铝合金车轮装饰盖设计有闪亮的金属光泽，奇异的外形，但价格较高；经电镀的塑料车轮装饰盖也具有较好的装饰效果，但价格要便宜得多。

三、车轮饰盖的安装

（1）选择质量可靠、色泽协调的车轮饰盖，做好安装准备。

（2）安装前对车轮及饰盖进行清洁处理，清除尘土污物，使车轮和饰盖清洁、干燥。

（3）车轮装饰盖的安装是用不锈钢钢丝卡和固定支夹固定在车轮轮圈上，在选择时要注意饰盖的装配性，如果卡口不紧或弹簧材料不过关，则易导致饰盖脱落。特别是高速行驶时，脱落饰盖对行车、行人的危险相当大。

（4）动平衡是行车舒适性和安全性的重要指标，因此车轮安装完装饰盖后，要做动平衡试验，以保证运行的平稳性。

任务七　汽车底盘保护装饰

任务描述

底盘位于汽车底部，往往被有些车主忽略，在 3～5 年的汽车边梁上开始出现锈斑，对爱车造成伤害，同时影响甚至威胁行车安全性。因此，车主可对底盘采取一些保护措施，以增强底盘的抗腐蚀能力，提高汽车行驶的安全性。

任务分析与实施

汽车底盘是支承、安装汽车发动机及各部件总成的基体，是汽车整体造型的重要组成部分，是保证汽车正常行驶的基础。底盘的保护主要就是防止底盘生锈，其处理方法是在金属表面喷涂复合涂剂。一般来说底盘保护分为两种，一种是底盘封塑，一种是底盘保护装甲。

一、底盘封塑

底盘封塑是一项底盘护理工艺，它将一种高附着性、高弹性、高防腐和防潮的柔性橡胶树脂厚厚地喷涂在底盘上，使之与外界隔绝，以达到防腐、防锈、防撞，同时还可以隔除一部分来自底部的噪声。

到目前为止底盘喷塑产品已经发展到了第四代产品，第一代产品为单分子溶剂漆，包括沥青型、橡胶型、油漆型 3 种；第二代产品为合成溶剂漆；第三代为高分子型水性漆；第四代为复合高分子树脂漆。

二、底盘保护装甲

底盘保护装甲是为了克服传统的汽车底盘封塑在防护强度、耐久性和稳定性等方面的不足，而产生的一种新型汽车养护项目，它实际就是在底盘上喷涂一层比底盘封塑更高级的保护材料。

专业的底盘装甲材料，如 3M 底盘装甲是由性能各具特色的四种产品组成，采用多层喷涂覆盖的方法，可实现多功能的保护；使其具备高密蔽性、防水防锈、耐酸耐碱、耐热耐寒、弹性耐磨、无毒环保等优良特性，从而克服了传统材料在防护强度、稳定性等方面的不足。

三、底盘保护装饰的好处

1. 底盘防腐蚀

汽车的锈蚀通常从底板开始，潮湿的天气和每次洗车残留在底部的污水，长时间会形成潜在的腐蚀危险，对汽车造成伤害。汽车底部养护后，可有效降低车上的锈斑，即便是

酸雨、溶雪剂、洗车污水都无法侵蚀透这层防护膜。

2. 防石击

车辆在行驶的过程中，溅起的小石子，对底板产生的冲击力与车速成正比，一般 10g 的小石子在时速达 80 公里时冲击力会达到自身重量的 30000 倍，也就相当于用石头碰鸡蛋，足以击破 30μm 以下的漆膜，漆膜一旦被击破，锈蚀便从破损处开始，由铁板内部缓慢扩大。汽车底部养护后，即便砾石以 300kg 的力冲击都不能击破它。

3. 防震

发动机、车轮均固定在汽车底板上，它们的震动在某一频率上会与底板产生共鸣，使人产生不舒适的感觉，而底部防护能有效消除这种共鸣。

4. 隔热省油

进入夏季，打开车内空调，冷气下沉，而车外地面的热气上升，冷热空气大多集中在车辆的底板进行交换，车辆底部防护的好坏，直接决定着车辆的制冷能量利用的效果。汽车底部养护后，其膜内的蜂窝状组织、吸音成分能将冷热彻底隔离，有效提高了空调的制冷效果。

5. 隔音降噪

车辆行驶在快速路上，车轮与路面的摩擦声与速度成正比，如果车辆具有完好的底部防护，能大大降低车内的噪声；特别是在高速公路上时，路面摩擦很大，声音听起来也很吵，防护后的底盘使噪声变得很小。

6. 防拖底

底部养护材料的厚度可达 1.5～2.5mm，当底部被路面突起刮蹭时，可减轻对底盘的伤害。

7. 省维修成本，汽车保值

因为底盘支撑着汽车四大系统，保护底盘等于保护了各个系统，节省了为此而产生的一系列维修费用。通常新车使用三年左右，就会发生锈蚀。而与之相对应的一个事实是车辆保养越好，价值越高。

四、底盘保护装饰的工艺流程

（1）检查清洗底盘。升高汽车，首先必须全面检查底盘状况，然后用高压水枪冲洗底盘，涂上发动机外部清洗剂或发动机去油剂，去除底盘上黏结的油泥和沙子，或用特制砂纸打磨掉原防锈层。

（2）热风吹干。用吹水枪将缝隙中的水吹出，并用毛巾将水擦干，使用压缩空气吹干底盘。

（3）做好车身遮蔽。准备喷涂防锈处理层，必须先用遮盖纸（多用报纸）和胶带，将排气管、刹车鼓、制动器、减震器、油箱管路、发动机底部、可拆卸螺栓、四驱车后桥螺栓等部位遮盖好，如图 5 - 46 所示。

图 5-46 遮蔽车身

(4) 喷涂施工。如图 5-47 所示，喷枪喷嘴离底盘喷涂面应保持 25cm 左右距离，缓慢匀速移动，确保喷涂层的均匀。根据选择的工艺不同，逐次喷涂高吸附性、高强度、高耐磨性的材料直到底盘，至少喷 3 层，厚度约为 4mm。整个底盘喷涂 4～12 次，每次干燥间隔时间在 15～30min。

图 5-47 喷涂保护漆

(5) 涂层局部修补，保证遮蔽性越强越好。

(6) 喷涂完毕，接下来就是去除遮避还原。用专用清洁剂清洗周边未喷涂部位，等待风干，新车大约 1 个多小时即可，旧车需视车况而定。

任务八　车灯装饰

任务描述

车灯在使用过程中，其照明质量及美观程度是车主要求最高的两个方面，因此，车灯改装也主要围绕这个两个方面展开。

任务分析与实施

车灯是保障汽车安全行驶的功能性部分，包括照明和标识两大类，汽车的照明系统在法律上只包括前照灯、尾灯和牌照灯。为了方便汽车的夜间行驶，提供舒适和安全，一般轿车都安装有 15～25 个外部照明灯和约 40 个内部照明灯。

车灯也是必不可少的装饰性用品，车灯美观与否对汽车整体形象起着画龙点睛的作用，如图 5－48 所示。

图 5－48　车灯装饰

本任务指的车灯装饰主要是对夜行照明灯，俗称大灯，进行改装，其目的主要有两个，一是使汽车更加美观；二是提高照明质量，保证行车安全。因此在进行车灯装饰时，一定不能随意改变车灯的用途，影响汽车的行车安全。车灯装饰主要包括直接更换灯泡和升级氙气大灯等。

一、前照灯设计的基本要求

世界各国都以法律形式规定了汽车前照灯的照明标准，以确保夜间行车的安全，其基本要求有以下两点。

（1）前照灯应保证车前有明亮而均匀的照明，使驾驶员能辨明车前 150m 以内路面上的任何障碍物。随着汽车行驶速度的提高，汽车前照灯的照明距离也相应要求越来越远。

（2）前照灯应该具有防止炫目的装置，以免夜间会车时，使对方驾驶员炫目而造成交通事故。

二、前照灯的结构

前照灯的光学系统包括灯泡、反射镜和配光镜三部分。

1. 灯泡

目前，汽车前照灯灯泡主要有充气灯泡、卤钨灯泡和氙气大灯。

（1）充气灯泡。其灯丝是用钨丝制成的。由于钨丝受热后会蒸发，从而缩短了灯泡的寿命。因此，制造时会将玻璃灯泡内的空气抽出，然后充约86％的氩气和14％的氮气的混合惰性气体。

（2）卤钨灯泡。卤钨灯泡利用卤钨再生循环反应的原理制成。将灯丝上蒸发的气态钨与卤素反应生成了一种挥发性的卤化钨，当扩散到灯丝附近的高温区受热分解时，钨重新回到灯丝上去，释放出卤素（指碘、溴、氯、氟等元素）继续参与下一次循环，从而防止了钨的蒸发和灯泡变黑的现象。卤钨灯泡尺寸小，外壳的机械强度高，耐高温性强，所以充入的惰性气体压力较高，因而工作温度高，钨的蒸发也受到工作气压的抑制，如图5-49所示。

图5-49　卤钨灯泡

（3）氙气大灯（HID）。HID全称为High Intensity Discharged，即高强度放电灯，它曾是只有奔驰等高档车才有的配置。随着一汽大众在升级版奥迪A6上使用氙气大灯，目前改装市场上有越来越多的车改装时安装了氙气灯。其性能与普通车灯对比，没有灯丝，直接通过充满玻璃灯泡的氙气介质和一个电极放电而发光。色调采用仿制太阳光的真实色调，具有以下几大优点。

①亮度高。同样功率的HID，亮度是钨丝灯的2～3倍。

②效率高。HID的效率是卤素灯的3倍，对于提升夜间及雾中驾驶视线清晰度有着明显的作用。

③节能佳。与普通车灯相比，其耗电量仅350W，能节约一半的电能。

④寿命长。由于HID没有灯丝，所以它不存在灯丝断裂问题，使用寿命大约可以达2000h以上，是普通车灯的6～8倍。

⑤舒适度好。氙气大灯可以制造出4000K左右的色温光，由白略微开始转蓝的色温，最接近正午日光的颜色，人眼的接受度及舒适度较高。可以有效减少驾驶员的视觉疲劳，提高驾车的安全性。此外，由于氙气分子活动能力会随着使用时间的增长而活泼，因此气体放电灯泡会越用越亮。

氙气灯的一大缺陷是其价格过高，一般售价达到1500～5000元。图5-50是普通车灯和氙气车灯的对比效果图。

（a）普通大灯　　（b）氙气大灯

图5-50　普通车灯与氙气车灯的比较

2. 反射镜

由于前照灯发出的光线光度有限，如果没有反射镜，那么只能照亮汽车前6m左右的路面。反射镜的作用，就是将灯泡的光线聚合并导向前方。经过反射镜反射后的平面光束，光度增强几百倍至上千倍，达到20000～40000W，从而使车前150m甚至400m内的路面都能有充分光照。

3. 配光镜

配光镜又称散光玻璃，用透明玻璃压制而成，由很多块特殊的棱镜和透镜组合，其几何形状比较复杂，外形一般为圆形和矩形。配光镜的作用是将反射镜反射出来的平行光束进行折射，使车前路面和路缘具有良好而均匀的照明。

前照灯按照反射镜的结构可分为可拆卸式、半封闭式和封闭式三种。

三、前照灯的升级方法

升级大灯的方法有很多，主要有以下四种方式。

1. 提升功率

这是最简单最便宜的办法。比如将50W换成100W，但亮度不会简单的增加一倍。相反，由于瓦数加大，电流和热量成倍增加，导致灯具老化以及灯头熔化加速，还会给发电机、保险丝、电瓶带来过大的负担，甚至引起车辆的自燃。因此，车灯的升级应以不增加原车车灯的瓦数为前提，不建议采用此方法。如果一定要选用，则须选用质量有保证的品牌，如飞利浦极劲光、夜极光车灯等。

2. 加装大灯增光器

汽车大灯增光器，实际上就是一个变压器，安装时会破坏原车的一些线路，使线路的负荷变大，影响灯泡的使用寿命，不建议使用此方法。

3. 换装透镜照明系统

透镜照明系统实际在常规的透镜照明基础上，加装一圈 LED 的发光灯，远看车灯内有四个圆圈，如“天使眼”。这种照明系统比传统的反射光照明具有更好的光线集中效果，灯泡通过透镜的反射后更有穿透力，而且明暗截止线整齐分明，会车时不会有强烈的刺眼感。但改装的费用相对较高，并不适用于所有的车主，部分质量差的透镜总成还可能起不到强光效果，反而给行车安全带来隐患。这种安装方法应按照个人的爱好和需求进行选择改装。

4. 改装氙气大灯

氙气大灯只是一个统称，售价从 1500 元到上万元不等，品质良莠不齐。劣质的氙灯没有采用普通的高压放电光源，加上成本低廉的高压包和改装线组，安装时很大程度上会损伤原有灯具和电气系统。由于氙灯的照明强度较高，散射状的高亮度灯光容易引起交通事故。因此，对于亮度要求高的车主，通常建议使用有保障的品牌氙气大灯组合套件，如欧司朗、飞利浦、韩国 KDG、德国海拉、飞普或国产安亮、展亮、展日、飞普科技等。

四、车灯安装注意事项

(1) 不要直接用手接触灯泡玻璃，以免手部本身分泌物沾在玻璃管上，造成玻璃表面热胀不同而导致破碎。如有脏物，用布或纸巾擦拭干净。

(2) 更换灯泡应该在干燥的室内完成，注意灯罩防水衬套的严密安装，防止水汽进入。

(3) 更换灯泡时应该关掉电源，灯泡工作时温度很高不要用手直接接触以免烫伤。

(4) 在卤素灯的基础上改装 HID 时，要把高压包及安定器放置在比较通风的位置，以方便散热。禁止把高压包、安定器放在发动机等热量较大的地方。如果两灯共用一根保险丝，该保险丝必须使用 25～30A，如果两灯独立使用保险丝，必须使用 10～15A，安装时要特别注意电源正负极和接地极。

五、氙气大灯改装的工艺流程及注意事项

(一) 氙气大灯的改装流程

(1) 先选定氙气灯的型号，把原车灯灯泡完好无损地取下。

(2) 安装固定好氙气灯灯泡。

(3) 找一个固定位置来安放氙气灯的镇流器，要注意散热，保证温度不要过高。

(4) 把镇流器的电源与灯光电源连接，镇流器的一条输出线与氙气灯灯泡的 MP 接口相连接。

(5) 调整氙气灯的聚焦。

(二) 改装氙气灯的注意事项

1. 注意改装大灯的品牌、质量及型号等

(1) 品牌。选配汽车车灯时，不要只看产品的价格，一般情况下应尽量选用大型正规灯泡生产厂商的产品，如飞利浦、欧司朗等。

(2) 质量。常见的卤素灯泡，劣质灯泡不但亮度不高、寿命有限，还可能烧坏线路；氙气大灯的工艺和技术十分复杂，劣质的氙气大灯往往寿命很短，变压盒和灯泡都很容易烧坏，而且色温亮度和散射角度也不符合要求。

(3) 型号。灯泡通常有多种型号，如果选择不当，将无法安装。

(4) 外观。汽车灯具产品外观应无不良缺陷、手感光滑、无毛刺。

2. 改装大灯必须符合法规

国外对于汽车大灯的法规和限制很多，特别是氙气大灯，对于其色温、亮度和角度都有明确规定；安装氙灯时，要求车辆还要配装一组透镜系统，让车辆的灯光照射范围更加集中。目前国内的法规尚不健全，改装时必须选择符合国外安全法规的改装氙气灯，以保障安全行车的要求，单一的氙灯改装并不可取，建议使用升级卤素灯泡或者选用品质有保障的品牌氙气大灯组合套件。此外，目前国内一些城市也有限制汽车大灯的地方法规，在改车前最好先进行了解。

3. 改灯应为别人着想

部分改装过氙气大灯的车，由于选择了色温过高、灯色偏蓝的氙气大灯，这种蓝色灯光会特别刺激对面路人和司机的眼睛，让人不舒服，同时还会影响行车安全；此外，由于改装大灯的亮度增加，夜间会车时，如不注意用灯规则，如开远光灯，随意乱闪车灯等，将会让他人反感，甚至造成危险。

练习题

一、选择题

1. 汽车的外部装饰，主要是对（　　）部位进行装饰。

A. 车身　　B. 漆面　　C. 大包围　　D. 天窗

2. 汽车天窗采用（　　）来改善空气循环。

A. 负压换气　　B. 挤压换气　　C. 流动换气　　D. 增压换气

3. 轿车扰流板可（　　）。

A. 阻止后轮抬起　　B. 阻止前轮抬起

C. 阻止前后轮抬起　　D. 阻止制动时跑偏

4. 轿车导流板可（　　）。

A. 阻止后轮抬起　　B. 阻止前轮抬起

C. 减小汽车阻力　　　　　　　　　D. 阻止制动时跑偏

二、判断题（正确的打“√”，错误的打“×”）

1. 轿车安装导流板与扰流板后可显著改善车辆的空气动力学性能。（　）

2. 轿车导流板与扰流板为同一物品，只是称呼不同。（　）

3. “犀牛皮”具有很强的硬度且比较脆。（　）

4. 在为弧度较大的前挡风玻璃贴膜时，可将车膜裁成条后再分别粘贴。（　）

三、简述题

1. 简述汽车天窗的作用。

2. 什么是汽车大包围？简述其作用。

3. 对底盘部分全部喷涂防护材料的注意事项。

4. 汽车贴花装饰与彩条装饰及贴保护膜的异同。

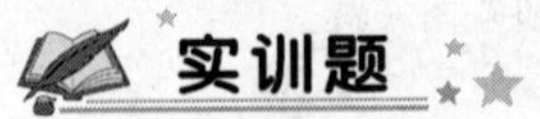

实训题

实训项目名称

大包围安装

实训目的

1. 了解大包围的分类及作用；

2. 了解制作大包围的材料；

3. 掌握大包围设计原则；

4. 了解大包围安装的注意事项；

5. 掌握大包围安装的流程。

实训要求

自己选定一款轿车，根据大包围设计原则，结合车主要求，进行大包围的设计与安装。

1. 结合车型型点，选择适当的材料制作大包围或为该车型选择一款适合的大包围。

2. 安装大包围。

3. 总结实习过程。

实训时间

一周实训课程，教师指导和点评。

模块六　汽车内部装饰

汽车内部装饰主要是指对汽车内部的驾驶室及行李厢进行改装，如汽车转向盘套，汽车地垫，坐垫、汽车音响系统等。一般而言，汽车下线时厂家已针对大众化需求进行了内部装饰。本模块中，仅介绍为满足车主个性化需求、能使汽车锦上添花的内部装饰，包括篷壁装饰、仪表板装饰、座椅装饰、地板装饰、车内饰品与香品装饰、汽车音响系统改装等主要作业内容。本模块的学习目标和能力目标要求如下。

学习目标

1. 了解汽车篷壁的类型及特点。掌握更换成型顶衬及车门衬板的工艺流程。

2. 了解仪表板的类型特点及性能要求，掌握仪表板装饰的方法。

3. 了解轿车座椅的典型结构及装饰方法；掌握真皮座椅的辨别方法及安装工艺流程；了解不同材质的座椅套的特点，掌握其椅套装饰的工艺流程。

4. 了解地板装饰的方法及特点，了解地垫与地胶的类型，掌握地胶的鉴别方法及安装工艺流程，掌握地垫的选装方法，掌握地毯安装的工艺流程及安装方法。

5. 了解车内饰品的分类，掌握车内饰品的装饰原则。

6. 了解车内香品的功用及分类，掌握车内香品的选购原则及使用方法。

7. 了解汽车音响的特点及组成，掌握汽车音响的搭配、安装及保养。

能力目标

1. 能独立完成成型顶衬及车门衬板的更换。

2. 能独立完成仪表板的装饰。

3. 能独立完成真皮座椅的安装及座椅套的装饰。

4. 能独立完成地板的装饰。

5. 能独立完成汽车音响的改装升级。

任务一　汽车篷壁装饰

汽车的篷壁大多采用浅色调，随着使用时间的增长，篷壁会褪色或变色，或在使用过程中染上无法清除的污物，或篷壁的色泽和面料过时，需要对篷壁进行更换或重新装饰。

任务分析与实施

汽车的篷壁是汽车整车内饰的重要组成部分，包括顶篷内衬和车门衬板，它的主要作用是提高车内的装饰性，同时篷壁内饰还可增强隔热效果；提高吸音能力，降低车内噪声；提高乘坐的舒适性和安全性。由于太阳直射车顶，汽车顶部温度较高，因此顶篷内饰的耐热性和耐候性指标较车门衬板更严格一些。

一、顶衬的材质及结构

汽车顶衬也称车顶篷或顶子，顶衬有成形型、吊装型和粘贴型三种，多采用各种纤维毡、聚氨酯泡沫、聚乙烯泡沫等与表皮材料（如无纺布、针织物等）通过一定的方式黏合形成一体作衬垫。

(1) 成形型顶篷内衬。近年来，为了减少装配工时，大都采用成形型顶篷内衬结构的一体成形。成形型顶篷内衬如图 6－1 所示，一般由基材、填充材料和表皮层重叠加工而成，各层所用材料如下表所示。

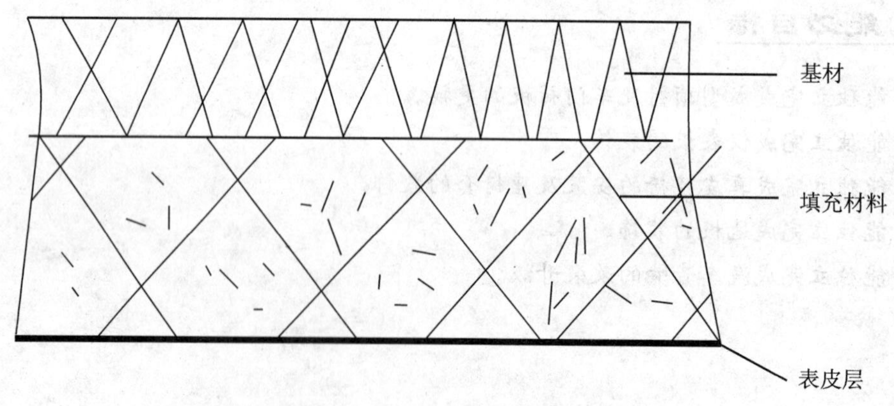

图 6－1　成形型顶篷内衬的结构

成形型顶篷内衬各层材料

分　层	材　料
基　材	浸树脂的再生棉或玻璃纤维、聚氯乙烯泡沫板等材料
填充材料	聚氨酯或聚烯烃树脂发泡体
表皮层材料	主要是 PVC 材料，也有部分内衬采用纺织品材料

(2) 吊装型顶篷内衬。吊装型顶篷内衬是用铁丝网吊起来的一种结构。表皮材料为 PVC 片材或 PVC 人造革或纺织品材料。为了隔热和隔音，把绝缘材料放在顶盖和衬层之间，其结构如图 6-2 所示。

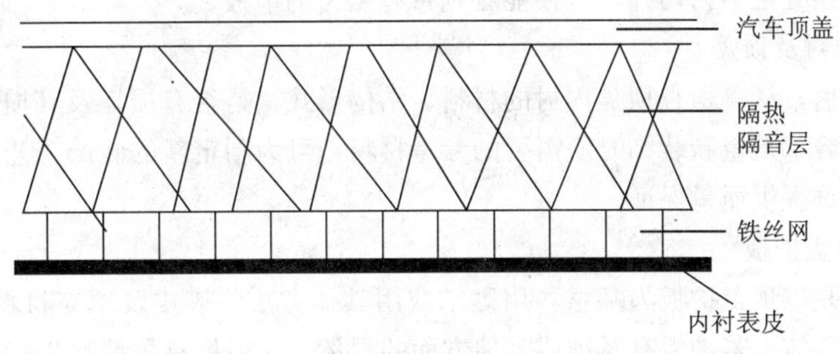

图 6-2　吊装型顶篷内衬的结构

(3) 粘贴型顶篷内衬。粘贴型顶篷内衬是把填充材料和表层材料压成形之后直接粘贴在顶篷上，填充材料主要是聚氨酯发泡体、PVC 发泡体，表层材料主要是 PVC 片材或纺织物。

吊装型顶篷内衬和粘贴型顶篷内衬，一般用在大中型客车和旅行车上，生产的批量不大，但手工安装量较大；成形型顶衬应用较广泛，特别是在轿车等小型车上，因此，本任务主要介绍成形型顶衬的装饰。

二、成形型顶衬的装饰方法

成形型顶衬的装饰主要是对内衬表皮层进行重新装饰。可采用以下两种方法。

(1) 更换黏结法。若原内衬表皮为 PVC 片材等易拆材质，可先将内衬表皮层材料采用适当的方法拆下，再选用同类质优的新 PVC 片材，经适当的剪裁加工，用黏结法粘贴上，形成新的表皮层内衬。

(2) 直接胶黏法。若原内衬表皮材料是纺织品材料，表层材料只有老化、褪色，没有其他破损，而且与填充层贴合都很结实牢固时，可按其形状尺寸，经过适当的剪裁和缝制，使之成为一个整体的内衬表层，然后用胶黏法，把新的内衬表层直接粘贴到旧的内衬表层上，使整个顶盖总成的厚度略有增加，其隔热和隔音效果也有所提高。同时，比前一种方法节省装饰时间，省去了拆下原内衬表层材料的工序。

三、成形型顶篷内衬装饰的工艺流程

直接胶黏法操作方法较简单，本文以更换黏结法为例，介绍成形型顶篷内衬装饰的工艺流程。

1. 拆下原顶篷内衬

根据汽车顶篷的具体结构，选用钳子或刀，拆下顶篷内饰有关的零部件。对新款车抛压式顶衬，先拆卸顶灯，移除顶衬周围的边饰件，顶衬就会自动脱落；对于老款车顶衬，先要拆下遮阳板、风窗玻璃、后窗四周的装饰条（如有三角窗，三角窗周围的装饰条也要拆下），然后拆卸车顶灯，密封条及卡板，最后拆下顶衬及拱形架。

注意：如车门用的是抛压式密封条，直接拆下；如是老式密封条，可用刀沿靠近门框周围贴近密封条处把顶衬切开，以便能看到带有锯齿的卡板。

2. 检查内衬及顶盖

拆下内衬后，认真检查顶盖内衬的材料、结构形式、是否有损坏及其损坏程度、能否修复。这些内容都是重新装饰时所需要的参考材料，可为制定新的装饰工艺提供依据，同时也为重新装饰提供质量保证。

3. 检查顶盖护板

整个内衬是以顶盖护板为基材，用黏结或用其他方法将表皮及填充材料固定在上面，形成汽车顶盖整体。若护板有锈蚀或其他方面的损坏，应根据具体情况进行修复，严重的还需更换新护板。

4. 清洁顶盖护板内表面

除去表面污垢、异物，并使之清洁干燥，为组装内衬做好准备。

5. 清洁、干燥新内衬的贴附面

装饰后的内衬必须要进行清洗处理，主要是对内衬与顶篷内表面相贴附的表面进行清洗、干燥，做好与顶篷安装的准备。

6. 安装新内衬

按原顶盖与内衬的结构形式和安装方法，把装饰好的内衬安装在顶篷上。

7. 还原步骤 1 中拆下的零部件

将原来拆下的零部件，如顶灯、空调器系统、装饰压条等零部件，经过清洗、干燥后，按原方法安装复原。

8. 清洁新顶篷

将安装好的顶篷，进行全面清洗，清除安装过程中造成的尘垢或污物，并用内饰护理剂——多功能清洁柔顺剂，对顶篷内衬表面进护理，使顶篷内饰焕然一新。

四、车门内衬板装饰的工艺流程

1. 拆卸车门内衬板

拆卸车门内衬板首先要拆掉所有的紧固件，然后把衬板从车门上拆下，用改锥把锯齿形塑料螺钉撬起。螺钉撬起时，注意要用改锥顶住塑料螺钉的颈部，千万不要撬到螺钉的

纤维板盖上，以免撬坏。

2. 取下旧的面罩

衬板上的面罩是热压在纤维上的，周边用胶粘在衬板的背面。先把面罩的周边从衬板的背面揭起，再用剪刀把它剪掉，然后小心地把面罩从衬板上撕下来。老型号车的面罩边缘有的用的是U形钉，有的用的是不锈钢装饰条。不锈钢装饰条是通过上面的舌片卡在衬板上，穿过衬板在衬板的背面压弯，拆卸时把舌片扳直后就能从衬板上取下装饰条。

3. 制作新面罩

取下衬板上的旧面罩，但不要损坏衬板，利用旧面罩作为模板剪裁新面罩。特别注意车门扶手周围的曲线凹痕，在新衬板上也照原样进行制作。

4. 安装新面罩

安装新面罩时，将面罩与衬板的位置对好，以便门边扶手和车门把手对应在面罩合适的位置上。确定对正后，涂上少量的胶，将其粘在一起。剪掉面罩上衬板以外的泡沫，同时在衬板的拐角处剪一些V形窗口。最后把面罩的边缘修剪好，把面罩粘贴在衬板上。

5. 安装新衬板

（1）衬板定位。将衬板安装在车门上，用两三个塑料紧固件半插入定位孔中。

（2）面罩切缝。在面罩上车门把手和车窗摇柄顶起的位置，小心地切开缝隙，以便把手和摇柄穿过。注意，高档车在制作车门内衬板时为柱、柄或孔开口时要尽量小，还要确保所有电气装置能够正常工作，必须在黏合板之前进行检查。

(3) 衬板安装。所有的孔位都定准后，仔细修剪孔的边缘，固定所有塑料紧固件安装衬板。

（4）附件安装。最后安装车窗摇柄、门边把手和车门把手的盖板。

任务二 仪表板的装饰

任务描述

汽车仪表板在长时间的使用中，表皮装饰材料由于阳光的照射会发生老化或变色现象，保养不当会在仪表板边角部分出现积垢，表面部分出现划痕而影响其美观装饰性，此时需要更换新的表皮材料；此外，当汽车的仪表板在色泽和材质上过时时，也需要对仪表板表皮材料进行更换，以提高其装饰效果。

任务分析与实施

仪表板是汽车内饰件中最重要的组成部分，是一种薄壁大体积、上面开有很多安装仪表用孔的形状复杂的零部件，是各种仪表、信号及操作开关的集合处，是汽车操纵控制与显示的集中部位。同时汽车仪表板也是车内最引人注目的重要装饰件，它体现了车主的个性和风格。造型美观的仪表板，给人一种美的享受，如图6-3所示。

图 6-3　辉腾仪表板

一、汽车仪表板的性能要求

汽车仪表板直接影响汽车的使用价值和档次，也是市场竞争的一个焦点。世界各国的汽车生产厂家绞尽脑汁想尽办法使得仪表板满足各方面的性能要求。汽车仪表板从设计、制造、使用到维修的全过程都要考虑成本因素。仪表板设计时，首先要考虑简化仪表板的结构，方便制造、安装、使用，具有良好的工艺性能；其次，需要尽量减轻总重量，以提高汽车的经济性；从安全角度出发，要求仪表板具有吸收冲击，防炫目和难以燃烧等能力。仪表板应具备以下性能特点。

(1) 有足够的强度、刚度，能承受仪表、管路和杂物等负荷，能抵抗一定的冲击。

(2) 有良好的尺寸稳定性，在太阳光辐射和发动机余热的高温下不变形，不失效，不影响各仪表的精确度。

(3) 有适当的装饰性，格调优雅，反光度低，给人以宁静舒适的感觉。

(4) 应具有耐久性，耐冷热，耐冲击，耐光照等性能，使用寿命十年以上。

(5) 制造仪表板的主要原料与辅助材料均不得含铬等对人体有害的物质，不允许含有能使车窗玻璃模糊的挥发物。

(6) 软质表皮在常温下破损时，应韧性断裂，不应脆性断裂，即要求制品破损时不允许出现尖状锐角。

(7) 耐汽油、柴油和汗液的腐蚀。

二、汽车仪表板分类

汽车仪表板的结构和材料多种多样，但基本上可以分为硬质和软质仪表板两大类。

(1) 硬质仪表板。如图 6-4 所示，硬质仪表板一般是由塑胶材料整体注塑而成。这种仪表板结构简单、成本低，本体部分为同一种材料构成，多用于载重汽车及客车，一般不需要表皮材料。

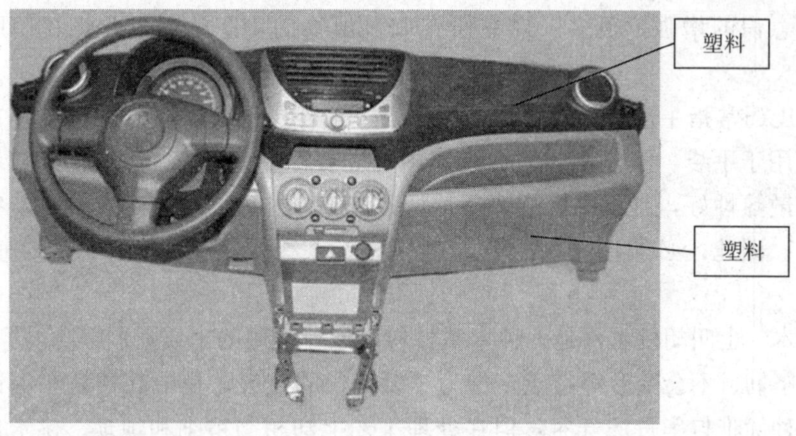

图 6-4　硬质仪表板结构

(2) 软质仪表板。如图 6-5 所示，软质仪表板分为表层、缓冲层和骨架三部分，由多种材料构成，外表面全部或者上部经过软化处理，触感舒适。常用材料有 PU、PP、ABS/PVC 合金等，多用于轿车。

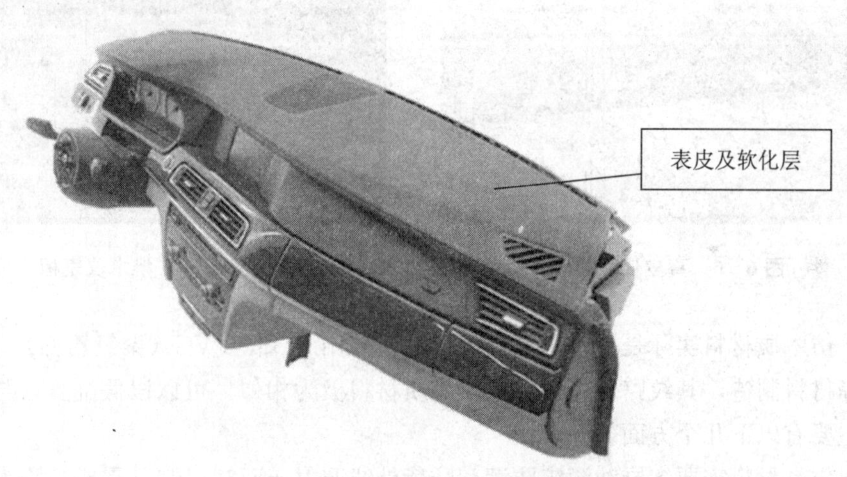

图 6-5　软质仪表板结构

此外，还有钢板冲压成型再焊接、涂装制造的钢质仪表板；钢质仪表板外层包覆人造革后制成的半软化仪表板；木质仪表板等。

三、仪表板装饰的材质

目前用于仪表板表皮装饰的材质主要有塑料、真皮、桃木、仿木质、碳纤维等。

(1) 塑料是大多数轿车仪表盘面板采用最多的材质，主要有 PVC 和 ABS 塑料材质，再注入 PU 泡沫以增强它的回弹能力。这样的仪表盘面板不仅能够在碰撞时吸收 50%～70%的冲击，相当于一个“不用弹出的气囊”；并且还具有耐寒、耐热的性能。此外，随着人们环保意识的增强，很多厂商在研究取自植物的生态塑料，并将其运用在汽车内饰上。

（2）真皮通常指牛皮，牛皮可以多层分割，最外层为头层皮，质量最好；次之为二层皮，只能用于手袋、箱包里衬。而汽车内饰需要耐热、耐磨，美观耐用，容易清理，表面平滑，散热性好，且不易燃烧，不怕烟蒂烧破，还可增加制冷效果，节省空调燃量消耗等优点。因此，必须选用头层皮，但价格昂贵。如图 6－6 所示为真皮仪表板装饰图。

（3）桃木，也叫胡桃木，是一种木质材料（另外常用的木质材料还有花梨木），具有纹理优美、坚韧、不会变形等特点，作为“奢华”的代表，是中高档轿车内饰材料的首选，尽显一种优雅与华贵的气氛，但在处理工艺上却相当精细和烦琐。桃木仪表板如图 6－7所示。

图 6－6　真皮仪表板

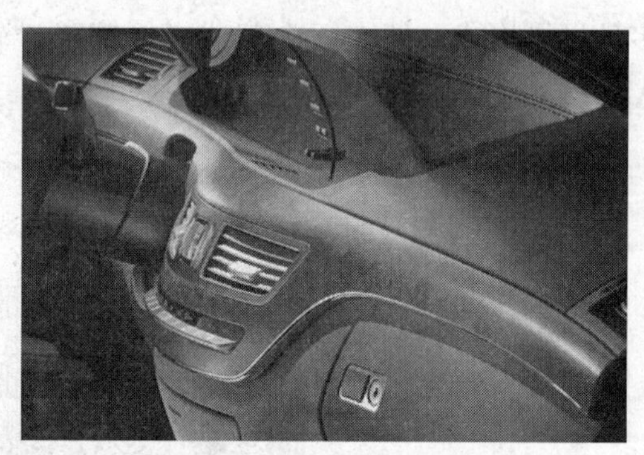

图 6－7　桃木仪表板

（4）仿木质材料实际是一种塑料制品，它主要用 ABS、PVC（聚氯乙稀）、PC（聚苯乙稀）等材料制造，其纹路、光泽与真正木质材料极为相似，可以以假乱真，与木质材料的区别主要有以下几个方面。

①木质品材料需要多层油漆来防潮和防紫外线照射，而塑料制品需要喷涂专用清漆等涂层材料以抗老化，缩小仿木质内饰件与木质内饰件的质量差距。

②成批生产的塑料仿木质内饰的纹路图案可能是件件都一样，而天然木质内饰的纹路图案却是独一无二的。

此外，还有一种仿木质仪表板，是在塑料基体上粘贴上一层极薄的木质镶饰，看上去与木质装饰件完全一样，常常自称为“桃木”装饰件。

仿木质材料一般用于中低档轿车提高其档次。

（5）碳纤维是一种由碳原子构成的纤维，“线条”极其纤细，直径 0.005～0.01mm。大小相同的碳纤维强度能达到钢的 7～9 倍，而重量却不到钢的 1/4。它的应用兼顾了汽车对轻量化和高强度的要求。但因为其价格昂贵，仅用在一些豪华车的中控台、装饰条、仪表盘及座椅的骨架上。碳纤维仪表板如图 6－8 所示。

图 6-8　碳纤维仪表板

四、仪表板装饰的注意事项

(1) 仪表板在装饰时，要结合车辆的类型、档次、新旧程度等进行综合考虑，采用适当的方法进行装饰。

(2) 仪表板装饰要与内饰协调，才能收到良好的效果。

(3) 选择合适的装饰方法。

(4) 仪表板装饰要谨慎，要求操作者具备一定的工作技能。

(5) 因装饰中要常使用胶黏剂，所以选用胶黏剂时要注意它的特点和使用条件。

五、仪表板装饰的工艺流程

1. 拆卸旧仪表板

首先将仪表板上的各种仪表和装饰件全部拆下，进行必要的清洗保存，拆下仪表板连接螺钉，然后拆下仪表板表皮，如是胶黏式的，可以使用热风枪使黏胶软化，方便拆下。

2. 更换新的表皮材料

新的表皮可以参照原表皮的类型和规格进行裁剪、缝制，也可以更换其他材料。注意，为了能粘贴密实，裁剪要通过多次试贴和修改以达到要求。

3. 选用合适的胶黏剂实施粘贴

为保证粘贴质量，先在仪表板的表面均匀涂刷一层薄胶（如汽车用 841），待不黏手时，将新仪表皮对准粘贴的位置，从中部向两边轻按并慢慢展开。注意，粘贴位置要准确，无气泡，无皱纹，表面光滑，平整，无划伤等。

4. 安装新仪表板

待粘贴后的仪表板完全固化后，按拆下时的反向顺序，把新仪表板用螺钉固定在车身上，然后装上各种仪表和其他附件及装饰件。

5. 清洗护理仪表板表皮

选用合适的清洁剂，用软拭布清洗污渍。尤其对真皮要使用保护剂进行护理，既能使发硬的皮革制品变得柔软光亮、延缓老化，还可使灰尘不会聚焦。

6. 注意选择仪表板的色彩

仪表板的色彩对装饰效果起着巨大的作用，如高贵的橘黄色，稳重的深色，传统的灰色等。

任务三　座椅的装饰

任务描述

汽车座椅在使用过程中，必然会出现无法清除的污垢，布艺材质的座椅会陈旧变色，皮质材料的座椅会出现老化现象，严重影响汽车内饰的美观；此外，在夏（冬）季，选择与当季相适应的汽车座椅套，还可以起到降温（保暖）的作用，改善驾乘人员乘坐的舒适性。因此有必要对座椅进行重新装饰。

任务分析与实施

汽车座椅是汽车的时装，能表达出车主的情趣，体现出车主的个性。在汽车内装饰中，座椅的装饰是相当显眼的一部分，对汽车整体的装饰风格有非常大的影响。不管选择皮套还是布套都是为了体现车主不同的品位。

一、轿车座椅的典型结构

轿车座椅的典型结构是由骨架、填充层和表皮三大部分复合而成的。

（1）骨架。座椅的骨架主要由金属材料制成。它的主体是金属焊接结构，起到定型座椅和支撑人体的作用；靠背和坐垫处一般是用薄钢板冲压而成，根据人体工程学的原理设计，以乘客乘坐时能获得最舒适的形体要求为准则。

（2）填充层。填充层是指座椅骨架上的一层填充物，主要是为增加乘员乘坐的舒适性而设计的。早期的填充物主要采用棉花等植物纤维，但易变形，造型不佳。随着塑料工业的迅猛发展，以发泡塑料制作的定型填充物，因其柔软舒适、不易变形、造型美观、弹性良好等优点得到了广泛应用。

（3）表皮层。座椅的表皮层是座椅质量和装饰的关键所在，特别是轿车的座椅，是设计师们重点考虑的部位。表皮层使用的材料，主要有纺织布料、人造革材料和优质的真皮材料等。制作上裁剪精确，缝制精细，平整合体，以显示座椅的精美外形。

二、座椅的分类

按照座椅表皮层的材料，主要有纺织布料座椅、人造革座椅和真皮座椅；按照座椅的结构与车型用途分为轿车座椅和客车座椅。下面主要讨论轿车座椅装饰中应用较多的真皮座椅装饰及座椅套装饰。

(一) 真皮座椅

1. 真皮座椅的特点

真皮座椅美观耐用，容易清理，与人体表皮功能接近，触感舒适，其毛孔细且有良好的透气性，表面平滑，有良好的散热性能。另外，真皮座椅不易燃烧，不怕烟蒂烧破，还具有增加制冷效果，节省空调燃油消耗等优点，是许多座椅装饰的首选。

2. 真皮座椅的辨别

由于汽车专用皮革，须经抗紫外线、耐热、耐光、耐磨等处理，成本较高，所以一些不法厂商则会以其他价格低廉的皮革冒充，如不多加留意，可能会选购到劣质皮椅，因此可以采用以下方法辨别皮革的真假、优劣。

(1) 卷标法。正规厂家的皮革，背面均会标示制造日期（制造日期不宜过久，超过3年的皮革应注意有无发霉现象），皮厂名称、面积等。

(2) 嗅觉法。良好的皮革，在处理后没有刺鼻味道，因此有太多的溶剂味及涂料味的皮革不宜选用。

(3) 耐热法。向厂商要小块的皮材，用香烟头触烫样品达2～3s，可避免买到PU制品，用打火机燃烧因接触面积大，所需时间要加长。

(4) 观看法。在30倍放大镜下，则可见到皮革外表凹凸不平，坑坑洞洞，其透气性佳（汽车用皮革需经耐磨、耐光等特殊处理，毛细孔部分会被覆盖）。以刀片横切皮革，可见皮革由外表层至内层颜色均匀一致（外表黑，内里深灰，则属正常现象）。注意外表层下方是否有异色产生。

(5) 擦拭法。以去渍油擦拭皮革表层，注意有无褪色及脱落现象。

(6) 证件法。正规厂家的皮革，均有清楚的来源，记载生产地，皮革厂标，皮革测试表，皮革使用授权书等基本资料，缺一不可。

(二) 布艺座椅

与真皮座椅相比，布艺椅套的透气性能、吸水性能、隔温性能更好。布艺椅套有相当大的选择空间，各种材质、各种花色琳琅满目。椅套按材料可分为化纤、棉混纺、纯棉莱卡、丝绒、三明治等。

(1) 棉质椅套。棉质椅套具有吸水、吸汗、透气、隔热、抗腐蚀的优点，目前世面上的棉质椅套大多在原天然棉花长丝纤维中加入了其他纤维材料，不仅能保持纯棉原有的透气舒适感，还可提高其综合性能。如棉混纺椅套加入了聚酯丝，如图6-9所示，增加了强度、抗磨性，具有平整不起皱、结实耐用、易清洗的特点；纯棉莱卡椅套加入了一种叫氨纶的弹性纤维，提高了椅套的弹性和水洗牢度，保证洗后和长期使用都不变形。

(2) 丝质椅套。目前世面上比较流行的有金丝绒和冰丝两种丝质椅套。金丝绒是用通割绒法加工，由桑蚕丝和黏胶丝交织的一种高档绒丝织物，如图6-10所示，质地柔软而富有弹性，色光柔和，绒毛浓密耸立略显倾伏。冰丝又叫人造丝、黏纤、黏胶长丝，是用棉短绒木材作为原料优化处理得来的。冰丝含湿率最符合人体皮肤的生理要求，具有光滑凉爽、透气、抗静电、色彩绚丽等特点。

(3) 纯毛椅套。这种椅套摸上去手感非常柔软，透气性良好，不黏身，利于汗液的挥发，如图 6－11 所示，特别适用于北方的城市。但清洗时必须干洗。因此，纯毛椅套的清洗保养费用较高。

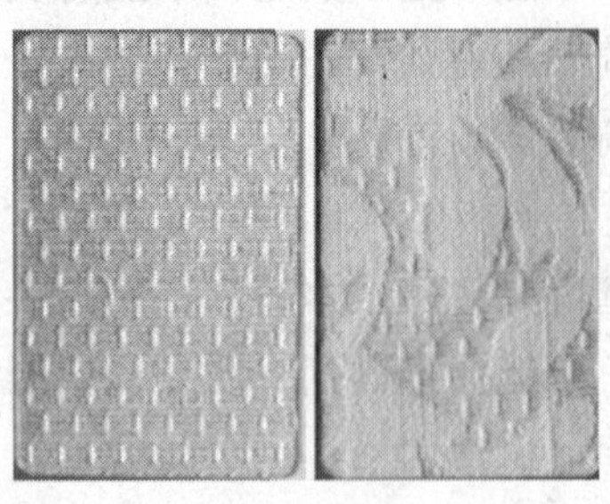
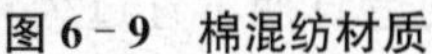
图 6－9　棉混纺材质

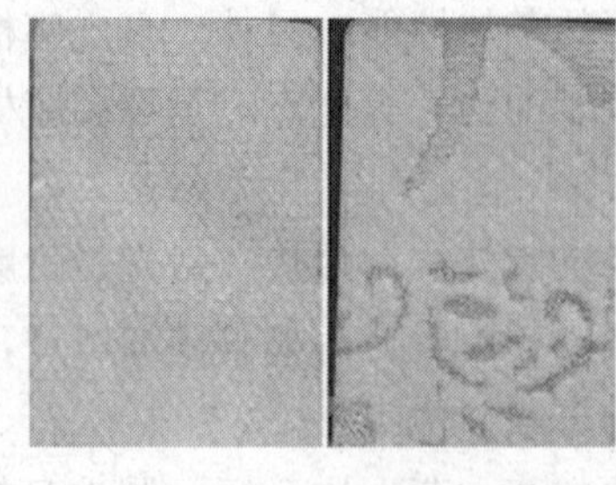
图 6－10　金丝绒材质

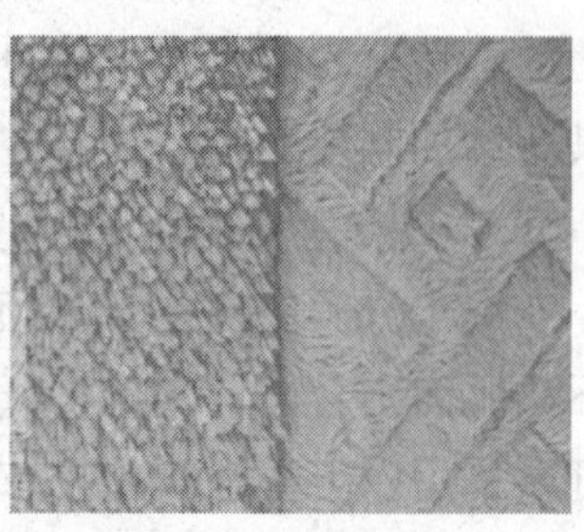
图 6－11　纯毛材质

（4）三明治椅套。三明治是一种合成纤维的面料，如图 6－12 所示，结实耐用。表层是网状的（较大的网孔），中间层为密网，使得表层的网不至于变形太大，加强了面料的牢度及色彩度。面料的中间复合了薄型海绵，使得面料更饱满有弹性，坐感舒适。面料的最底层复合了无纺布，具有锁水功能，因此，即使有液体倾倒在汽车椅套上，也能保持较长时间不直接渗透到座椅的表面，对用棉麻类面料制作的原装座椅具有较好的保护功能。

（5）亚麻椅套。亚麻纤维具有独特的线条和光泽，如图 6－13 所示，有吸湿、散热、透气、无静电、防霉虫蛀、抗菌耐磨、抗紫外线、不粘皮肤、无有害化学成分等特性，是绿色环保的首选纺织原料，被誉为天然纤维中的“皇后”。

图 6－12　三明治材质

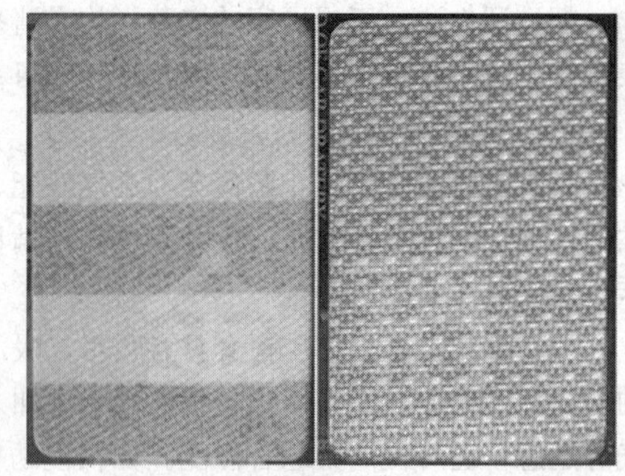
图 6－13　亚麻材质

三、真皮椅套的装饰

1. 鉴别真皮座椅的皮质

（1）汽车座椅所用的皮是牛皮，分为水牛皮、黄牛皮和复合皮三种。黄牛皮最好，它质地柔软、弹性好、毛孔较细而且整张皮也最大；水牛皮相对来说毛孔大些，质量比黄牛皮略为逊色；复合皮则是在二层皮的表面附上一层胶膜，表面精致，看上去也很像头层

皮，但实际的质量则不如头层皮。

(2) 汽车专用真皮皮面光滑，皮纹细致，色泽光亮柔和且无反光感，手感滑爽而富有弹性。其厚度应均匀适中，一般 1.3～1.6mm，因为只有此种厚度才能保证弹性和耐久性。

(3) 真正的牛皮冬暖夏凉、透气性良好且富有弹性，而人造皮革正好相反。

2. 真皮椅套装饰的注意事项

(1) 拆卸座椅时，不要损坏安全带卡座，否则会导致安全气囊警告灯亮起。

(2) 真皮椅套制作时，需用原车的椅套制板，根据板形缝制椅套。板形很大程度上决定着真皮椅套缝出后是否得体、好看。

(3) 裁剪时，在皮料下面垫上 12～15mm 厚的带网底的海绵。

(4) 缝制时，明线必须横平竖直，“做缝”要在 3mm 以上。否则，真皮椅套在使用过程中可能由此开裂。此外，内部定位所用的螺钉不宜过少，否则将影响座椅使用的耐久性。

(5) 加工时，需在坐垫和靠背部位做褶皱处理或是选用打孔皮，因为这两个部位长期受压，一定要预留伸缩长度来确保长期使用而不会变形。

(6) 安装时，注意在椅套与座椅之间留一定的距离，但不能太松，否则很容易出现褶皱，在汽车行驶中经常拉扯，容易撕裂。

四、布艺椅套的装饰

1. 不同类型车选择不同椅套

(1) 公务车。公务车宜采用稳重的纯色系汽车椅套，如采用纯棉加刺绣的椅套，既可避免单调，又增加了车内装饰的档次。由于公务车主要以黑、灰、墨绿等颜色为主，所以椅套也应以灰、蓝等颜色为主基调。

(2) 家庭用车。一些小型的家庭用车，比如 POLO、派力奥等，车身外形比较小巧，外观颜色多采用粉绿、正红、香槟金等跳跃性颜色，所以，椅套的选择宜根据车主个性，选择适合家居温馨色彩或可爱的卡通系列。

(3) 越野车。根据越野车的使用特点，宜选择比较前卫、耐脏，如迷彩类的图案，或者抽象一点的图案，但颜色要深一些，材质以涤棉布料椅套为主。

2. 布艺椅套的安装方法

汽车椅套的安装是比较简单的，根据汽车座椅的设计，各个支撑部位配备牵引弹力绳，配备专用挂钩或黏扣，挂在前车椅的底部或者后车椅背部即可；安装时将椅套配备的弹性挂钩或黏扣通过座椅底部互相勾连即可，或者将挂钩固定在座椅底部的铁板孔中即可。具体安装如下：

(1) 头枕安装方法如图 6-14 所示，头枕是帽式设计，直接套入座椅头枕加以调整即可。

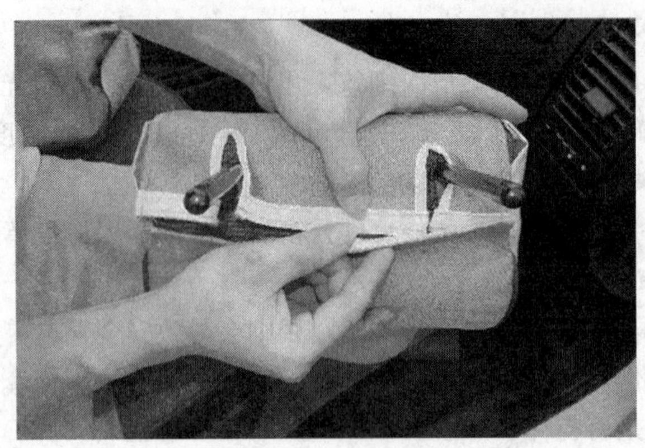

图 6-14 头枕的安装

(2) 前排座位椅套安装方法如图 6-15 所示。

①把椅套套在座椅上，如图 6-15 (a) 所示调整到合适位置；并将靠背处多余的部分直接沿着缝隙塞到靠背后面，拉出橡皮筋，如图 6-15 (b) 所示。

②如图 6-15 (c) 所示，将座位侧面的绳子穿过转角器，在靠背后拉出，与后面的橡皮筋绑在一起。

③如图 6-15 (d) 所示，将座位前端的橡皮筋从座位下面拉到后面与后面的橡皮筋绑住，或者直接挂到座位下面有弯的铁上面。

④再将套好的椅套整理平整，前椅套安装完成。

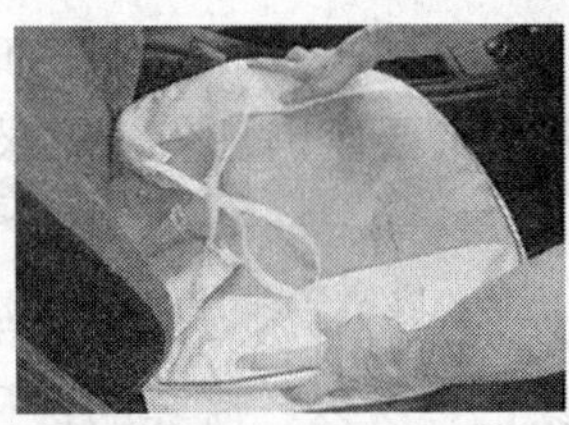

(a) 平铺座位套

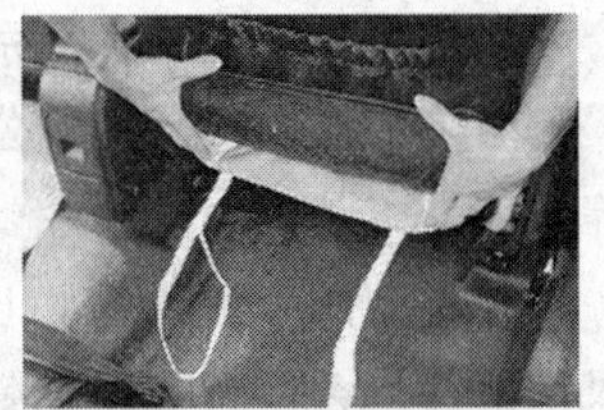

(b) 从靠背后面拉出椅套多余部分

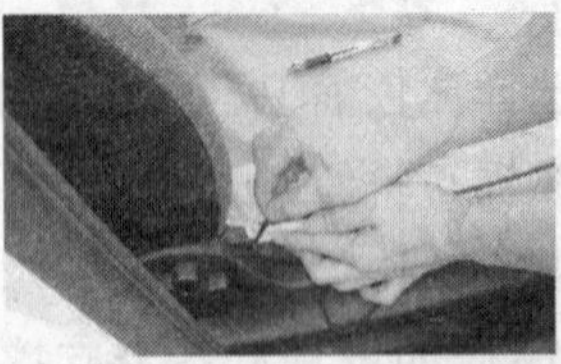

(c) 整理椅套后部拉绳和皮筋

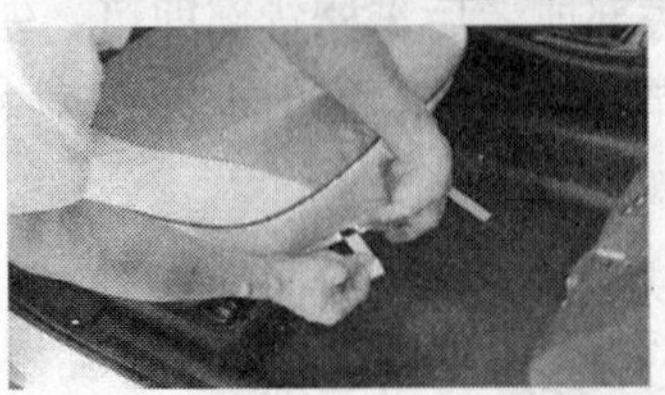

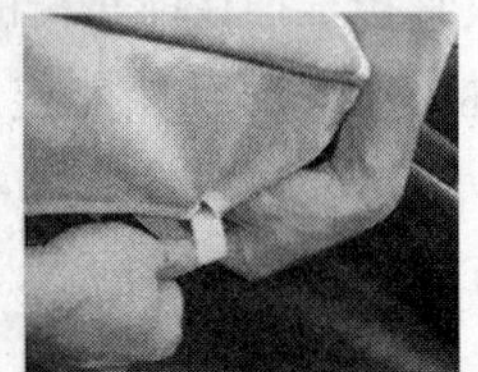

(d) 整理椅套前部皮筋

图 6-15 前排座椅套安装方法

(3) 前排座位靠背套的安装方法如图 6-16 所示。

①如图 6-16 (a) 所示，将靠背套从座椅的顶部套下，沿座椅两边边线拉下。

②将靠背套正面底部的布条直接塞到靠背后面，与后背底部的布条黏扣好，如图 6-16 (b) 所示。

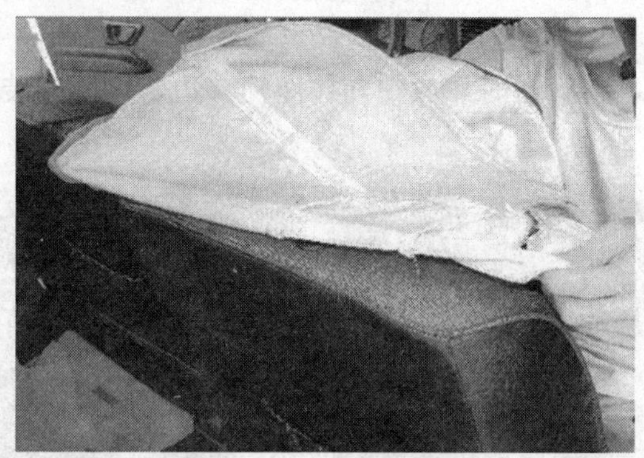

(a) 装套前排靠背套

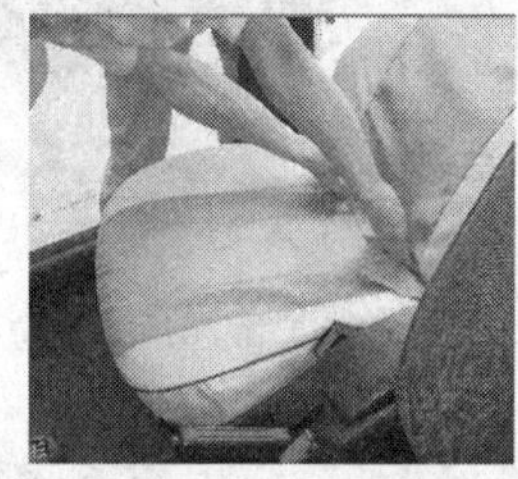
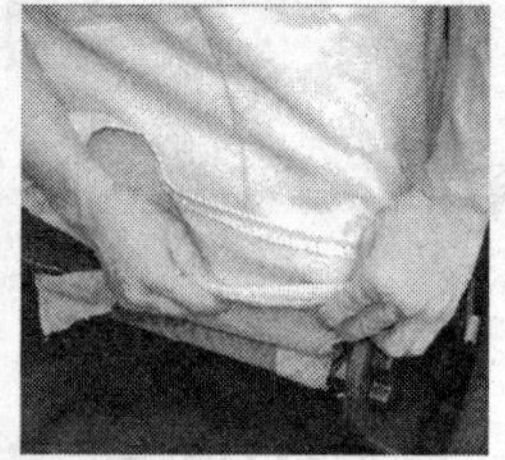

(b) 整理前排靠背套

图 6-16　前排座椅靠背套安装方法

③整理平整靠背，装套好的前排座如图 6-17 所示。

图 6-17　安装好的前排效果图

(4) 后排座位椅套安装方法如图 6-18 所示。

①如图 6-18 (a) 所示，在座椅上套上椅套，并调整到合适位置。

②如图 6-18 (b) 所示将整个后坐座位翻起（有些用力一拉就行，有些需要借助扳手松开连接部位）。

③将椅套后端的绳子抽紧绑紧，再把后端的橡皮筋在座位下面绑好，如图 6-18 (c) 所示。

④后椅套安装完成，将其暂时靠放在前排座椅一边，以便安装后座靠背套。

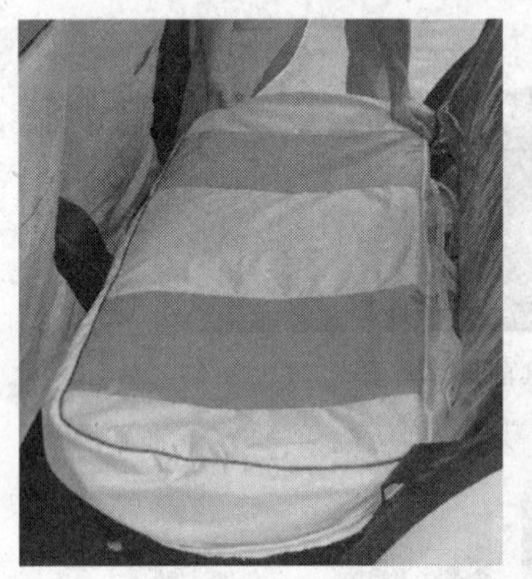

(a) 装套后排椅套

(b) 翻起后排座位

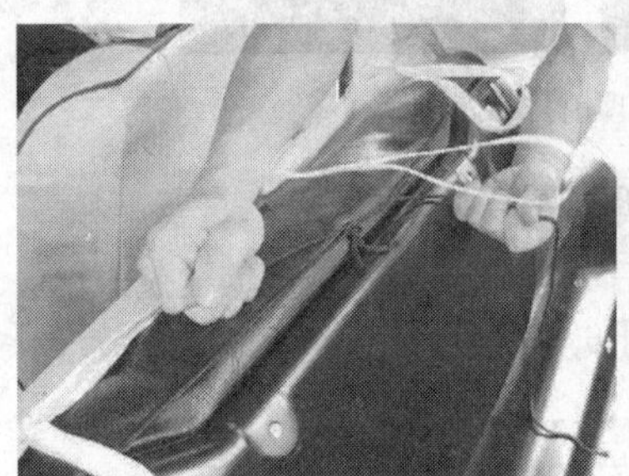

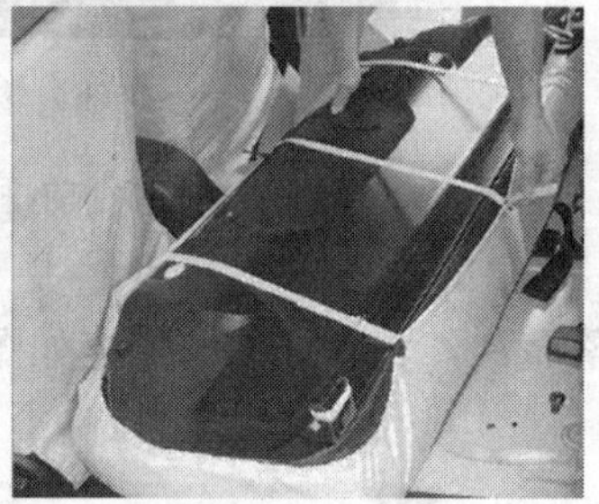

(c) 捆绑好后排座位

图 6-18　后排座位椅套安装方法

(5) 后排座位靠背套安装方法如图 6-19 所示。

①如图 6-19 (a) 所示将靠背套套好。

②如图 6-19 (b) 所示，将靠背套正面底部的橡皮筋与绳子塞到靠背后面，绳子与靠背侧面的绳子互相绑紧（注意，要把靠背下面一边相连的绳子剪断，塞过铁角后再绑住另一边椅套上已断开的绳子）。

③将塞到后背的橡皮筋与后背上面的橡皮筋绑好，侧面橡皮筋和侧面橡皮筋绑好，如图 6-19 (c) 所示。

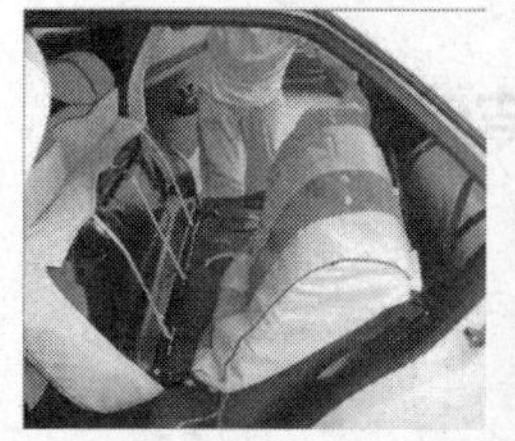

（a）装套后排靠背套

（b）紧后排靠套绳子

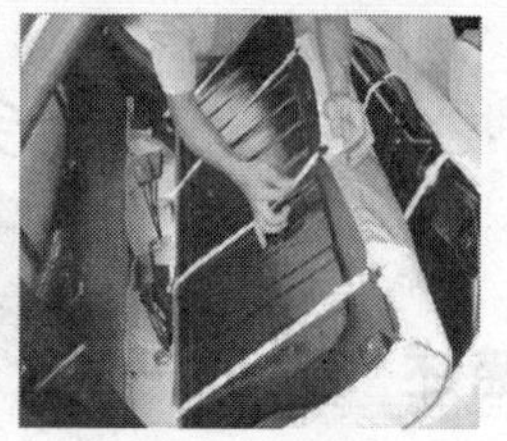

（c）绑紧后排靠套皮筋

图 6－19　后排座位靠背套安装方法

④整理平整靠背，装套好的后排座位如图 6－20 所示。

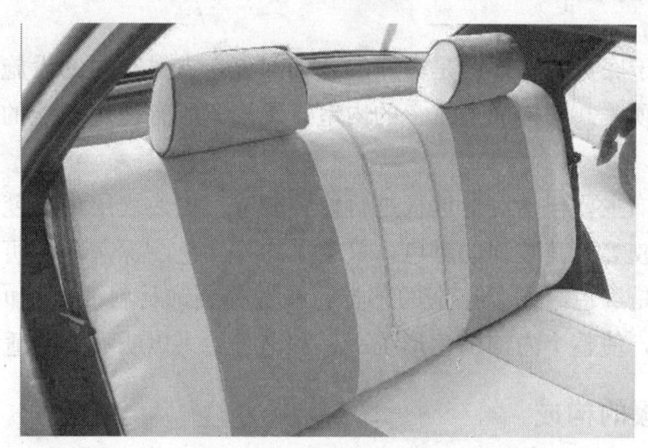

图 6－20　后排座位安装效果图

3. 安装注意事项

（1）在开箱时只需将纸箱上的胶带撕开取出椅套即可。应注意不要用刀从中间划开以免将椅套划伤造成不必要的损失。

（2）安装时注意区分正驾驶和副驾驶。

（3）要注意区分车型并使椅套与座椅的形体角度对正然后再将粘扣粘上。在套装时会有点紧，这时需要用手边拍打边往上套效果才会更好，有利于缝合线的对齐。注意不要用力去拽椅套以免将椅套缝合处撕开。

（4）椅套上所有的粘带、卡扣及橡皮筋都是用来固定椅套防止其窜位堆积的，安装椅套时不要用力地拉拽以免损坏椅套。

（5）座椅安装头枕的部位需要用刀将椅套按卡扣大小以十字形割开，再将多余部分压到卡扣下面即可。

（6）一些车型的座椅上带有后排座扶手及各种功能的塑料件，在安装时需将其全部拆下，安装完椅套时再将其全部安上。

（7）清洗时，请使用中性洗涤剂或用干洗的方法处理。请勿将烟头等火源接触椅套以免损坏。

任务四　地板的装饰

汽车地板是车内最容易积攒灰尘、水渍的部位，也是最容易磨损的部位，保养不当极易引起地板损伤、污染或过早显得陈旧，因此要及时对地板进行修复及装饰，以提高原车装饰档次，同时起到防尘、防滑及便于清洁的目的。

任务分析与实施

汽车的地板位于底盘的上部，是车厢的基础部分，支撑车内的设施和人员。地板与侧围、前围、后围和顶盖共同构成了汽车的内室，是汽车所有使用功能的体现部位，为人们提供乘车的需要。

汽车地板的装饰主要包括对老地板进行修补装饰、更换表层的地毯、在车内原地板上铺装地垫或加装地胶等。其装饰的颜色，最常见的是红色、深灰色，可使车内有一种洁净舒适的感觉，尤其是红色给人以兴奋的感觉。在选择装饰材料的颜色时，还应考虑侧围、顶盖和座椅等颜色，使整个内饰的色形统一、和谐，给人以明亮、舒适的感觉。

一、轿车地板的构成

轿车地板是复合型的，由基层、中间层和表层三部分组成。基层地板是用薄钢板冲压焊接而成；中间层主要由加强隔热胶板或胶合板或纤维板等构成，起密封、隔热、保暖和加强地板刚度等作用；表皮层主要选用优质人造革，通过胶黏或螺钉等方法固定在地板上。

二、汽车地毯的选装

在原车地板的表层，选装合适的汽车地毯，是汽车地板装饰最简单有效的方法，可增强地板层的防噪声效果。

20 世纪 60 年代以前生产的汽车内饰地毯，都是经过测量、裁剪、缝制而成，与汽车地板各式各样的凸起和凹坑相匹配的形状。如今所有生产厂和零配件市场的地毯都是成型的地毯，其形状与汽车地板形状相匹配。

地毯装饰原则如下。

（1）前部地板铺设密度较厚的地毯。轿车的前部地板离发动机较近，噪声较大，铺设密度较厚的地毯，可以增强隔音的效果。如选用 4.9kg/mm^2 的车用地毯。

（2）中部选用中密度地毯。汽车中部离发动机稍远，噪声的影响小一些，为此，选 3.7kg/mm^2 的车用地毯。

（3）后部选用低密度地毯。汽车地板的后部离发动机位置远，噪声影响较小，所以选

用低密度的地毯进行装饰。如选用 2.4kg/mm² 的车用地毯。

采用上述方法，不仅装饰了地板，而且还使车内的噪声降低到允许的标准下，减轻了整车的重量，提高了汽车综合性能，也降低了汽车的使用成本。

三、地垫装饰

(一) 类型

汽车地垫是专门垫地板用的，即一般常说的脚垫。它能有效地刮除鞋底的污垢、尘土，并将其沉入纤维底层，避免车内尘土飞扬，并能防止微生物和细菌的滋生，保持车内卫生，同时地垫背部的防滑齿还可防滑。

地垫分为手工地垫和成型地垫两种。手工地垫能够有效地防止灰尘和脏物的渗入，但其防水能力较差。成型地垫是一次性压制而成，中间无缝，防漏性好，且价格低廉，如果原车的地板不平、凹凸较大，则难以达到满意的外观效果。目前市面上大多采用成型地垫，并有专门为高档车配备的，既显档次，又经济的地垫。其材质主要有以下几种。

(1) PVC 地垫。PVC 材料抗老化性强，不会生硬发脆，透明度高，灰尘泥土容易清洗，不会有异味产生，如图 6－21 所示。

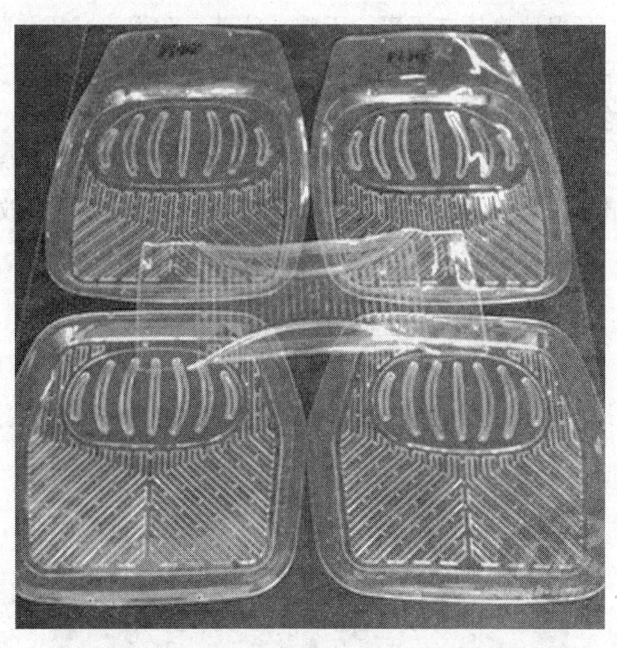

图 6－21　PVC 地垫

(2) 仿绒地垫。花色各异的仿绒地垫，有厚厚的绒毛，脚踩在上面很有质感，保温效果很好。仿绒地垫是目前汽车中使用较多的，有普通和 3D 两种款式，如图 6－22 所示，价格适中，为大多数人所接受。

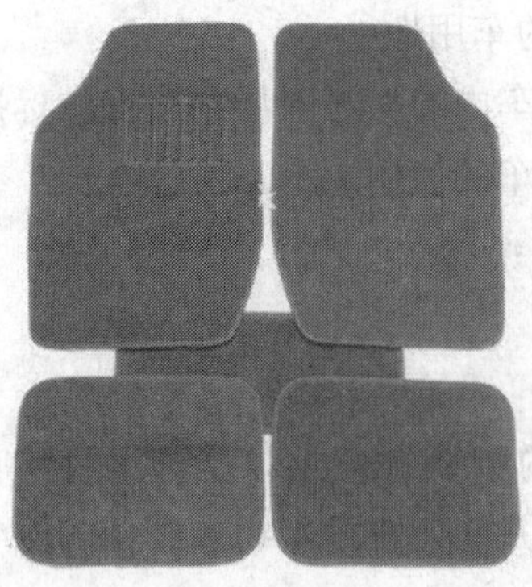

(a) 普通仿绒地垫

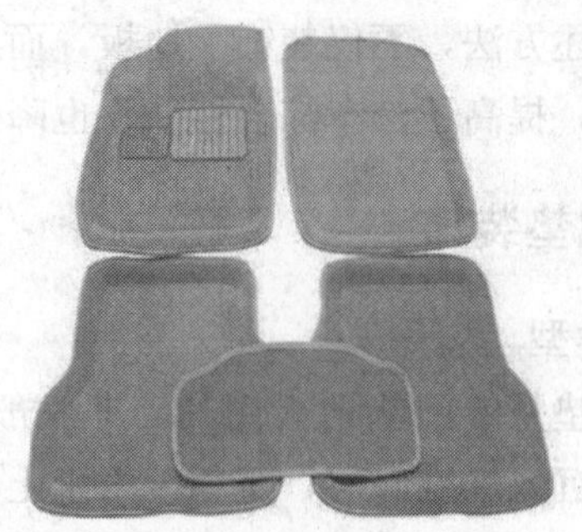

(b) 3D仿绒地垫

图 6－22　仿绒地垫

(3) 羊毛混纺地垫。这是一种高档地垫，既可保护汽车地胶、保持清洁，又能带来驾车的舒适体验。羊毛混纺全车地垫，表面采用致密柔软的羊毛混纺材料，弹性适度，有效防止脚底与地垫间打滑；地垫背面为优质的无异味 PVC 橡胶，其上均匀分布着细小的橡胶钉，可有效防止地垫与车内地胶间的滑动，确保行车安全；同时，整体设计简洁大方，可与汽车装饰风格匹配；但价格较高，清洗起来也比较费事。

(4) 环保地垫。环保地垫具有无毒、无味、防菌、防滑、减震、隔音、耐寒的特点，能在－30℃的时候保持原有的柔软度。环保汽车地垫，底部材料采用进口特殊合成树脂，面料表面为高级丙纶、尼龙面料。

(5) 橡胶地垫。橡胶地垫，如图 6－23 所示，采用橡胶原料和无纺布无化纤面料，经过橡胶硫化机一次成型压制而成，在寒冷冬天使用该地垫比较柔软，放于车内，紧贴车毡上很服帖，不发硬，且价格便宜，清洗方便。

图 6－23　环保橡胶地垫

(6) 尼龙地垫。尼龙印花汽车地垫采用进口尼龙面料，比一般的丙纶面料更经久耐用，更易清洗，且款式大方，价格适宜，样式齐全，花色繁多，适合各种车型。采用各种化纤材料混合，外观大方，颜色自然、装饰性强、新颖实用，能起到减少噪声、增加音响效果的功能。

(二) 汽车地垫的选装

1. 手工地垫的制作

(1) 首先调整好地毯，把地垫处的地毯铺平。

(2) 然后，用粉笔画出需要地垫保护的区域边缘。把地垫和地毯一起拿到缝纫机上，在画出的区域把地垫缝制到地毯上。也可从地毯上裁剪一块大小合适的小块地毯，经常更换，便于清洗。

2. 成型地垫的选装

选装时应根据车内地板和内饰的装饰色调，选择合适的汽车地垫成品或原料。

(1) 当选择的地垫是合适的成品时，可直接布置在清洗后的地板上。

(2) 当选择的是原料时，可按车内地板布置需要的形状尺寸进行剪裁，分成几块，以方便使用为准。

四、地胶装饰

(一) 汽车地胶的类型

地胶是在座椅下铺上一层防水且易擦洗的保护物，它对于汽车的保护起着举足轻重的作用，好的地胶能起到隔音、防尘、防水、阻燃、防锐器、防磨损的作用，在全面保护汽车车底的同时，使汽车清洁时候更简易方便、降低来自车底噪声、减少车内污染。铺垫带有隔音棉的地胶后，车内隔热（冷）效果显著，降温升温快。

地胶与普通塑胶地垫比较：普通塑胶地垫虽然铺设简便，对毛垫有一定保护，但边缘容易存留灰尘，且对座位底下无法提供保护；简单铺上去的地垫也会在车底移动错位。铺地胶则无上述缺点，是个“一劳永逸”的好办法，且正常使用寿命一般为 5～6 年或更长，相对成本也不高。

但是，地胶产品本身会给车内室带来有毒气体，包括甲醛、苯系列、丙酮等，会对人体健康产生很大危害；并且由于地胶材质本身耐磨性、穿透性、抗撕裂、抗拉等性能差，经常会出现地胶破损、撕裂、开线、穿透等现象。再由于地胶安装相对复杂，一旦出现上述现象，修复起来非常困难。

(1) 按使用的材料不同分为塑胶地胶（PVC）和纯毛地胶。

(2) 按成形方式不同可分为手工缝制和无缝成形地胶两种。板型、手工质量都好的地胶，平整度好，能有效防止灰尘和脏物渗入地毡，并能选用不同颜色不同厚度（一般有 2mm 和 3mm 之分）的地胶，但防水能力差一些。成型地胶是一次性压制成的，中间无缝，防泄漏性好，但遇到车内地面凹凸大时，铺出的美观性就差一些，一般是用 3mm 厚的橡胶制品做成的，颜色有灰色、米色、黑色。

(3) 按安装的位置不同可分为驾乘室地胶（如图 6－24 所示）和行李厢地胶（如图 6－25所示）。

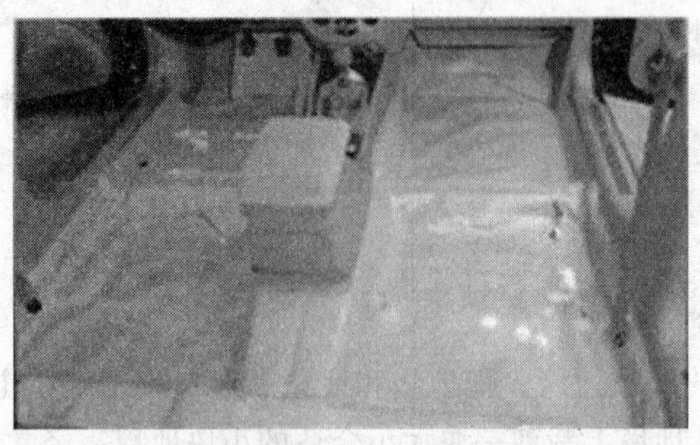

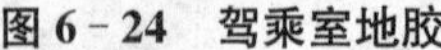

图 6-24　驾乘室地胶

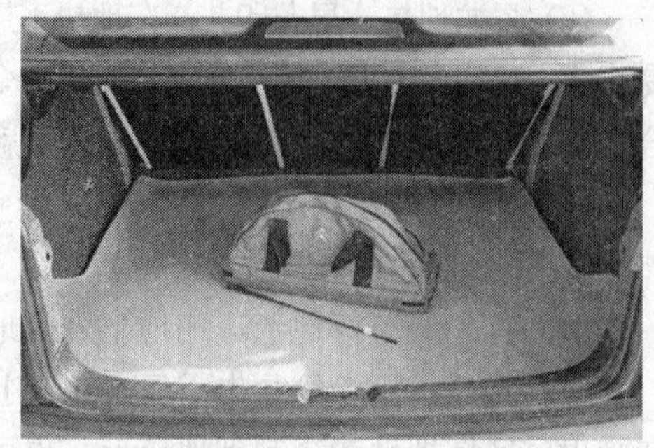

图 6-25　行李厢地胶

（二）汽车地胶的选装

1. 地胶的鉴别

（1）看厚度。汽车地胶的厚度将直接影响到它的耐磨性，好的汽车地胶应该是厚度均匀，边缘和中心厚度一致，背面的衬布层网格均匀，衬布层和塑胶层结合紧密。

（2）看颜色。汽车地胶常用的颜色有灰色、米黄色等，好的汽车地胶应该是质地均匀、没有色差、表面花纹一致。

（3）试手感。地胶生产厂家在生产地胶的过程中，都要在塑胶中添加一定比例的添加剂，添加添加剂的比例决定了成品的柔韧性，汽车地胶的柔韧性好，不仅铺设时比较容易，而且使用寿命也比较长。检查时可先剪下一小条汽车地胶，用手将其上下来回对折几次，如果很快就出现裂纹则说明地胶中添加剂过多，属于劣质产品。

（4）闻气味。好的地胶应该没有刺激性气味，这样才能保证车内乘员的身体健康。

2. 地胶的安装

（1）清理车内，确保作业范围内无杂物。

（2）拆下门的胶条，拆卸车内座椅，座椅拆卸后如图 6-26 所示。

图 6-26　座椅拆装后

（3）再次彻底打扫车内，确保地板干净无尘。

（4）根据车内面积的大小裁剪地胶，如果选用成型地胶，则可省略此步。

（5）将地胶（最好带有 2mm 厚的隔音棉）整体安装到绒面地板上，注意每一个部位不能有凸起，如图 6－27 所示为工人正在安装地胶。

（6）根据车型缝制地胶，要求很高的匹配度，如图 6－28 所示。注意将前后的地胶连成一个整体，不用担心脏物会从缝隙掉到地胶下面。

图 6－27　安装地胶

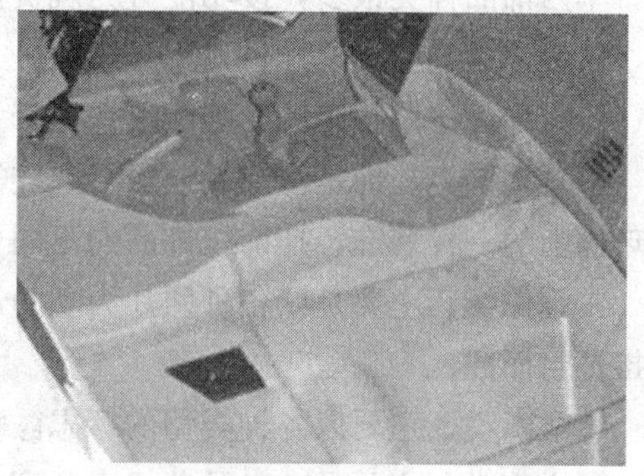

图 6－28　缝制地胶

（7）把原车座椅装好，如图 6－29 所示为工人正在安装座椅。

（8）清洁车身及车内部，铺好的地胶如图 6－30 所示。

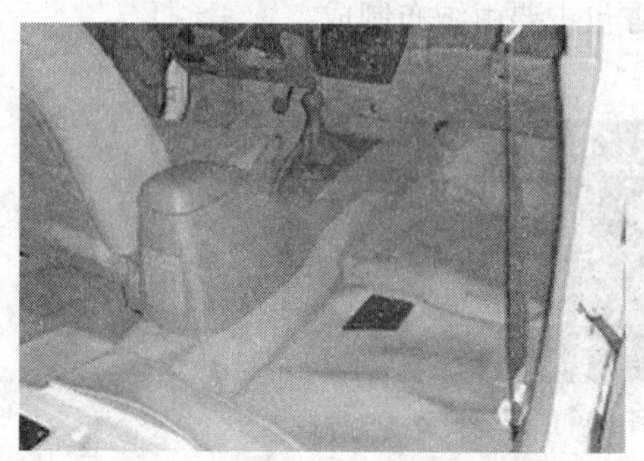

图 6－29　安装座椅

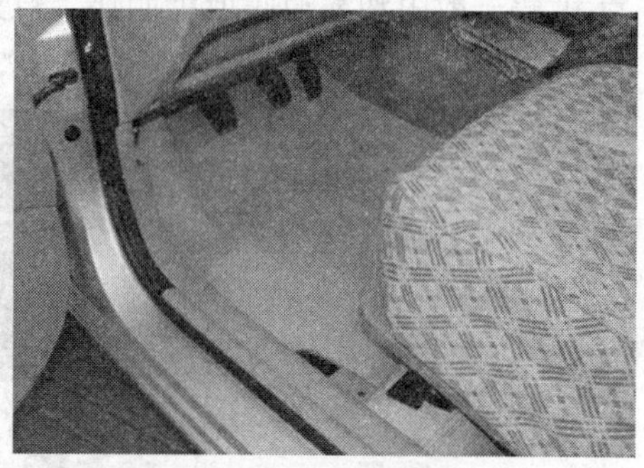

图 6－30　安装好地胶的效果图

任务五　车内饰品的装饰

任务描述

驾驶室作为爱车族活动的重要空间，它会对人产生重要的生理及心理影响。如何选择装饰饰品，营造良好的车内环境，是本节需要完成的任务。

任务分析与实施

小饰品的摆放与悬挂可以美化点缀爱车，营造出温馨、舒适、美观、个性化的车内环境，让人拥有一份好心情。

一、车内饰品的分类

车内饰品种类很多，按功能分为观赏类饰品和实用类饰品。

1. 观赏类饰品

该类饰品按照与车体的连接形式可分为挂饰、贴饰和摆饰三种。

（1）挂饰。挂饰是将饰品通过绳、链等连接件悬挂在车内顶部或后视镜上或吸附在风窗玻璃上的一种装饰，挂饰按饰品的不同可分为6类，如图6-31所示。

①画像类。主要是以各种照片为主的饰品。有的由金属或陶瓷材料制成，有的是照片直接塑封而成。

②徽章类。主要以各种类型的标志徽章为主的饰品，一般由金属或陶瓷材料制作。

③文字类。主要是有各种美好富意字样的饰品，一般采用琉璃、银饰等材料制成。

④花果类。主要有彩花、水果为主的饰品，多由绸缎、塑料等材料制成。

⑤玩具类。主要有布偶及卡通动物或各种卡通形象饰品，由毛绒或陶瓷等材料制成。

⑥物品类。主要有风铃、灯笼、香包、千纸鹤等饰品。车内风铃一般由金属材料制成，千纸鹤一般由塑料薄膜或纸制作，灯笼和香包主要由绒布制成。

（a）开光佛像挂饰

（b）车标挂饰

（c）琉璃文字挂饰

（d）晴天娃娃挂饰

（e）风铃挂饰

图6-31 汽车挂饰

（2）贴饰。贴饰是将图案和各种文字等制作在贴膜上，然后粘贴在车内的装饰，如图6-32所示。贴饰按内容的不同可分为以下三类。

①商标类。大多为名车商标。

②图片类。各种车主喜爱的图片，比如人物、名车或卡通等图片。

③公益广告类。主要是对驾驶员及乘员的提醒或警示的标语，如“注意安全”、“车内严禁吸烟”、“注意车内卫生”等。

（a）三菱车标贴

（b）卡通贴

（c）车内禁止吸烟贴

图 6－32　汽车贴饰

（3）摆饰。摆饰是将饰品摆放在汽车控制台或座椅上的一种装饰，主要有以下两类。

①展示品类。主要是车主喜欢的各种装饰品，如名车模型、地球仪、水平仪、国旗及精美的珍藏品等，一般摆放在汽车控制台上，如图 6－33 所示为部分摆饰件。

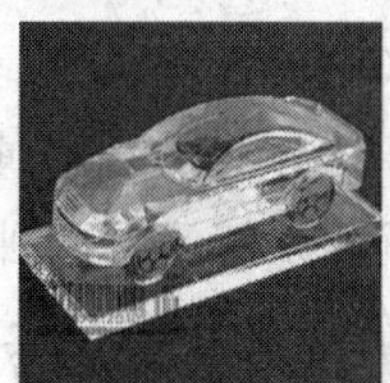

（a）车模

（b）国旗

（c）水平仪

图 6－33　展示品摆饰件

②玩具类。由于现在很多玩具制作得精美，可以体现车主的爱好、个性，所以受到年轻人和女性车主的青睐，如图 6－34 所示。

（a）哈巴狗

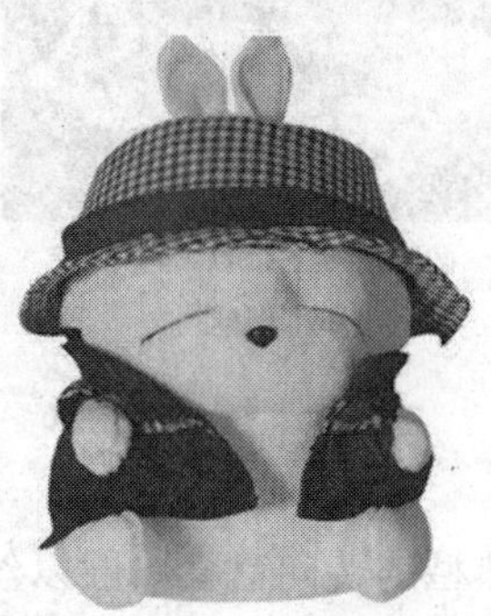

（b）流氓兔

图 6－34　布偶摆饰件

③太阳能类摆饰。这是近几年新流行的饰品，源于日韩和中国香港，主要是饰品内置太阳能芯片，在有光照的地方，便会上下或左右摆动，人见人爱，如图 6－35 所示。

（a）太阳花

（b）招财进宝

图 6－35　太阳能摆饰件

2. 实用类饰品

可以在汽车上使用的实用型饰品很多，下面介绍的是几种目前较常用的饰品。

（1）转向盘套。目前的汽车转向盘套一般可以分为三个大类：可爱型、成熟型以及运动型。

①毛绒型。可爱型的转向盘套主要是仿动物毛皮（豹纹、斑马纹、虎皮纹等）的毛绒套，如图 6－36（a）所示，设计新颖，使用舒适便利。由于这种长毛绒的转向盘套有顺毛与逆毛的特点，因此，车主在正反方向转动转向盘时就可以感受到两种不同的手感。除此之外，还有一种将立体的卡通玩偶直接装在转向盘套上的转向盘套，如图 6－36（b）所示。

（a）豹纹套

（b）卡通套

图 6－36　可爱型转向盘套

②成熟型。成熟型的转向盘套一般以丝绒和皮革为主要材料制作而成，如图 6－37 所示。丝绒材质的转向盘套，成熟稳重，但容易磨损，使用寿命较短，用过一段时间后表面可能出现斑驳、色泽不匀等问题。真皮的转向盘套，相对比较结实耐用，缝合工艺精致，

手感舒适，如柔软的山羊皮、结实的牛皮转向盘套等。

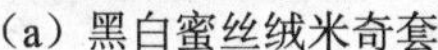

（a）黑白蜜丝绒米奇套　　（b）真皮套

图 6－37　成熟型转向盘套

③运动型。运动型的转向盘套主要有泡沫塑料和软橡胶两种，如图 6－38 所示。运动型转向盘套的特点在于色彩鲜明，色块与色块的对比强烈，凸显一种运动的感觉。在转向盘套上往往还有一个个小小的凸起物，起到防滑作用。

（a）麂皮绒3D防滑套　　（b）运动型灰黑环保胶套

图 6－38　运动型转向盘套

（2）车载支架。车载支架主要用于放置手机或外置车载 GPS 导航仪，中低档车一般没有配置，如果安装一个支架就会很方便驾驶员的使用。车载支架一般有以下几种。

①多功能支架，如图 6－39 所示，有 3 种不同的安装方式，可用吸盘吸附在前挡风玻璃上，可摆放在仪表台上，也可挂在空调口的叶片上，能够 180 度任意旋转，方便横向或纵向角度调节。

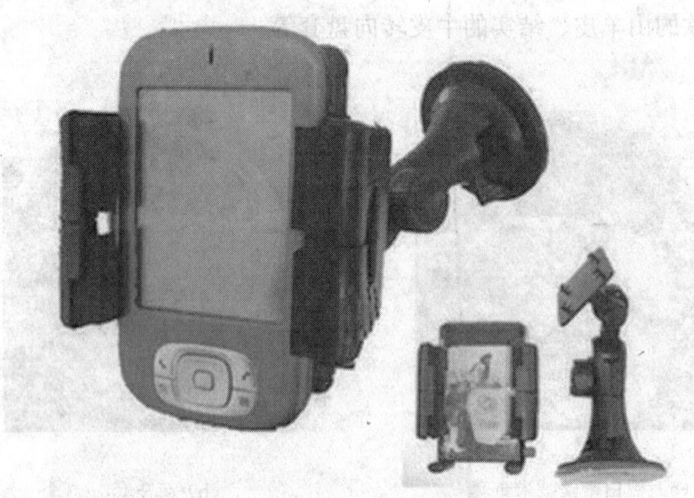

图 6－39　多功能支架

②软硅胶材质的座式支架，如图 6－40 所示，很有手感，结实耐用，易于清洗维护。它利用真空吸附的原理，牢固地吸附在汽车驾驶台上，并且摆脱传统多功能支架吸附在挡风玻璃上易掉、不易拔下、阻挡视线等缺点。

③车载支架还包括杯架，如果仅用于放置手机，也可用已有的杯架进行改装，如图 6－41所示，套上布艺装饰的标架展示不同的风格。

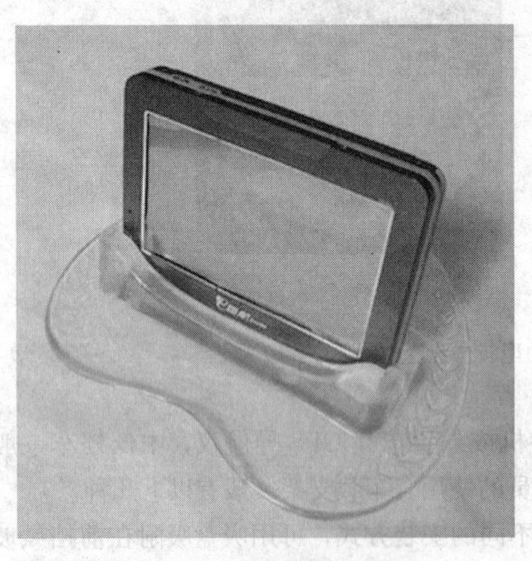

图 6－40　硅胶支架

图 6－41　改装的杯架

（3）纸巾盒套，车用纸巾盒按其安装的方式可分为摆放式和夹放式两类。

摆放式纸巾盒可以选用卡通型，质地柔软、形象可爱，会增加车内的温馨感，价格根据材质而异，如图 6－42（a）所示；也可以选用典雅型，质地优良，手感饱满，做工精细，可以提升汽车的档次，如图 6－42（b）所示。

（a）卡通形　　（b）手编滕纸巾盒

图 6－42　摆放式纸巾盒

U 形夹车用纸巾皮包如图 6－43 所示，采用 PU 材料制作，经久耐用，利用皮包后面的两个 U 形弹力夹，可以在遮阳板、座椅背后、车门侧面等多个地方安装，安装简单方便，纸巾抽取自如，价格便宜，既好看又实用。

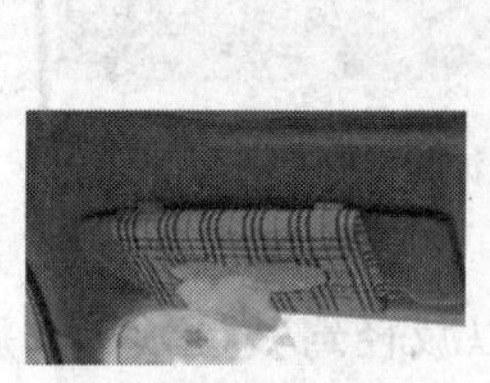

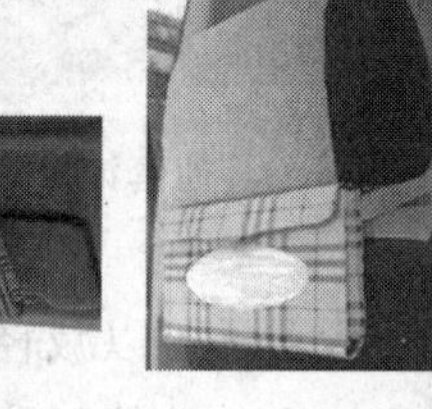

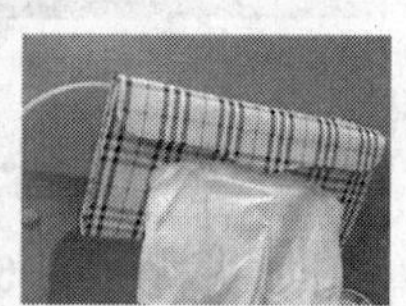

（a）遮阳板安装　　（b）椅背安装　　（c）车门侧面安装

图 6－43　纸巾皮包

（4）排挡把装饰。排挡把的装饰是车内部最醒目的装饰之一，如图 6－44 所示，种类很多，尺寸大小各异、固定方式又分为螺纹锁入式与螺钉固定式两种，材质更有塑料、橡胶、金属、原木或混合等形式，但排挡把装饰的档次和风格很大程度上决定了车内整体风格，合金排挡把可以让车主显得年轻；真皮排挡把可以让车主显得成熟稳重；要体现木纹的装饰效果，应和车内仪表台上的桃木内饰风格一致，也可以选择木质排挡把，这种装饰多用在女性车主的车上。

（a）合金排挡把　　（b）真皮排挡把　　（c）桃木真皮排挡把

图 6－44　排挡把装饰

(5) 其他套饰。除转向盘外，如图 6－45 所示的其他套饰还包括排挡杆套，驻车制动杆套，后视镜套及安全带套，材质以棉质为主，也有真皮的，其装饰风格应与车内其他装饰协调。

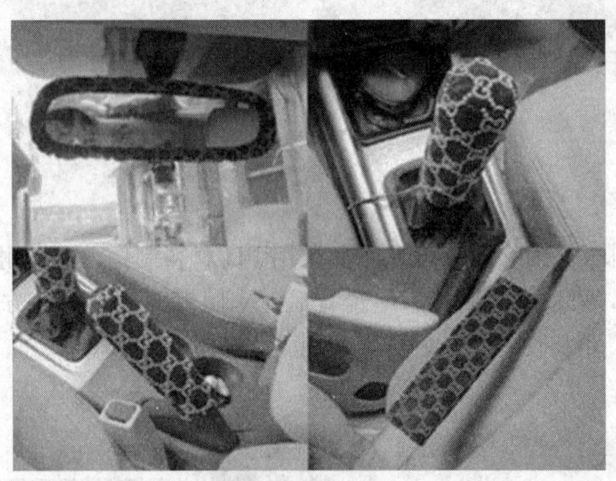

图 6－45 其他套饰

(6) 附加头枕。附加头枕如图 6－46 所示，可以减轻驾驶员颈部的疲劳。附加头枕多为内部充棉的小型枕头，固定在原有的头枕上，价格经济实惠。

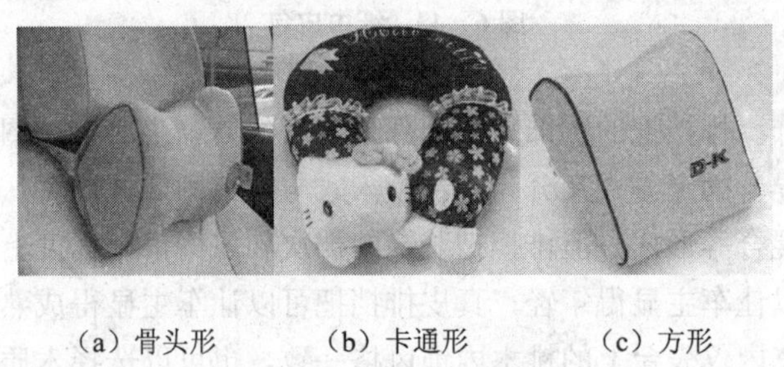

(a) 骨头形　　(b) 卡通形　　(c) 方形

图 6－46 各式附加头枕

二、车内饰品的装饰原则

车内饰品装饰大多没有复杂的安装过程，选用时主要遵循以下五大原则。

(1) 协调原则。即饰材和饰物其颜色应与汽车的外表颜色配合适当。冷色调的颜色（如绿、蓝、紫色等）给人感觉清淡深远；暖色调颜色（红、橙、黄色等）给人的感觉是温暖亲切。如黑色的轿车配以浅茶色的太阳膜，在深灰色的驾驶室里配以米黄色的椅套与白色枕套、棕色车毯，以及在驾驶室前排中央位置根据其空间大小安装一两件精美鲜艳的饰物（如保温杯、资料盒等）和在驾驶室前放一瓶外形美观的香水或语音报时钟等，这样，整个驾驶室就会显得很大方、美观、和谐。

（2）实用原则。主要是根据车内有限空间尽可能选用一些小巧、美观、实用的饰物。如前面所介绍的香水、保温杯、资料盒等饰物，就符合这一原则。

（3）整洁原则。即要求车内装饰整洁有序，无污染或杂物。同时车内的饰物必须便于拆下清洗或更换。

（4）安全原则。主要指车内的饰物不得有碍于司机安全行车或乘坐人员乘车安全。如在前、后风窗玻璃上面就不宜张贴大面积的宣传标语、广告或其他图案；在车内部也不宜吊挂过长、过大的饰物等。

（5）舒适原则。车内的饰物色彩应以司机本人的爱好决定，只有舒适的工作环境，才可能让驾驶人员产生轻松愉快的感受，乘坐人员心情也会舒适。

三、贴饰的安装

（1）清洁待贴表面。用酒精清洁干净要粘贴的位置，然后擦干保持表面干燥，不要有水、油迹、灰尘，近期最好没有上蜡。

（2）粘贴饰件。贴饰在粘贴时根据车贴的大小，选择平坦的位置，然后将背纸去掉（贴的时候，最好用电吹风加热一下胶面，使其黏性更强），然后直接贴上，用手压紧即可。

（3）注意事项。贴饰贴上后，尽量不要移动，也不要马上用拉的方法去试验粘贴的牢固性，否则将影响以后的牢固性。

四、排挡把的装饰

锁入式排挡把的安装过程如图 6－47～图 6－90 所示。

（1）拆除原排挡把。如图 6－47 所示，松开皮套与排挡把的连接，逆时针拧下排挡把。

（a）松开皮套

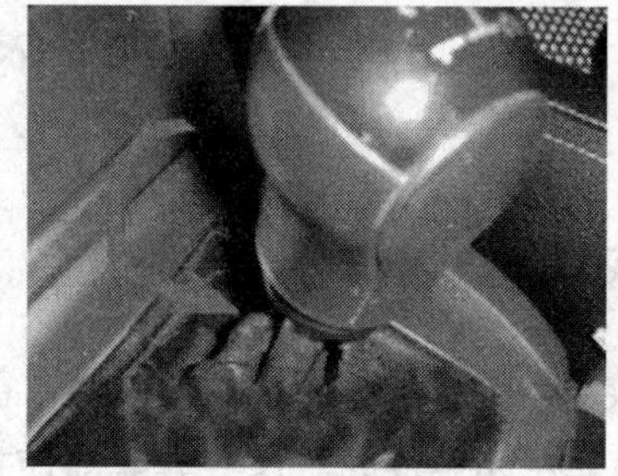

（b）拧下原排挡把

图 6－47　拆下原排挡把

（2）安装前准备工作。测量排挡杆的直径大小与螺纹方向，并且可以利用螺钉，来改变排挡把固定位置的高低，如图 6－48 所示。

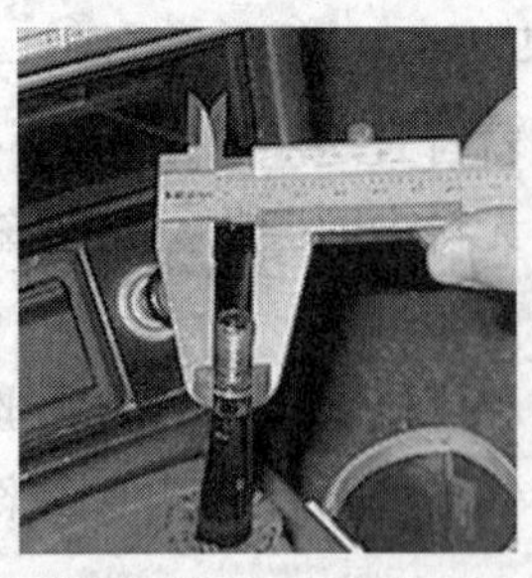

(a) 测量排挡把直径　　(b) 调节螺钉位置

图 6-48　安装前准备

(3) 安装新排挡把。顺时针拧紧排挡把，并定位挡位刻度。如果是使用螺钉于底部侧边固定的，则须注意每根螺钉锁入的长度，以免三点施力不均、激烈操作时容易松脱，最后拉上皮套，如图 6-49 所示。

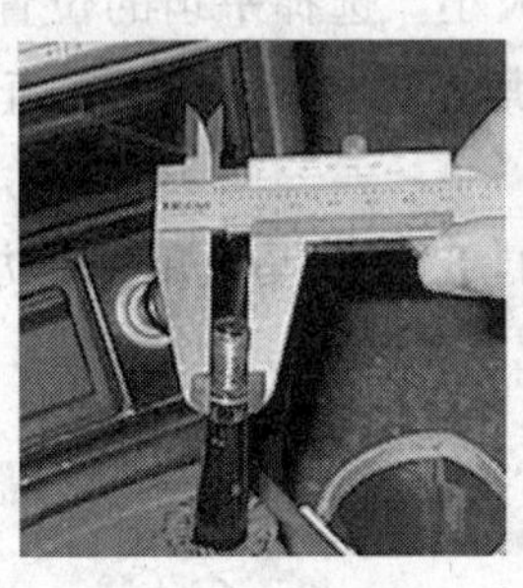

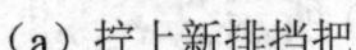

(a) 拧上新排挡把　　(b) 拉上皮套

图 6-49　安装新排挡把

任务六　车内香品的装饰

任务描述

车内空间狭小，空气又流通不是很顺畅，霉味、烟味及橡胶、皮革等材料的气味难以及时散发，加上汽车密闭条件好，这些异味即使在开窗通风的情况下，也难以完全及时散发。长时间处于这种环境中，驾乘人员会感到不适。本任务通过香品的装饰，改善车内环境。

任务分析与实施

为了消除异味，使车内空气清新，营造温馨、舒适的驾乘环境，在车内使用一点香品，可以令人心旷神怡，有些香品还具有缓解精神紧张、提神醒脑的功效。此外，香品瓶

华丽的外观，奇特的造型，其本身就是精美的装饰品，可使车内增色不少。

一、车用香品的功能

（1）净化车内空气。与家居用香品比较，车用香品对车主的实用价值更大。它能保持车内空气清洁，起到净化空气、清除异味以及杀灭细菌的作用。车用香品的主要成分是香精，它由化学成分和天然香料调配而成，并按一定比例加入到基料中，从而散发出各种怡人的香味。香品中的酵素（一种化学成分）实现了抵抗异味、清脑、安神的功效。

（2）利于行车安全。通常由于车内空气混浊，容易使人产生烦躁情绪，这对行车安全极为不利。而车用香品能够营造一个清香宜人的车内空气小环境，具有使人头脑清醒、镇定安神的功效，能够减少行车事故的发生。

（3）营造温馨环境。车用香品怡人的芳香，营造了温馨舒适的车内环境，可以给驾乘者带来愉快的心情。

（4）兼作车内饰品。增添车内情趣是车用香品又一个吸引人的地方。现在许多车用香品的容器造型独特，除了散发出香味，还是很好的车内装饰品，能活跃车内气氛，提高驾驶乐趣。

二、车用香品的种类

常见的车用香品主要有气雾型、液体型和固体型 3 种。

气雾型车用香品主要由香精、溶剂和喷射剂组成，可分为干雾型和湿雾型。这种香品里的除臭剂可以覆盖车内某些特殊异味，比如行李箱异味、烟草味和鱼腥味等，但挥发速度很快。

如图 6 - 50 所示为液体型车用香品，它是目前最常见的一类，主要由香精与溶剂混合而成，比固体香品香味要浓，持续时间久、散发慢，常盛放在各种具有艺术造型的容器中，一般采用毛毡或滤纸条等使液体吸附并挥发散香，可用 2～3 个月。而这些造型各异的容器，也具有一定的装饰效果。

（a）多兰1937（限量版）

（b）卡通形香水瓶

（c）镶钻香水瓶

图 6 - 50 液体车用香品

固体香膏和水晶香球是一种固体型车用香品，它主要由植物香精、海藻胶、界面活性剂混合后加压成型，可用两个月左右。与前面两种比较，它具有香味持久、使用卫生、不易破损和造型丰富等特点。

另外，还有一些利用芳香材料制成的车内用品，比如香味织物制成的香花、用香味陶瓷制成的艺术台笔等。

虽然车用香品的香型丰富多样，但因为它与颜色有一定的关联，所以很容易判断出它大致的香型。比如黄色为柠檬香（lemon）、草绿色为青苹果香（green apple）、紫色为葡萄香（grape）、乳白色为茉莉香（jasmine）、淡蓝或淡绿色为薄荷香（mint）、橘红色为樱桃香（cherry）。

三、车用香品的选择

1. 按车主工作性质选择

如果驾驶员或使用人从事的是极具挑战性和刺激性的工作，驾车时为保持一种平衡的心态，不妨选用镇定功效较好的香型，比如清甜的鲜花香（如茉莉、白玉兰等）、清凉的药草香、宜人的琥珀香等；对于久坐办公室的车主，如果从事的工作比较枯燥、乏味、繁杂，不妨选用松弛神经的柠檬果香或者是能舒活神经的薄荷香、桂花香等。

2. 按使用习惯选择

如果驾驶员或使用人习惯抽烟，不妨选择用浓郁的桂花香、甜润的苹果香等，可以有效去除烟草中的刺激气味，最好不要选用气雾型，因为这种香料容易起火。如果开车速度较快，应尽量选用固体型香品，因为车用香品大多是对人体皮肤有刺激的产品，需防止与皮肤接触。

3. 按性别差异选择

各种清甜的水果香、淡雅的花香深受女性的欢迎。而且女性车主还很在意香品的外观与色彩，有的喜欢色泽清淡的香水，有的喜欢色泽艳丽的香水，还有的女性喜欢晶莹剔透、造型雅致的玻璃装香水。最近几年动物造型的车用香品因其活泼可爱、风趣的特点，受到广大女性车主的喜爱。对于男性车主，车用香品宜选购外观造型比较简单，木纹、皮革等样式比较适合。在选择香品时以古朴为尺度，不宜过于夸张，比如淡雅的古龙香、琉璃香、龙涎香等车用香品都比较适合。

4. 按车辆美观协调性选择

香料的颜色、包装瓶的造型本身便是一种艺术品。选择香品时需要根据车型及内饰情况，考虑整车的协调美观性，使香水与外观、造型、内饰之间达到和谐。

5. 按价格差异选择

车用香品的价格相差较大，从 30～100 多元不等。国产的车用香品，平均价格约 30 元，而日本、韩国的进口产品多在 60 元上下。

车用香品品质优劣的判断依据有以下几点。

（1）看包装。品牌型的车用香品，外包装比较正规，无论是材料还是印刷工艺质量都比较好，做工精致；而劣质的车用香品则相反。当然，不排除有些劣质产品的外包装也很精美。

（2）闻味道。香品的气味是鉴别香品优劣的关键。劣质的香品由于采用的香料品质不

高，加之配方不准确，所以气味大都浓烈冲鼻，或者味道很淡；而品牌型的香品选用的是合格香料，而且运用精确的配方，所以香味与香型严格匹配，清淡型的清爽宜人，浓香型的则醇而不烈。

（3）观察香品持续时间的长短。车用香品的优劣，在使用时间的长短上也有明显区别：好的液体型香品可使用半个月以上，固体型香品可连续使用一个月左右；而不好的液体型香品一般使用一周，固体型香品则不到两周。

6. 车用香品的选择原则

（1）注意季节的变换。夏天香水散发快，宜选择清淡的气味，以免具有刺激性。冬季时，宜选择提神醒脑的香型。

（2）注意空调的使用。如果车内经常开空调，需要选用具有较强挥发性的车用香品，以便及时有效地去除空调机带来的异味。

（3）注意香品的原料。最好使用天然原料，因为化学制剂可能对人体健康不利。

（4）注意摆放的位置。香品的位置摆放不正确，有可能形成不安全因素。

四、车用香品使用的窍门

1. 加快香品的挥发速度

将香品放在或洒在空调的通风口，利用气流的流动，清香味在短时间内可充满车内，达到清除异味的效果。对于液态的香水，将少量洒在手绢上，然后挂在通风口，也能起到清除异味的效果。

2. 香品的补液与香型的更换

原香品用完后，可在香品瓶中补充新的香品，不但经济实惠，而且便于更换香型。

在更换香型时，不但要撤除原有的香品，还要尽量使原有香气散尽。更换时最好选在停车时，不要在用车前或出车途中。否则，两种不同的香型混合后，会使驾乘员感到不舒服，甚至影响驾驶员的情绪，从而影响行车安全。

3. 注意检查保质期限

香品在使用过程中要注意经常检查其使用期限，不要使用过期香品，否则会造成车内新的污染源。

任务七　汽车音响的选装

经济乘用车受成本的限制，出厂时配备的音响设备档次较低，功率较小，常常会造成音质失真，影响音乐欣赏效果，无法满足车主（特别是年轻车主）的需求。如果想在车内享受音乐，必须对汽车音响进行适当的改装。

任务分析与实施

汽车音响是乘用车装用的娱乐性设备之一。它通过激扬或舒缓的音乐，改变驾乘者的心情，达到消除烦闷、缓解疲劳、释放压力、放松精神、提升生活品位的目的。

一、汽车音响的特点

汽车音响虽然同家用音响的功能基本相同，但由于汽车的特殊使用环境，依然有着非常明显的差别。首先，汽车音响需要承受的温度范围通常为－20℃～80℃，相对于常温使用的家庭音响更严格。其次，由于车内的空间和抗震要求，汽车音响通常需要轻量化和集成化，比家庭音响更加精密。然后，汽车扬声器的位置通常在车门和仪表台上，和家庭音响的位置摆放有非常大的区别，汽车音响需要特殊的声场设计。最后，由于汽车使用12V的电源，电流也相对有限，汽车音响需要特殊的低电压、低电流和低阻抗的设计。所以，汽车音响是区别于家庭音响的一个专业领域，通常价格也比家用音响高。

二、汽车收听环境

由于汽车的自身特点，汽车收听环境对收听效果有很多不利的影响。

(1) 狭小的车内空间，加上各种形状的障碍物，声音不能很好地传播，在听觉上会产生压迫感。

(2) 车内的混响时间非常短暂，在听觉上不易产生临场感，时间长了会产生疲劳。

(3) 汽车音响系统扬声器的位置对于聆听者的位置非常不对称，在听觉上声场会偏向与聆听者位置较近的扬声器的方向。

(4) 各种材质对声音的吸收能力不同，而同一种材料对各个频率的吸收力也有差异，所以，即使车型相同，也会由于内部装饰品材料和人数的不同而影响声音效果。

(5) 汽车特有的噪声，如行驶的振动噪声、发动机噪声、轮胎行驶噪声等，对于音响的收听效果也会产生不良影响，特别是对低频音域的影响，从而破坏了音质和音乐的感受。

三、汽车音响设备的组成

一个完整的音响系统，最基本的条件就是有回放声音的功能。纯粹的汽车音响主要包括主机、扬声器、功放三部分。

1. 主机

车载主机是车载影音系统的核心部分，主要功能是播放音源，相当于家庭影院的影碟机。想获得理想的音质，首先主机要能保证输出高质量的信号。不过为了更适合汽车内空间狭小的特点，车载主机经常带有信号控制及一定的功放能力，如果对扬声器要求不是太高，就不再需要外接功放，可以比较简便的组成影音系统。此外，很多主机还带有显示屏，只需连接扬声器就可以构成一套影音系统。

目前流行的主机有CD主机、MP3主机、VCD主机和DVD主机等（如图6-51所示），每种主机都带有收音功能，并且很多主机上都留有SD卡、USB等接入口，功能日趋完善。一般使用最多的是车载CD音响系统。目前市场上的主机品牌大部分是日本的，主要以优美的造型，多彩的屏幕设计，丰富的功能，优异的音质而著称。最具代表性的主机是阿尔派（Alpine）、索尼（Sony）、先锋（Pioneer）、健伍（Kenwood）、克拉龙（Clarlon）、松下（Panasonic）等，这些品牌主机的价格通常在3200～8000元不等。

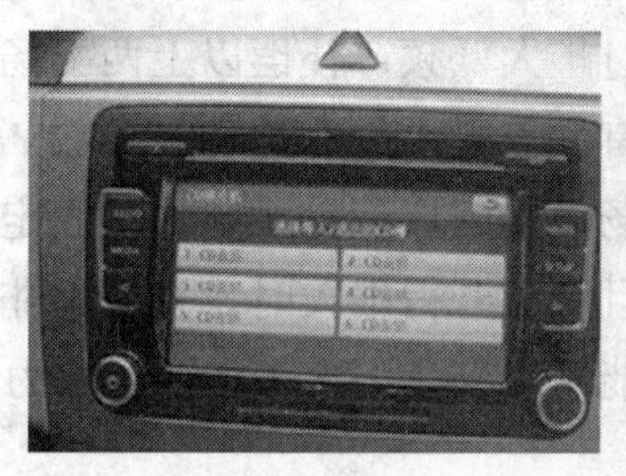

（a）大众系列用RCD510主机

（b）MP3主机

图6-51　车用音响主机

2. 功率放大器

功率放大器（简称功放）的基本作用是将经过前级放大的音频信号进行功率放大（电流放大），用来驱动扬声器。它是音响系统的动力部分，其功率大小、素质好坏，对音乐的重播起着很重要的作用。

普通汽车音响的功放部分都设计在收放机主机内，功率一般为10～45W，其功率和效果无法与外置功放相比。因为主机供电电压多为12V，且在低电压状态下工作时，信号动态范围小、输出功率受到限制。要聆听多层次、大功率的数码音乐时，必须在系统内增加独立功率放大器，俗称“后级”，它将电源的12V电压变为±（35～40）V，这样信号动态范围加大，从而增强输出功率。在进口轿车如林肯、奔驰、宝马、凌志及部分其他日本汽车的顶级车型中，有部分已安装了专用功放，其要求及标准同家用音响系统相同。

另外，采用独立功放可以将由于共用电源而引起的干扰降到最低，从而保证完美的音质。

3. 扬声器

扬声器俗称喇叭，是音响系统中不可缺少的重要部分，它将电能变成声波，所有的音乐都是通过“喇叭”发出声音，扬声器的品质，对音响系统的音质，起到至关重要的作用。喇叭包括低音单元、中音单元、高音单元，这三种单元负责不同的频率，但它们的工作原理都是相同的。

车用扬声器分为同轴扬声器（即单元扬声器）、组合扬声器（即分体扬声器）和超低音扬声器。单元震膜的面积越小则音高越高，面积越大则音高越低，因此，音响系统必须使用多种大小不同的扬声器，才能将音乐完全还原。

(1) 同轴扬声器。同轴扬声器成本低，较容易驱动，但由于高音与中低音混在一起，互相干扰，音效没有套装扬声器那样纯净，而且其音色尖锐、声场定位不完美。

(2) 组合扬声器。组合扬声器的声音细致，由一个独立的高音扬声器、一组中低音扬声器和一个独立的分频器组成。将各音域单体分开设计和制造（即高音、中低音分开），再以分频器将各单体连接，以获得更好的声场及层次感。分频器将功放全频段输出后，分解出高、中、低不同频段的声音，再经过过滤、提炼后将三个音推到不同的高、中、低音的扬声器上，所放出的声音不但纯度提高而且高低音泾渭分明。

(3) 超低音扬声器。超低音扬声器可以通过扩大低频，补偿以上两类扬声器低音不足的特性，通常分成两类，第一种是低音炮，分有源和无源，有源的带功放，但出来的效果不理想；第二种是超低音单元扬声器。超低音扬声器因体积较大，通常固定在车的行李厢中，它发出的低音表现出极强烈的震撼力，而且音量开得很大时，音质也非常纯净没有任何混浊的杂音；音量开得很小时，整个汽车也能感受到低沉声音中质感和力量。

4. 其他设备及附件

(1) 声音处理设备。声音处理设备位于音源与功放之间，是对音乐信号的处理或调整的部件的总称，俗称前级。例如，汽车音响主机上对于音量大小的控制，就是属于前级的部分，它控制信号的强弱度。其他音响器材中，较常看到的前级控制部分，还有高音与低音的调整、左右平衡、前后音量调整以及响度控制。此外比较复杂的还有音频均衡器(EQ)、数字音效处理器 DSP 等。

①音频均衡器（Equalizer，EQ）主要用于补偿音响聆听环境不佳，避免吸音或者是反射音的影响而使高音过尖、低音过于模糊。人耳所能听到声音的频率是 20Hz～20kHz，而 EQ 则将这范围分成许多的频段，然后再将一些被影响的频段加以增益或者是衰减，让音效达到较好的效果。

②数字音效处理器（简称 DSP）将数字的信号利用程控技术，通过频率的加强或减少来制造多种音质效果，或把普通曲子变成不同的风格。

(2) 线材、接头等传输机构。在电压提升的过程中，功放需要较大的电流，因此一个完整的音响系统，线材是不可或缺的组成部件，但线材却往往容易被忽视。线材的好坏，会直接影响声音的品质，因为线材从材质、绞合结构，到直径、绝缘与阻抗值等设计和规格上的不同，都会影响信号或电量的传送。此外线材与器材间的端子亦非常重要，接点牢固与否、接触面积的大小、接头设计与材质以及接地是否良好，也会对声音效果产生重大影响。其费用应该占整套音响的 10%～20%。

四、音响的选择与安装

1. 主机的选择与安装要求

(1) 按安装尺寸正确选择主机。

汽车音响的主机绝大多数安装在仪表板或副仪表板的位置上，而仪表板内的空间又比较狭窄，汽车音响主机的体积必然要受到限制，因此国际上就产生了一个通用的安装孔标准尺寸，称为 DIN（德国工业标准）尺寸。标准的 DIN 尺寸为 178mm×50mm×153mm

(长×宽×深)。有些比较高级的汽车音响主机带有多碟CD音响等装置，安装孔尺寸为178mm×100mm×153mm，又称为2倍DIN尺寸，多见于日本机型。而且个别品牌的轿车其音响主机属于非标准尺寸，只能指定安装某种型号的汽车音响。所以购置汽车音响，一定要注意音响主机尺寸与仪表板上安装孔尺寸是否匹配。

适合安装1—DIN机型的车有富康、捷达、桑塔纳2000、三菱、奥迪、奔驰等。

适合安装2—DIN机型的车有丰田、本田、别克、帕萨特、日产、斯柯达(欧雅)等。

(2) 按个人爱好及价位选择主机品牌。现在市场上主机品牌主要以日本生产的产品为主，在各品牌之间除了品牌的区别外，还有价格的区别，因此选择主机时除了要懂得各品牌主机间的功能和性能的区别外，更要懂得各品牌代表的风格，不同的风格主机搭配不同的功放及扬声器音响的效果差别很大。

在各品牌主机中，中道主机是现在市场上评价最高的主机，然而中道主机的售价非常高，一般在7000元以上，所以除一些发烧友外，中道主机主要是在比赛车、示范车、试音柜上使用较多。中道主机音质非常好，但对使用环境要求非常严格。

现在市场上最流行的是阿尔派(Alpine)主机，它的性能、功能、质量比其他主机要优异许多。在风格上阿尔派属爽朗型的风格，它的收听效果爽朗有力，价格也适中，在1000～3000元。

建伍(Kenwood)、先锋(Pioneer)的主机是属于强硬型的风格，以前一直用在爆炸机和喜欢Disco的音响配置中，由于价格便宜在低端市场中这两品牌占有率很高。先锋主机比建伍主机性能要好，建伍主机功率要比先锋充足有力。

乐声、索尼(Sony)的主机音质较软，听感较清楚，喜欢轻音乐和小音量收听音乐的车主可以选择这两个品牌，麦景图主机风格也属这个类型，但麦景图的主机价格较高，音质也不是适合每个车主，但麦景图主机高档机也用于试音车、比赛车。

像JVC、蓝宝，这类主机性价比较高，音质风格近似家庭HI－FI的效果，但这类主机对安装，调试要求较高。

(3) 按技术指标判断主机优劣。

①输出功率：现在主机所标示的功率绝大多数为音乐功率，在40～60W，功率不能太大。

②频率响应：人耳所能听到的频率范围在0.02～20kHz，因此主机的这项指标应该在这个数值范围内，而且越宽越好。

③信噪比：它是指音乐信号和噪声的比例，一般高档汽车音响都在90dB以上，该数值越大越好。

④谐波失真(THD)：该指标体现声音再现的还原度，数值越小说明还原度越高，音响效果也就越好。

(4) 主机的安装。主机的安装一般要求不高，正确接线即可完成，但在更换主机时有一点非常值得注意的，电器的使用电源线都是根据电器的功率选用的，更换主机后使用的功率都较大，原车的主机电源线一般都不符合要求，所以更换主机一定要更换主机电源线，主机的电源线要与电源的正负极正确连接，更换主机电源线除增加功率外，很重要的一点是原车主机电源线布线时是和其他电器一起进行的，独立安装主机电源线可避免车内其他电器使用时对主机的干扰，有效提高音质。如果更换主机时不更换电源线，就会因为电源功率不足，而使主机使用受到影响。

2. 功放的选装

首先要选择有内置分频器的功放，这样会使系统具有扩充性，可自由对功放和扬声器进行组合，同时也使调节简单易行，使得整套系统的音质得到提高。

其次要考虑其是否能在高温的情况下连续工作，由于功率放大器有一定的体积，绝大部分都是放在汽车的行李厢里，如图 6-52（a）所示，也有安装在座椅下面的，如图 6-52（b）所示，通风不好就会影响散热。

最后，还要考虑每个声道功率输出的大小和自己选择的扬声器是否匹配，比如说扬声器的额定功率是 50W，那么选择的功放就应该是 50～100W。

此外，功放通常由生产主机的公司生产，也有专门生产功放的公司。普通功放的价格根据功率和性能通常在 3200～6400 元。

（a）安在行李厢的功放

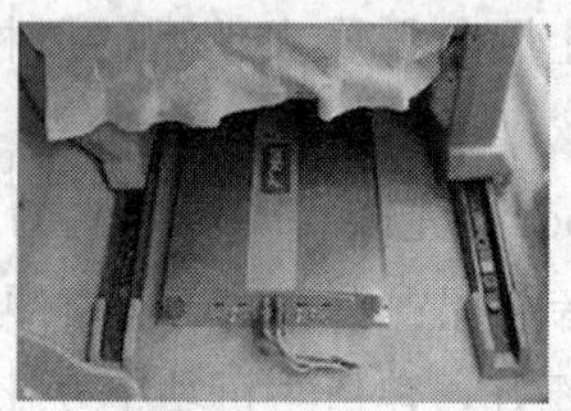
（b）安在座椅下的功放

图 6-52　功放的安装

3. 扬声器的选择与安装

（1）根据不同的系统选择扬声器。如选择音乐品质型系统（播放古典乐、交响乐、轻音乐等）时，应选择音质清晰柔和的扬声器；选择音量型系统（播放迪斯科、摇滚乐等）时，应选择比较牢固和动态范围大的扬声器。如美国的来福、乐迪、波士顿等品牌，能出色的表现出爵士乐、摇滚、迪斯科等节奏强烈的打击乐；英国的 Rockford、Morel 等品牌适合表现弦乐和古典音乐；德国的 Dego、Magnat、丹麦的 David、意大利的火鸟等在乐曲和歌唱方面均有不俗的表现力。

（2）选择时注意是否与主机功率相匹配。目前中、低档轿车内安装的扬声器均为同轴扬声器，只能表现中频范围的音质，在音质方面较为普通。其改进方式是使用二至三分频的组合扬声器，即在原扬声器上增加一个高音单元。这是目前汽车音响改装市场上使用较为普遍的方式，基本上可以改善扬声器的表现力，特别是高音部分，使音响的音色系统较为明亮。更好的改进方式是使用高、中、低单元组合扬声器，将不同单元根据音域定位要求，安装在不同位置，形成良好的音场定位。

（3）车用扬声器安装位置的选择。车用扬声器的安装，通常会受到汽车设计时预留空

间的限制。在不改动原车扬声器位置及尺寸大小的条件下，应选择与功放功率相匹配的扬声器。要注意扬声器的厚度，安装后不能影响车窗的升降、门板的使用功能等。如果原有扬声器的位置不合适，且不便安装，则需考虑选择其他安装位置，如车门、仪表台、后座隔板都是比较理想的安装位置，具体方案如下。

①前置扬声器适宜安装在前门中下部，如果是分体式扬声器，则可将中音扬声器装于前门上，高音扬声器装在前风窗玻璃内侧，如图 6 - 53（a）所示。

②低音扬声器的安装形式有两种，一种是将扬声器直接装于后排座椅的背后，以突出低频效果。另一种是将超低音音箱置于后备厢内，尤其适用于现在流行的 RV 或 MPV 等车辆，如图 6 - 53（b）所示。

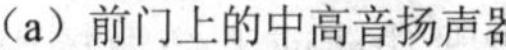

（a）前门上的中高音扬声器　　（b）尾厢的低音扬声器

图 6 - 53　扬声器的安装

（4）扬声器安装的注意事项。

①中、高、低音扬声器不可反相。当一个或多个扬声器接反相，就会造成声音模糊，低频不出，高频沙哑，中频不清等现象。特别是中音扬声器反相了，声音会变调，低频无力。是否出现反相现象，最好是用相位仪来测量，没有相位仪可根据扬声器的发音或左右扬声器的音质对比判断是否反相。扬声器反相处理方法很简单，只要把“+”“-”线调接即可。

②安装扬声器的手法要准确。安装扬声器时一定要用手护住扬声器的悬边和纸盘，挤紧螺钉时不要太用力，装螺钉时一只手固定螺钉和改锥连接处，另一只手用均匀的力量转动改锥，可避免改锥刺穿扬声器。

③扬声器端子一定要包胶布。当扬声器装在门板上端子很容易碰到门板的铁皮，造成主机短路。端子包胶布除了起绝缘作用，还可保护端子和线头不易氧化。

④扬声器线和电源线、信号线不能有接口，需要接头的最好使用锡焊，不能焊的要尽量加大接触面，如线和线接口，线头尽量长；线和端子接头，线要折两段，最重要的是要做好绝缘处理。

⑤扬声器安装完后要检查扬声器运行时是否打到端子和门板和网罩上。如果扬声器本身产生振动，则与其相连的钢板部分也将产生振动，掺杂着钢板振动发出的声音将会影响整体声音的效果，因此需提高扬声器及周围安装部分的刚性和减振效果。如利用铅板或铝板将车门上的维修孔封闭；利用异丁烯塑料或铝板加以抑制，或者在车窗钢板和挡板之间

的较大空隙进行局部填充等。

4. 传输机构的选择与安装

在线材的使用方面，会因不同器材需要不同设计取向的线材，如电源、接地、启动、信号、扬声器、光纤与特殊系统所需的线材，都因各自要求不同而在设计上有所区别。例如，对要求声音品质的扬声器线而言，其材质的纯度必定是越高越好，否则太多杂质会影响声音的完全发挥。

五、汽车音响搭配原则

1. 系统的平衡性原则

（1）价格的平衡性是指整个汽车音响系统的档次要和汽车的环境相配合。一辆价格为20万～30万元的轿车车内噪声较小、车体较厚、隔音效果较好，可以搭配一套价格在2万元左右的高档套机。

（2）搭配的平衡性。搭配汽车音响时一定要考虑一套音响各个组成部分的平衡，即主机、功放、扬声器和线材等都要进行恰当的选择。

2. 大功率输出原则

大功率输出原则是指在一套音响系统中，主机或功放的输出功率一定要大，因为它们的输出功率越大，能够控制的音频线性范围越大，其驱动扬声器的能力也就越强。而小功率的功放不仅容易引起声音上的失真，更会导致烧毁功放或者烧毁扬声器线圈。

3. 音质自然重放原则

衡量一套音响系统好坏最直接有效的方法就是亲耳试听，即以个人听感为主、技术为辅。在听感方面，一是临场效果要好；二是音乐整体平衡感要强；三是对于移动的声音，有较好的表现，要有层次感。当然，一套器材的音响效果的判别，与听者的欣赏水平、文化素质、现场情绪等因素是分不开的。

4. 蓄电池择优原则

汽车蓄电池的内阻很低，用它作音频功率放大器的电源，可以获得很好的汽车音响效果，整个音域内能量均衡、音像解析力强。但当音质发挥接近极限时，如果没有足够的电压，音响往往发挥不到位，无法满足听者的要求。因此，好的蓄电池是发挥极致音效的有效保证。另外，如果不是深循环的蓄电池，在经常使用音响的情况下，电池用不了多久就会失效。因此，为了保证满意的音响效果，也为了保障车辆的正常使用，在改装音响的同时应选择优质的蓄电池。

5. 汽车音响基础搭配举例

（1）基本配置型。

主机：健伍单碟CD机。

扬声器：BM1318前门扬声器（2只）＋BM9390后门扬声器（2只）。

功放：BM低音炮。

费用合计：约3100元。

适配车辆：10万元以下经济型轿车。

适宜人群：喜欢流行音乐，对原有的卡座主机不满意。

特点：音质柔和、低音效果明显，对流行音乐具有很好的表现力，也能表现出轻音乐的抒情。

(2) 简单享受型。

扬声器：来福 6″全音扬声器 50W（1 对×2）。

功放：来福 8″200W 低音炮（一只）、2×60W 功放（一台）。

费用合计：约 5980 元。

适配车辆：15 万～20 万元中高档轿车，原车已配 CD 主机。

适宜人群：喜欢收听各种类型音乐，要求音响档次与车相适应者。

特点：经济实惠，是同等价位中性价比较高的系统配置，对音乐的还原性较好，能达到悦耳动听的效果，适合普通欣赏要求。

(3) 音乐发烧型。

扬声器：来福 6″套装扬声器 75W（2 对×2，含小高音分频器）

功放：来福双 10″400W 低音炮（一只），比赛级 4×100W 功放（一台），2×125W 功放（一台）。

费用共计：约 17400 元。

适配车辆：各种车型。

适宜人群：音乐发烧友。

特点：临场感强、层次分明，高音清晰明亮、中音丰满、低音反应快捷。特别适合表现摇滚音乐及雄厚、气势磅礴的交响乐及流行乐等，有着强劲的动态及厚实的音乐功底。

(4) VCD。一个 VCD 套机的价格在 12000～16000 元，包括机头和彩显，而其他的音响装备可以依据上述的各级音响系统配置。也可自己进行改装，把 CD 机改装成 VCD。在保留原来 CD 主机的基础上，只需要购买一个 VCD 解码器和一个彩显，解码器的价格在 200～350 元，彩显根据显示屏大小不同，价位大概在 980～2800 元。

(5) DVD。同 VCD 类似，一个 DVD 套机的价格在 15000～25000 元，包括机头和彩显。DVD 对于音响的要求更高，配套的两对套装扬声器往往需要 1200～8000 元，一个重低音炮和功放需要 15000 元左右，再加一个带调音器的四路功放需要 5500 元左右，总计需要 3 万～4 万元。如果自己拼装得当，CD 主机加彩显加 DVD 解码器的费用可以比套机节省一半，影音效果却毫不逊色。

六、汽车音响的保养维护

1. 经常用湿润的小棉签擦拭

音响中碟片播放机（包括 CD、VCD、DVD 等）的激光头是主机最重要的部位，也是容易堆积灰尘的地方。而通常激光头易损零件比较昂贵，因此应重点养护。虽然现在部分汽车音响在设计过程中都考虑了防尘问题，但防护措施也是必要的，可以用湿润的小棉签擦拭播放机的碟槽以及音响系统的面板。正确的做法是用湿布将尘土轻轻地吸下来，按键和旋钮的清理，可以使用棉签。

2. 用清理工具清洁磁带和光碟

除了音响的主机要保持清洁外，光碟也要保证洁净。光碟上的污物不但会影响播放的音质，甚至会对音响造成损伤。激光头在高速运转时，如果遇到尘土，会使激光头偏离原有的激光轨道，造成声音的失真，并对激光头造成损害。光碟的清理工具在大多数的音像店中都可以买到。

3. 慢放盘、少换碟

冬季是汽车音响激光头损坏的高发期，因为气候干燥，容易产生静电。放盘的时候最好不要用手直接去摸，不要拿中间，要慢慢放进去，尽量不要频繁换碟，放盘时要尽量轻。

4. 音量不要突然开到最大

音响在使用当中要避免突然将音量开到最大，这样扬声器线圈会烧坏，对功放造成影响，振幅突然加大也会烧毁功放。

相关知识

汽车隔音工程

汽车车厢是由钢板架构或其他材质组装成的一密闭空间，对不同的车种，又因原厂设计理念不同，如引擎设计、避震系统、进排气方式、车门、车体的紧密度等，对静止或不同路面行进状态下产生不等值的噪声，经钢板、车体的共振共鸣，将声音放大而产生噪声，会令人感觉不舒服、耳鸣、容易疲劳、干扰到原本悦耳的音响效果等，因此加装汽车音响时，一般需作汽车隔音处理。汽车隔音工程是指在在原车原厂设计组装条件下，加上各种消震、隔音、吸音材料，将车厢内不必要的环境噪声，排除到最小状态。

全车隔音工程主要包括引擎盖，U 形槽，防火墙，叶子板，四门双层，底盘，顶棚，后备厢，后尾盖这些部位。如图 6－54 所示为前门安装的隔音设施。

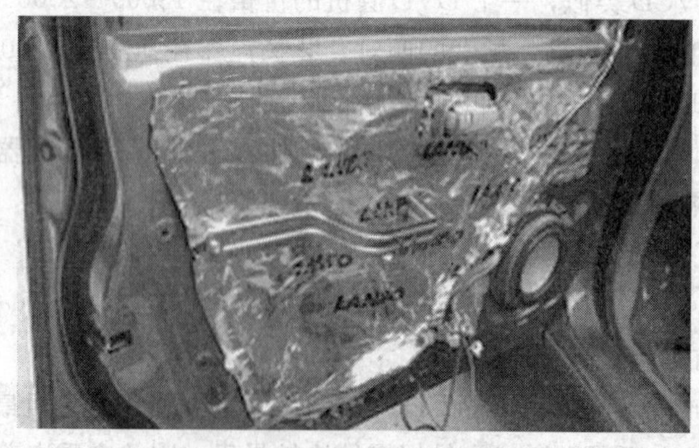

图 6－54　车门上安装的隔音设施

车用隔音降噪产品分成四类，即减震材料、吸音材料、隔音材料、密封材料，从轻量

化的发展趋势来讲，理想的汽车隔音材料应该能同时实现减震、隔音、吸音等隔音原理。因此在汽车上使用的隔音降噪材料应该尽可能满足以下标准。

(1) 材料要轻，轻量化是整个汽车制造领域发展的大趋势，轻量化材料安装后不会使车身自重增加太多，增加油耗。

(2) 在宽频带范围内隔音性能和吸音性能好，隔音吸音性能长期稳定可靠。

(3) 有一定强度，安装和使用过程中不易破损，不易老化，使用寿命长。

(4) 外观整洁，没有污染。

(5) 防潮防水，耐腐防蛀，不易发霉。

(6) 不易燃烧，最好能防火阻燃。

(7) 环保材料，不含石棉、玻璃纤维、重金属等有害物质。

(8) 材料本身便于安装，如便于裁剪、粘贴牢固等。

练习题

一、填空题

1. 汽车地板装饰有________、________、________三种方法。
2. 汽车仪表板根据结构和材质分为________和________两大类。
3. 车用香品主要有________、________、________三种类型。
4. 汽车顶篷的结构基本上可分为________、________和________三种。
5. 按照座椅表皮层的材料，主要有________座椅、________座椅和________座椅。

二、选择题

1. 汽车地毯的选装可以（　　）次序进行。

A. 前部、后部和中部

B. 前部、中部和后部

C. 后部、中部和前部

2. 汽车地板装饰材料的选用主要考虑的是（　　）。

A. 材料　　B. 强度　　C. 色泽　　D. 厚度

3. 香囊属于（　　）香品

A. 气雾型　　B. 液态型　　C. 固体型

4. 下列关于汽车顶篷内饰说法错误的是（　　）。

A. 可以提高与车外的隔热、绝热效果

B. 降低车内噪声，提高吸音效果

C. 可以避免紫外线对乘员的伤害

D. 提高乘员乘坐的舒适性

三、判断题（正确的打“√”，错误的“×”）

1. 吊装成形型顶篷的内衬是由基材、填充材料和表皮材料重叠加工而成的。（　　）
2. 轿车前部离发动机较近，噪声较大，应铺设厚密度的地毯。（　　）

3. 真皮座椅在受热后易出现老化现象，如护理不当，易过早失去光泽，甚至开裂。（　　）

4. 冬季时，需要选用具有较强挥发性的车用香品，以便及时有效地去除空调机带来的异味。（　　）

四、简述题

1. 新旧顶篷的装饰有何不同，应怎样对新顶篷和旧顶篷进行装饰。

2. 比较真皮装饰仪表板与桃木装饰仪表板有何异同?

3. 真皮座椅如何鉴别?

4. 车内饰品的种类有哪些?

实训题

实训项目名称

汽车座椅套装饰

实训目的

1. 了解轿车座椅的典型结构；

2. 了解不同材质的座椅套的特点，掌握座椅套的安装工艺流程。

实训要求

任选一辆汽车，结合汽车内饰物特点，根据不同季节的需求，为该车进行座椅装饰。

1. 结合车主要求，选择一款适合的汽车座椅套。

2. 安装座椅套。

3. 总结操作过程。

实训时间

一周实训课程，教师指导和点评。

模块七　汽车防护

汽车防护改装是以维护汽车自身安全、提高汽车行驶安全性能为目的，对汽车的各种安全装置进行加装和改进，最大限度地为汽车驾乘人员提供预防性保护。它是汽车装饰美容的边缘项目，在众多汽车装饰美容企业中已广泛开展，其主要作业项目包括贴防爆太阳膜、安装防盗器、加装儿童安全座椅、安装汽车语音报警装置等。汽车防护虽然对汽车的美观不产生直接影响，但却能很好地呵护汽车。本模块的学习目标和能力目标要求如下。

学习目标

1. 了解车窗贴膜的作用，掌握车窗贴膜的工艺流程。
2. 掌握儿童安全座椅的特点及其安装方法。
3. 了解汽车防盗装置的分类。
4. 了解倒车雷达的分类，掌握其安装工艺流程。

能力目标

1. 能独立完成车窗贴膜。
2. 能独立完成儿童安全座椅的安装。
3. 能独立完成倒车雷达的安装。

任务一　车窗防爆膜装饰

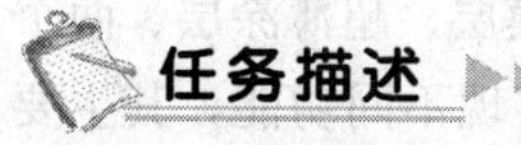

任务描述

阳光中有一半以上是不可见的红外线、紫外线和热量。紫外线对人的皮肤有害，还容易使塑料制品老化。红外线和热量使车内温度升高，即使打开空调也无法躲避阳光的照晒，会使驾乘人员焦躁不安。为此，需要给车窗贴上防爆膜，以防止紫外线对人车的伤害。

任务分析与实施

车窗防爆膜，又称遮阳膜、安全膜，是粘贴在汽车车窗上，具有防晒、防盗等功能的膜片。为了有效阻止阳光直射，降低车内温度，为汽车的车窗贴上防爆膜，能有效隔阻阳光对汽车及驾乘人员的伤害，给车内带来清凉。

一、防爆膜的作用

(1) 防眩光。好的防爆膜能过滤部分眩光，减弱可见光的强度，使人的眼睛更舒服，有助于改善车主视野，确保驾驶安全。

(2) 阻隔紫外线。紫外线在太阳光中仅占3%，但会造成物品的褪色、塑料橡胶件的老化。过量的紫外线照射还会诱发人体皮肤癌变。高品质的防爆膜可以阻隔99%以上的紫外线，不仅能有效防止车内乘员被过量的紫外线照射而灼伤皮肤，还能保护车内音响以及其他内饰。

(3) 隔热降温。防爆膜的隔热性能，取决于它的反射和吸收能力。反射能力越强，吸收能力越强，隔热率也就越高。汽车车膜的隔热率一般在40%～70%，阻隔了大部分热源进入车厢，节约了空调燃油消耗，保持车厢凉爽，提高汽车使用经济性。

(4) 防爆与防划伤。这是涉及汽车安全的又一重要性能。优质防爆膜本身有很强的韧性，抗冲击性能很强。它的强力胶能将破碎的玻璃紧紧粘在一起，避免事故发生时飞溅的玻璃碎片对乘客造成二次伤害。防划伤是车膜的一个基本性能，就是在其保质期内正常升降车窗时，膜的表面不会被划伤，从而保证视野的清晰。

(5) 隐私保护。加装防爆膜的汽车，车外很难看清车内情况，而车内向外观察却不受影响，有效保护了车内隐私。

(6) 改变外观色调。没有贴膜的车窗玻璃，色彩单调乏味，色彩多样的防爆膜大大丰富了汽车的外观色调，起到显著的装饰作用。

(7) 单向安全防护。粘贴防爆膜的汽车玻璃强度提高近百倍，能抵御来自车外的强力打击，而车内却较容易将玻璃击碎，方便车内人员避险逃逸。

二、防爆膜的性能特点

防爆膜的生产工艺极为复杂，产品工艺结构由金属涂层、聚酯膜层、超薄涂层、两个安全基层、耐磨层和胶着层共七层组成，如图7-1所示，每层可实现不同功能，其主要性能特点有以下5点。

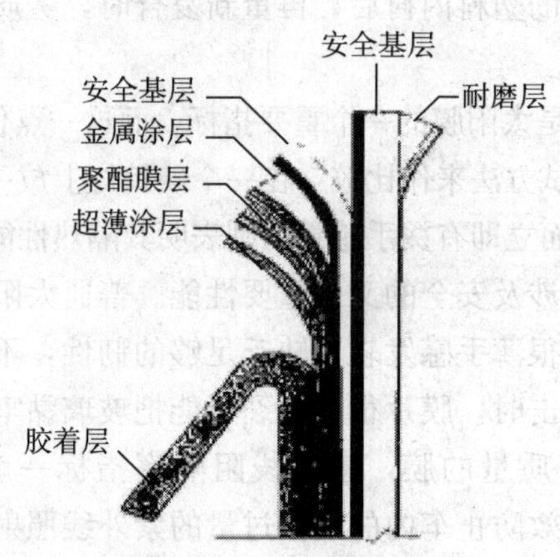

图 7-1　汽车防爆膜结构

(1) 金属涂层即在基膜上电镀金属、紫外线吸收剂等，主要是反射和阻挡紫外线，并能产生大热量的长波光线，实现隔热、隔紫外线功能。

(2) 聚酯膜层和超薄涂层能有效降低刺眼炫光、单向透视，能自动调适车内光线，适合任何天气阴晴变化，即使在夜间的清晰度也在 6m 以上。

(3) 两个安全基层具有非常好的抗冲击性和抗撕裂性，防止玻璃爆裂飞散。

(4) 耐磨层由于经过硬化处理，超级耐磨，能防止膜面被划伤，保持车体美观。

(5) 胶着层是非常重要的层面，整个膜与汽车玻璃结合为一个整体就是通过胶着层，黏张力极强，能大大减少玻璃破碎的机会。

目前，比较受广大消费者欢迎和认可的名牌膜，有威固、强生、3M、优玛、雷朋、索尼、龙膜等。例如，3M 膜采用的是独有的感压式黏胶层，安全环保，安装结束一周左右达到最佳强度。不但能实现膜的综合性能，还能有效地提高汽车玻璃的强度和刚性。

车膜按颜色分为自然色、茶色、黑色、天蓝色、金墨色、浅绿色和变色等。

三、防爆膜的选用和鉴别

市面上的防爆膜品种繁多，质量和性能参差不齐，优质防爆膜使用寿命远远超过普通膜，在选购时应考虑以下几个方面。

(1) 清晰度和透明度。不论颜色的深浅，防爆膜透明度都要很高，不能有不清晰的情况。车窗膜尤其是前排两侧车窗的膜，透光度应在 85%以上较为适宜。这样，侧窗膜无须挖孔且不影响视线，夜间行车时能把后面来车大灯照射在后视镜的强烈眩光反射减弱，使眼睛比较舒服。此外，在雨夜行车、倒车、掉头时也能保证视线良好。

(2) 手感。优质膜厚实平滑；而劣质膜手感薄而脆，而且比较软，容易起皱和老化。

(3) 颜色。优质膜的颜料融合在车膜中，经久耐用，不易变色，在粘贴过程中经刮板涂刮也不会掉色。而劣质膜的颜色在胶中，撕开车膜的内衬后用指甲刮一下，颜色就掉了，膜片被指甲刮过的地方会变得透明。在贴膜过程中，当用刮板刮膜时，有时颜色会自行脱落。

（4）气泡。当揭开车膜的塑料内衬后，再重新复合时，劣质膜会起泡，而优质膜复合后完好如初。

（5）隔热性能。隔热性是太阳膜的一个重要指标，而这一点仅凭肉眼和手感是很难鉴别的。可以通过一个简单的测试方法来作比较：在一个碘钨灯上放一块贴着车膜的玻璃，用手感觉不到灼热的是优质膜，而立即有烫手感觉的则表明其隔热性能较差，可能是劣质膜。

（6）防爆性能。这也是涉及安全的又一重要性能。普通太阳膜或劣质防爆膜的材质与真正的防爆膜不同，其膜片很薄手感发软，缺乏足够的韧性，不耐紫外线照射，易老化发脆，且遇意外碰撞或外物打击时，膜片很易断裂不能把玻璃黏牢在一起。

（7）紫外线阻隔率。高质量的膜，紫外线阻隔率指标一般不低于98%，最高可达99%。高紫外线阻隔率能有效防止车内的人被过量的紫外线照射，灼伤皮肤，还能保护车内音响不会被晒坏。而劣质膜很多没有这项指标，或者远远低于98%的标准。

（8）保质期。看其是否有质量保证卡，好的膜保质期通常为5年，最长可达8年。在保质期内正常使用，隔热膜不褪色、金属层不脱落、膜层不脱胶。

四、粘贴防爆膜的工艺流程

（1）清洁玻璃。将玻璃清洗干净是贴膜的首要步骤，也是整个过程中最重要的一步，因为玻璃清洁与否直接影响到覆膜质量。清洁方法是先用玻璃清洗剂将玻璃及其边缘反复清洗干净，然后用干的刮板擦干玻璃。一般按从干到湿，从上到下再到底边的顺序擦，也可用不起毛的布擦干边缘。

（2）下料。车膜大小要与玻璃大小一致，粘贴前应先按玻璃的实际尺寸将膜裁剪好。裁剪时要先准备各车型玻璃样板，样板的制作方法是先在清洁良好的玻璃表面洒一层水，然后把适当厚度的塑料薄膜吸附在玻璃上，根据边缘的特点划出玻璃样板，注意样板要比画线超出3～5mm。

（3）曲面的预定型。为了减少空气阻力，汽车挡风玻璃一般都做成整体大曲面型，上下左右都有一定的弧度，因此在贴膜时，需要对防爆膜进行加热预定型。预定型的方法是将防爆膜的保护膜朝外，铺于曲面玻璃的外侧，在防爆膜和玻璃之间洒上水，采用温度可调的电吹风对防爆膜进行加热，一边加热一边用塑料刮刀挤压玻璃上的气泡和水，使防爆膜变形，直至与挡风玻璃的曲面完全吻合。需要特别留意的是，加热要均匀，不要过分集中，否则温度太高有可能造成玻璃开裂。

（4）粘贴。粘贴时要撕掉衬垫的塑料，同时用清水喷湿胶面和玻璃，这样可以减少胶的黏性，并且容易去掉静电引起的附着物，当衬垫完全揭下后，胶的表面仍是湿的，将膜贴到玻璃上左右滑动，使其不碰车框，再向膜上稍微喷点水，按从中心到边缘、从上到下再到底边的顺序刮膜，这样可使多余的水从车框边排出。完全刮完后再用刮板重复一遍，这样可清除多余水分并使膜粘得更牢，最后用毛巾擦干玻璃边缘的水分和碎片。由于车模使用的是压敏胶，刚贴上去的黏度不大，建议用户在两个星期左右不要摇窗或用力擦拭。

（5）检查。仔细检查粘贴是否牢固，有没有褶皱和气泡以及划痕等。

五、选用防爆膜的注意事项

(1) 要选择无尘贴膜工作室，因为贴膜最怕灰尘和沙砾，街头作业很难做到环境清洁。

(2) 观察一下膜的背面是否有防伪标志，正规品牌的背面都印有防伪标志。

(3) 选膜时，要注意膜与车身颜色的协调性，贴前后挡风玻璃不能用刀划，一定要整张贴，否则会降低防爆性，而且影响美观。

(4) 粘贴过程要防止灰尘、毛发等粘到贴膜或车窗上。

(5) 膜面出现污渍，不要用化学溶剂擦拭，最好用清洁的湿毛巾、纸巾蘸水或用棉布配合清洁剂清洗。

(6) 车主不要为了美观，而将一些吸盘或一些黏物吸附在贴膜上，这样容易造成膜脱落。

相关知识

汽车挡风玻璃通常采用曲面玻璃，首先从空气动力学的角度出发，因为现代轿车的正常时速大都超过100km/h，迎面气流流过曲面玻璃能减少涡流和紊流，从而减少空气阻力，加上窗框边缘与车身表面平滑过渡，玻璃与车身浑然一体，从视觉上既感到整体的协调和美观，又可以降低整车的风阻系数。另外，曲面玻璃具有较高的强度，可以采用较薄的玻璃，对轿车轻量化有一定的意义。现代轿车的曲面挡风玻璃要做到弯曲拐角处的平整度高，不能出现光学上的畸变，从驾驶座上的任何角度观看外面的物体均不变形，不炫目。以前轿车玻璃通常用整齐的条带沿玻璃边缘修饰或保护，现在轿车上的玻璃都采用陶瓷釉，即所谓“黑边框”。

任务二　汽车防盗装置的选装

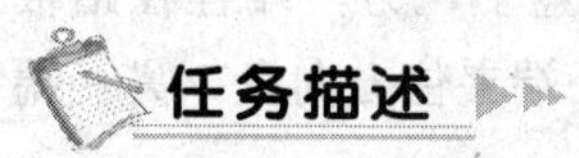

任务描述

近年来，我国的机动车辆被盗案件呈上升趋势，为防止车辆被盗，许多汽车制造厂在车辆出厂前就为车辆装备了防盗装置，对没有安装防盗装置的车辆或防盗装置相对落后需升级换代的车辆，车主可以选择合适的防盗装置。

任务分析与实施

汽车防盗装置，可以降低汽车被盗概率，或者在被盗之后能进行跟踪定位。

一、汽车防盗装置的种类

目前，市场上的汽车防盗装置按照结构可分为机械式、电子式、网络式和生物识别式四类防盗系统。

1. 机械式汽车防盗装置

机械式汽车防盗装置结构简单，价格便宜，大多采用金属材料制作各种防盗锁，通过锁定汽车上的操纵机构，如转向柱、方向盘、变速杆、制动器踏板、离合器踏板、车轮等，使汽车无法被开走。

(1) 转向柱锁。主要由锁杆、凸轮轴、锁止器挡块、开锁杠杆和开锁按钮等组成。当驾驶员将钥匙拔出后，转向柱便被锁住，使汽车无法驾驶，如图 7-2 所示。

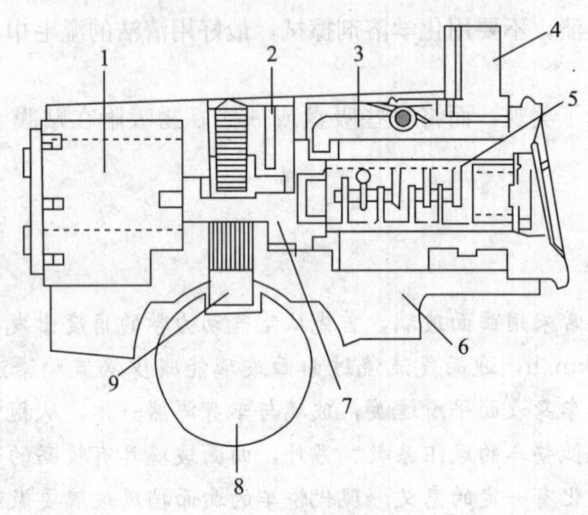

图 7-2 转向柱锁

1—点火开关；2—锁止器挡块；3—开锁杠杆；4—开锁按钮；5—钥匙筒；
6—转向柱管上托架；7—凸轮轴；8—转向柱；9—锁杆

(2) 方向盘锁。包括直杆式、拐杖式和 T 形式三种结构，如图 7-3 所示。直杆式由两个锁栓分别固定在方向盘的径向相对端，锁杆的另一端插在车内任意地方固定，防止方向盘转动；拐杖式形似拐杖，两端手柄长度可调，一端挂在方向盘上，另一端挂在踏板上，一旦锁定，方向盘不能转动，也不能挂挡位或刹车；T 形式一端夹住方向盘，另一端搭放在仪表板上。

(a) 直杆式

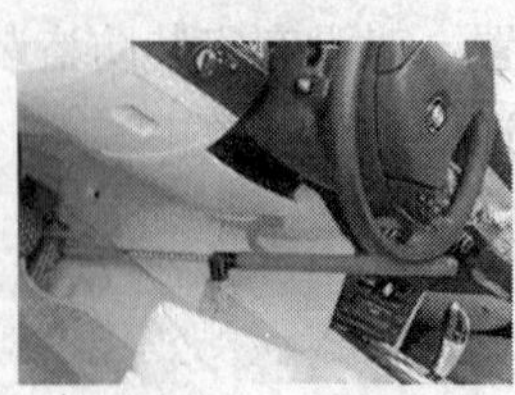

(b) 拐杖式

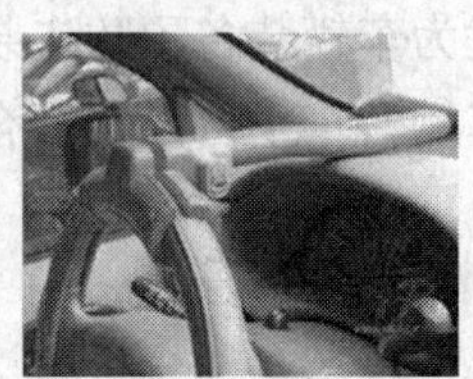

(c) T形式

图 7-3 方向盘防盗锁

（3）踏板锁。该防盗锁的原理是牢牢锁在制动踏板或离合器踏板杆上，使汽车无法挂挡或处于制动状态，使汽车无法开走，如图 7－4 所示。

图 7－4　踏板防盗锁

（4）变速杆锁。其也称转速锁或排挡锁，如图 7－5 所示。该防盗锁可将变速杆锁定于空挡或倒车挡，使汽车无法正常行驶，通常采用特殊高硬度合金制造，具有防撬、防钻、防锯的功能；有的还将变速杆和其他机构（如方向盘、手刹等）锁在一起，采用这种锁可以防止拔动变速杆或使用其他操纵机构。

（a）排挡锁

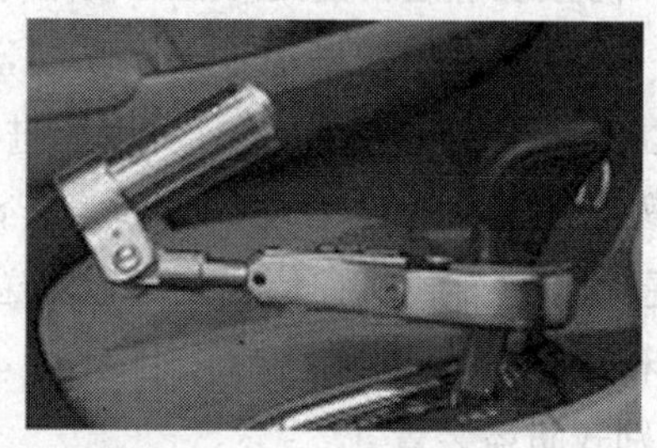

（b）排挡—手刹锁

图 7－5　排挡防盗锁

（5）车轮锁。该防盗锁是锁在车轮上，使车轮无法转动，如图 7－6 所示。

图 7-6　车轮防盗锁

2. 电子式汽车防盗装置

其也称微电脑控制的智能型防盗装置，主要有钥匙控制式和遥控式两大类，国内外大部分中高级乘用车出厂时就配置了这类防盗锁。钥匙控制式通过钥匙将门锁（或点火开关）打开或锁止，从而接通或断开特定电阻值的电路，将防盗系统设置或解除。而遥控防盗装置能远距离控制门锁的打开或锁止，也就是远距离控制汽车防盗系统的设置和解除。电子式防盗装置可在非正常接近或进入汽车时，发出蜂鸣、警笛、灯光等信号，既可吓退窃贼，又可引起路人的注意。

汽车电子防盗系统有多种设计，其基本工作原理都是通过电子设备控制汽车的启动、点火等线路，只有在解锁钥匙的控制下才能正常解除防盗。但这类防盗装置误报率较高，刺耳的报警声会影响居民休息，信号接收不稳定，而且能在短时间内被解除，因此正逐步趋于淘汰。

3. 网络式汽车防盗装置

网络式汽车防盗装置是目前国际上比较流行且先进实用的一种防盗装置，它改变了传统防盗系统单一的技防功能，增加了人防功能，利用 GPS 卫星定位系统（俗称“天网”）或地面信标定位系统（俗称“地网”）对汽车进行跟踪监控达到防盗防劫的目的。该防盗系统不仅可以锁定汽车点火或启动，阻断汽车油路和电路，还可通过天空和地面的“网络”将报警信息和报警车辆所在位置无声地传送到报警中心。但此类防盗系统多用于高档车，普通车尚未普遍采用。

4. 生物识别式防盗装置

生物识别式防盗装置是近年来发明出来的最新、最先进的防盗装置。它利用人体信息特征作为主要的解锁方式，如声音锁、指纹锁、虹膜等。这种锁的特点是将每个人身体的生物特征（如声音、指纹、视网膜图纹等）作为密码输入，由计算机识别，进而控制开锁。

生物识别式防盗装置的突出优点是开启车锁的专一性，由于采用人体特征信息的唯一识别方式，加上系统对汽车电脑的特别控制，即使车钥全部丢失或失效，汽车也无法被开走，从而大大降低汽车被盗的可能性，它是未来汽车防盗技术发展的方向。

二、汽车防盗装置的选用原则

（1）根据实际需要选用。不同的防盗装置价位相差很大，选用时应根据汽车的需要，本着实用、安全、方便的原则选择合适的防盗器。

（2）注意产品的质量。选购时应注意检查产品设计工艺是否先进，是否通过了公安部的检测（须经过公安部安全与警用电子产品质量检测中心检测，达到国家标准的产品，检测有效期为4年）。

（3）注意产品的品牌。不同的品牌从设计原理、元器件选择、加工工艺，以及防盗功能上都有不同，因此决定了防盗装置在性能、价格、可靠性、使用寿命等方面各不相同。

（4）注意产品的环保性。我国部分城市对防盗器的环保性有具体要求，如北京市公安局技防办每年都要审批发放防盗器生产经营许可证，选购防盗器应注意在环保方面必须符合北京环保局、公安局、工商局、技监局联合发出的《关于防止机动车防盗报警器噪声扰民的通告》及《机动车防盗报警器报警控制标准》。

（5）注意产品的售后服务。购买防盗器应选择具有高质量的安装技术和良好售后服务的商家，确保防盗器在使用过程中无后顾之忧。

三、汽车防盗装置的选装注意事项

（1）防盗装置的蜂鸣器必须安装在发动机靠近前风窗玻璃下面，控制电线应循着车边隐蔽固定，使汽车前盖正好压住，不易被剪断。

（2）车前盖最好加装碰撞开关，这样即使车前盖被打开，防盗装置蜂鸣器仍然会鸣响报警。

（3）后排车门应增加门顶开关，保证撬开后排车门时，防盗装置蜂鸣器仍然会鸣响报警。

（4）带后门的两厢车行李舱应增加门顶开关或中控锁，以防从汽车后部非正常进入。

（5）整车最好加装中央控制门锁，体现完美的防盗功能，但安装时，应注意不破坏车门内防水设施以免车门进水，导致中控锁失灵。

（6）踏板锁一定要设在踏板下面，由于不同车型踏板与底板间的距离不等，在安装和固定时要仔细调试距离。

任务三　汽车报警系统的选装

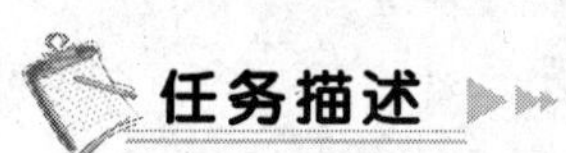

汽车是高速行驶的交通工具，为使汽车驾驶员和行人及时了解汽车运行过程中的各种信息，采取果断措施，确保行车安全，现代汽车上安装了多种安全报警系统装置。

任务分析与实施

一、汽车安全报警装置的种类

1. 汽车超速报警装置

随着汽车动力性能和我国道路条件的改善，汽车行驶速度越来越快，但高速行驶往往也是酿成交通事故的直接原因。为了防止超速行驶，可在汽车上安装超速报警器。当汽车行驶速度超过一定数值时，报警器的扬声器便发出声响，提醒驾驶员适当减速或集中精力观察前方的交通情况。

2. 超车自动报警装置

高速行驶的汽车会因本车噪声的干扰听不到后面汽车发出的超车信号，特别是白天，驾驶员的目光不可能总是盯着后视镜，因此后面的汽车不得不长时间跟在后面等待机会。一旦后面的汽车驾驶员强行超车，便会带来不良后果。为防止这种现象的发生，可在汽车上安装超车自动报警器。该报警器通过装在车尾的拾音器获取后车请求超车的鸣笛声，经处理后变成报警信号，提示驾驶员后面有汽车等待超车。

3. 倒车报警装置

驾驶员在倒车时，由于视线不良，很容易发生危险。为了警告行人和其他车辆，现代汽车大都装有倒车报警装置，也称为倒车雷达，主要有以下几种。

(1) 简易电子倒车报警装置。由一个低频信号发生器和一个蜂鸣器组成，倒车时发出间歇的蜂鸣声。

(2) 倒车语音报警装置。由内存语音报警信号的专用语音报警片制成的报警装置，在倒车时可发出“嘟嘟，请注意倒车!”或“倒车，请注意!”等语音信号。

(3) 倒车测距报警装置。该装置通过尾部的雷达探头发射超声波，遇到障碍物反弹后确定障碍物离车尾的距离，通过声音或者数字显示屏进行报警，随着蜂鸣器提示音的缓急或数字屏的显示，驾驶员可以判断出相对于障碍物的远近。

(4) 倒车影像系统。也称可视倒车雷达，该装置利用车尾（一般是挂在牌照的上方）装的车载摄像头，在汽车挂上倒挡时，可视倒车雷达自动启动，把尾部车载摄像头拍下的图像通过视频连接显示在车内的液晶显示屏幕上，如图 7 - 7 所示。

(a) DVD液晶显示系统

(b) 后视镜液晶显示系统

图 7 - 7　倒车影像显示系统

4. 胎压监测报警器（TPMS）

据统计，近一半的交通事故是由轮胎故障引起的，轧钉、割伤造成轮胎漏气，如不能及时发现处理，一旦高速行驶就可能因气压不足，加剧轮胎磨损导致轮胎温度过高而引发爆胎，因此及早了解汽车轮胎的压力和温度，能有效减少事故的发生。

胎压监测系统主要由胎压监测模块和中央接收模块两个主要部分组成，如图 7－8 所示。其中胎压监测模块安装在汽车轮胎内，该模块带有传感器和无线发射装置，主要用来监测轮胎内的气压和温度，并把监测到的数据通过发射装置发送给接收模块；中央接收模块安装在驾驶室操作盘附近，带有无线接收装置、声光报警模块和液晶显示模块，无线接收装置接收到胎压监测模块发送来的数据，将各轮胎的气压和温度由液晶显示模块显示，驾驶者通过显示模块即可掌握各个轮胎的气压和温度状况。当轮胎气压、温度发生异常将要出现危险时，就会通过声光报警模块自动报警，提醒驾驶者减速慢行或做相应的检查和检修，从而保证行车的安全以及保持轮胎在正常运行状态。

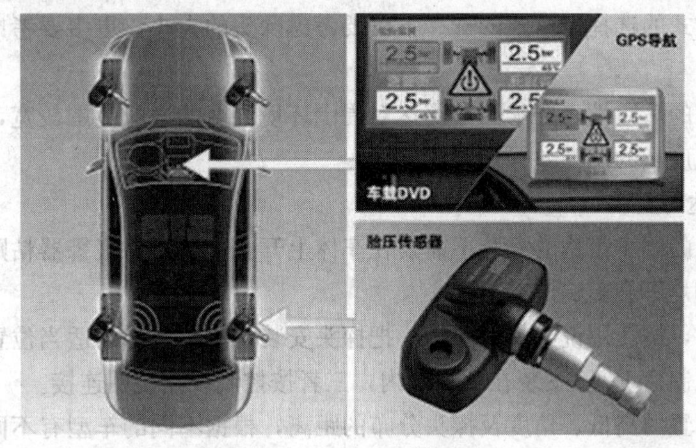

图 7－8　胎压监测报警器

二、倒车雷达的选装

倒车报警装置中，最常用的是倒车雷达，是汽车倒车时的安全辅助装置，它能用声音或者更为直观的距离告知驾驶员周围障碍物的情况，帮助驾驶员扫除视野死角和视线模糊的位置，即使是夜间、雾天也不会影响其性能。和 GPS 配合使用，效果更佳。

目前，倒车雷达主要具备的功能就是判断障碍物的距离，并作出提示，帮助驾驶员正确判断及操作。

1. 倒车雷达的组成

通常倒车雷达主要由传感器（探头）、ECU 和显示设备三部分组成。传感器是发出和接收超声波信号的装置，并将得到的信号传输到 ECU 进行分析处理，再通过显示设备显示出来或者通过语音设备发出警示音提醒驾驶员。传感器装在后保险杠上，探头数量通常有 2、3、4、6 只不等（有的甚至多达 8 只），分别控制前后左右。探头以 45 度辐射，能探索出那些低于保险杠而驾驶员不能从后窗看见的障碍物。显示器通常装在驾驶室的仪表台上，不停地提醒驾驶员，车与障碍物的距离，到危险距离（通常为 0.6m）时，蜂鸣器就开始报警。

2. 倒车雷达的选购

选购倒车雷达时，应考虑产品的灵敏度、是否存在盲区、盲区的大小等因素，保证倒车雷达的作用得到有效地发挥。具体而言，需要考虑以下几个方面。

(1) 产品质量的测试。倒车雷达的一般设计探测距离为 1.5m 左右。可通过一些小实验来测试产品的质量。①距离测试法，即用尺子测量车尾与障碍物的距离，并与显示器显示的数据进行对比，从而判断倒车雷达的灵敏度；②防水测试法，即用打开的水龙头向探头冲水，测试产品的防水性能；③探头有效范围测试法，即将障碍物通过不同角度切入探头的测试范围来判断探头的感知角度，一个探头的正常测试范围的夹角为 90 度。

(2) 探头颜色的选择。探头的颜色要与汽车的颜色协调，以免影响美观。

(3) 探头款式的选择。款式的选择不仅要考虑探头的大小，更多要考虑的是安装后整车的效果。

(4) 对温度的适应性。要求倒车雷达对周围环境温度的适应范围较宽，以便适应冬季温度底、夏季温度高的温度差异。

3. 倒车雷达的安装

粘贴式探头的倒车雷达的安装不需要在车体上开孔，只要将报警器粘贴在适当的位置即可，安装拆卸均不会影响汽车美观。

(1) 安装时，按使用说明书的要求，把探头安装在汽车尾部的适当位置，显示器安装在仪表板上，控制盒 ECU 安装在驾驶室内，三者按控制线路说明连接。

(2) 安装位置的高低、角度及探头分布的距离，根据不同的车型有不同的要求，一般安装在尾灯附近或行李箱门边，如图 7-9 所示。安装的最佳宽度为 0.66～0.8m，安装的最佳离地距离为 0.55～0.7m，如图 7-10 所示。

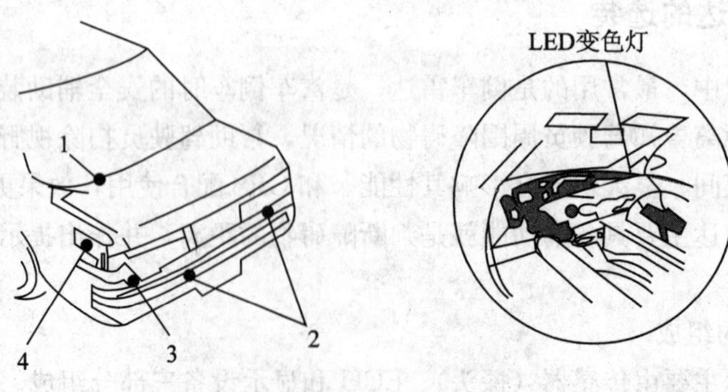

图 7-9　报警系统部件安装位置

1—蜂鸣器；2—感应器；3—尾灯；4—控制主机盒

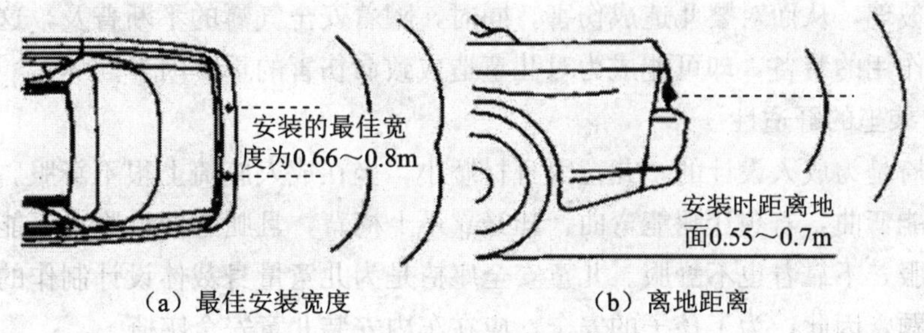

（a）最佳安装宽度　　（b）离地距离

图 7-10　探头安装的位置

4. 倒车雷达使用的注意事项

（1）探头要经常清洁，特别是雨雪天，如果泥水或冰雪覆盖住探头，探头就会失灵。

（2）倒车雷达的使用需要一个适应过程。一般刚开始使用时，可多下车观察，以便准确了解雷达显示的数值与实际目测距离的差异。

（3）碰到光滑斜坡、光滑圆形球状物、棉絮团、花坛中伸出的小树枝时，驾驶员要尽量进行目测，因为此时探头的探测能力大大下降，提供的数据准确性较低。

（4）雷达的探头也有盲区，装两只探头，要特别注意车后的中间地带。

（5）碰到天气过热、过冷、路面不平或沙地时，要回头多看看路面的情况。

（6）倒车时，车速一定要慢，以免惯性太大碰到障碍物。

（7）听到蜂鸣器的连续音时，说明已进入高度危险区域，应当及时停车。

任务四　儿童安全座椅的选装

任务描述

儿童通常指 12 岁以下的孩子（包括婴儿），他们活泼好动，身体脆弱，抵御撞击能力比成人薄弱；他们缺乏经验，在危险降临时常不知所措。因此一旦发生紧急情况，急剧的惯性作用会使儿童受到严重伤害甚至危及生命。因此，为了提高儿童乘车的安全性，在爱车中为儿童加装适合不同年龄的安全座椅，使行车事故对儿童的伤害降到最低。

任务分析与实施

一、安装儿童安全座椅的优点

1. 保证儿童的安全

有关交通安全的研究显示，一个 7kg 重的婴儿在汽车以 48km/h 的速度下发生碰撞时，足以在身上产生 140kg 的前冲力，是一个婴儿体重的 20 倍，无论大人抱得多紧，也无法确保孩子不摔出去。若抱着婴儿的成人没有系安全带，成人极可能与婴儿一起冲向仪表板或挡风玻璃，从而对婴儿造成伤害。同时，随着安全气囊的不断普及，这一对成人起着安全保护作用的装备，却可能成为对儿童造成致命伤害的重要因素。

2. 增加乘坐的舒适性

汽车座椅是为成人设计的，儿童因身材矮小，坐在成人座椅上很不舒服。若想靠上椅背，则腿不能弯曲，若想让腿能弯曲，却又靠不上椅背，且腿弯曲后脚也不能着地，所以是靠着不舒服，不靠着也不舒服。儿童安全座椅是为儿童量身裁体设计制作的，较好地解决了这一问题，因此，为了孩子的安全，应在车内安装儿童安全座椅。

二、儿童安全座椅的种类

1. 后向式儿童安全座椅

后向式儿童安全座椅，如图 7 - 11 所示，是儿童坐上后正面向后的一种座椅，它的安全性能最高，这种座椅尤其适合 3 岁以下婴幼儿的使用。3 岁以下婴幼儿的头部可能与他身体其余部位的重量相当，而脖子柔而不稳定，当正面碰撞发生时，如果他们是面向前方而坐，儿童头部的重量被摔向前方，而他的脖子又不能承受其力量，其结果会伤及生命。如果儿童面向后方而坐，冲击力沿后向座椅靠背上分布，则可避免或减轻一半以上作用于儿童身上的力量，有效降低儿童在交通事故中受到伤害的概率。

2. 前向式儿童安全座椅

前向式儿童安全椅，如图 7 - 12 所示，是儿童坐上后正面向前的一种座椅，这种座椅适合 3 岁以上的儿童使用。3 岁以上的儿童更喜欢前向式儿童安全座椅，主要是因为坐在前向式儿童安全座椅上视觉大为改善，便于观察周围的环境，并与家长进行交流。

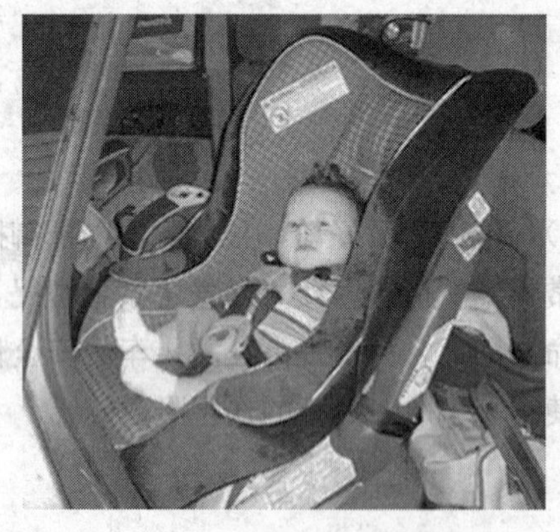

图 7 - 11　后向式儿童安全座椅

图 7 - 12　前向式儿童安全座椅

三、儿童安全座椅的选装

1. 选择座椅

儿童安全座椅有很多种型号，随着儿童的成长，应选择最适合其身高、体重的儿童安全座椅。儿童安全座椅是否与汽车的座位相配套是一个非常重要的问题，在选购时应开车

前往，并将儿童安全座椅安装在汽车座位上看看是否合适。

2. 安装位置

原则上儿童安全座椅要安在后排座位上，不要将儿童安全座椅安装在有安全气囊的汽车前排座位上。如果安在副驾驶座位上，当安全气囊充气时可能会给儿童造成致命的伤害。

3. 安装方式

儿童安全座椅的安装方式有后向式和前向式两种，如图 7—13 所示。孩子 3 岁之前最好使用后向式安装；3 岁之后，当孩子体重超过了后向式座椅的最大承重或者孩子的头部超过座椅上沿后，则应该采用前向式安装。

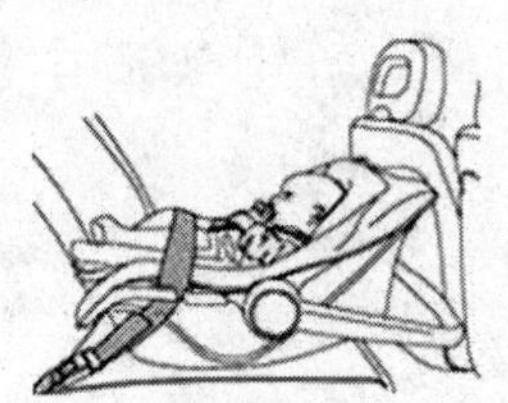

（a）后向式安装

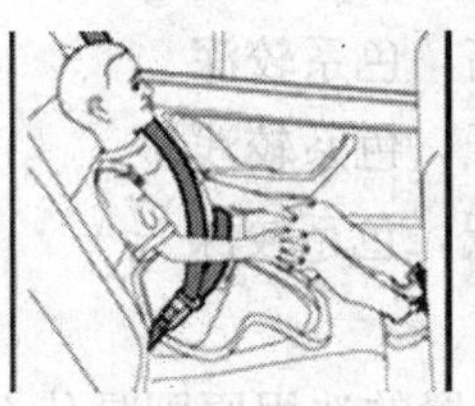

（b）前向式安装

图 7－13　儿童安全座椅的安装方式

4. 安装方法

安装儿童安全座椅之前应认真阅读使用说明书，使用安全带将儿童安全座椅牢牢地固定在汽车座椅上，并且安装儿童安全座椅的座位靠背不可以放倒。穿过儿童安全座椅的汽车安全带必须保持紧绷。

一、填空题

1. 汽车防护的主要作业项目包括________、________、________、安装静电放电器等。

2. 机械式汽车防盗装置大多为各种防盗锁，它们通过锁定________、________、________等主要操纵件，使汽车无法被开走。

3. 一般地，倒车雷达的探测距离为________。

4. 汽车防爆膜的性能指标主要包括________、________、________、________等。

二、选择题

1. 汽车安全报警装置主要有（　　）。

A. 汽车超速报警装置　　　　B. 超车自动报警装置

C. 倒车报警装置　　　　D. 多功能安全显示器

2. 倒车雷达主要由（　　）组成。

A. 传感器（探头）　B. GPS　C. ECU　D. 显示设备

3. 2 岁儿童应选择（　　）会比较安全。

A. 普通座椅

B. 前向式儿童安全座椅

C. 后向式儿童安全座椅

4. 优质防爆太阳膜的使用期限在（　　）。

A. 2 年左右　B. 3 年左右　C. 4 年左右　D. 5 年左右

5. 前挡风玻璃必须选择（　　）的车膜。

A. 反光度较高，色系较浅

B. 反光度较高，色系较深

C. 反光度较低，色系较浅

D. 反光度较低，色系较深

三、简述题

1. 汽车防盗装置的选用原则是什么?

2. 倒车雷达选购时需要考虑的因素有哪些?

3. 为何要为儿童专门安装儿童安全座椅？儿童安全座椅如何安装?

4. 简述防爆膜的作用。

实训项目名称

车窗防爆膜的粘贴

实训目的

1. 了解防爆膜的作用及性能特点；

2. 掌握防爆膜的辨别方法；

3. 掌握防爆膜的安装方法。

实训要求

结合车主要求，选择优质的防爆膜并进行安装。

1. 辨别防爆膜的真假，结合车主需求，选择不同颜色的防爆膜。

2. 安装防爆膜。

3. 结合操作过程。

实训时间

一周实训课程，教师指导和点评。

参考文献

[1] 宋孟辉，孙涛．汽车美容与装饰［M］．北京：机械工业出版社，2010.

[2] 杨英，袁东梅．汽车美容［M］．重庆：重庆大学出版社，2006.

[3] 邢忠义．汽车美容与装饰实务［M］．北京：电子工业出版社，2009.

[4] 李永力．汽车美容装饰培训教程［M］．北京：化学工业出版社，2007.

[5] 关志伟．汽车装饰与美容［M］．北京：人民交通出版社，2009.

[6] 宋东芳．汽车装饰与美容［M］．北京：化学工业出版社，2009.

[7] 刘晓峰，高婷婷．汽车美容与装饰［M］．北京：科学出版社，2009.

[8] 樊伟伟．汽车美容与汽车用品店经营全攻略［M］．北京：中国经济出版社，2006.